W0057112

KUNSTMANN

HORST AFHELDT

WIRTSCHAFT, DIE ARM MACHT

Vom Sozialstaat zur gespaltenen Gesellschaft

Verlag Antje Kunstmann

Aktualisierte Neuausgabe 2005
© Verlag Antje Kunstmann GmbH, München 2003
Umschlaggestaltung: Michel Keller, München
Typografie und Satz: Frese, München
Druck und Bindung: Pustet, Regensburg
ISBN 3-88897-385-6
1 2 3 4 5 · 08 07 06 05

Inhalt

Einleitung

Am Anfang steht ein Paradox: Seit 1970 hat sich die Summe aller in der Bundesrepublik produzierten Waren und Dienstleistungen, das Sozialprodukt also, mehr als verdoppelt. Warum wuchsen dann aber die Staatsschulden, leerten sich die Kassen der Kommunen, führte die öffentliche Armut zur Schließung von Schulen, Schwimmbädern, Bibliotheken und Polizeirevieren?

1970 gab es knapp 1,5 Millionen Sozialhilfeempfänger[1], im Jahre 2002 waren es rund 4,5 Millionen.[2] Warum nimmt die private Armut trotz einer Verdopplung des Sozialprodukts zu? Was ist das für eine Wirtschaft, in der mit einer Verdopplung des Wirtschaftsertrags Armut in die Gesellschaft einzieht? Und, wenn überall Mittel fehlen: Wo sind denn die Werte geblieben, die die Wirtschaft erzeugt hat und die das Sozialprodukt ausweist?

Dass es so nicht weitergehen kann, darüber herrscht mittlerweile fast Einigkeit. Was und wie reformiert werden soll, liegt für die überwiegende Mehrheit der Ökonomen in Universitäten, Sachverständigenräten und in der Presse ebenfalls fest: »In Sachen Wirtschaftsreform gibt es unter Ökonomen eine klare Mehrheitsmeinung: Das Land braucht niedrigere Steuern, Abgaben und Schulden, weniger Regulierung auf dem Arbeitsmarkt, Lohnzurückhaltung und einen schlankeren Sozialstaat.«[3] Und dazu natürlich weltweiten Abbau aller Handelshemmnisse.

Die Senkung von Löhnen und Lohnnebenkosten soll die Konkurrenzfähigkeit der Unternehmen verbessern. Das Senken der Steuern auf Unternehmen und obere Einkommen soll Kapital anziehen und Investitionen anreizen, um durch Wirtschaftswachstum die Arbeitslosigkeit zu beseitigen. Durch 1-Euro-Löhne soll ein Niedriglohnsektor gebildet werden, der durch »fördern und fordern« Arbeitslose zu – bisher für die amerikanische Wirtschaft typischen – »working poor« befördert.

Die Politik folgte diesem »Mainstream des Denkens« mit der sogenannten Agenda 2010. Der SPD-Vorsitzende Müntefering beschreibt sie so: »Die Agenda 2010 ist … eine sozialdemokratische Perspektive für die Zukunft des Landes. Das große Ziel heißt soziale Gerechtigkeit bei hohem Wohlstand – dauerhaft.«

Aber haben die verabreichten neoliberalen Arzneien wirklich etwas mit einer langfristigen Zukunftssicherung unserer Gesellschaft zu tun? Kann ein dauerhaftes Wachstum, das die Arbeitslosigkeit beseitigt, erreicht werden, wenn selbst bei Verdoppelung des Sozialprodukts in den letzten 30 Jahren die Arbeitslosigkeit nicht beseitigt wurde, sondern erst entstanden ist? Denn aus nur wenigen Arbeitslosen 1970 wurden in Gesamtdeutschland bis 2004 mindestens viereinhalb Millionen[4].

Können Lohnverzichte von 10, 20 oder 30% oder längere Arbeitszeiten wirklich die internationale Konkurrenzfähigkeit längerfristig sichern? Einmaliger Lohnverzicht genügt dazu nicht, denn der weltweite Druck auf die Arbeitseinkommen nimmt ständig weiter zu. Wird es so aber später noch Löhne geben, die einerseits auf dem Weltmarkt konkurrenzfähig sind und von denen andererseits Menschen auch in Europa noch leben können? Längere Arbeitszeiten wiederum mögen einzelnen Unternehmen nützen – aber nützen sie auch der gesamten Volkswirtschaft, wenn schon mehr als vier Millionen Menschen überhaupt keine Arbeit haben?

Vor allem aber: Ist die schrankenlose Öffnung zum Weltmarkt, die der Neoliberalismus lehrt, für die europäischen Industriestaaten überhaupt ein Weg zu Wohlstand? Bringt offener Handel wirklich *stets allen* Partnern erhöhten Wohlstand – oder ist diese Behauptung gerade für die alten Industriestaaten in der Welt von heute »grundfalsch« und eine »populär-polemische Unwahrheit« (popular polemical untruth), wie der Nobelpreisträger Paul A. Samuelson heute sagt? [5]

Soll man weiter dem neoliberalen Glauben trauen, der Markt werde alleine die Weltwirtschaft optimal zum allgemeinen Wohl leiten, wenn man ihn nur von allen Regulungen und Fesseln befreit? Wirtschaftsexperten wie der Nobelpreisträger und frühere Chefvolkswirt und Vizepräsident der Weltbank, Joseph Stiglitz, haben inzwischen die beschränkten Fähigkeiten des freien Marktes und die oft verheerenden Folgen der Liberalisierungspolitik auf die Weltwirtschaft und insbesondere die Entwicklungsländer mit statistischem Material nachgewiesen.

Aber wenn schon die Diagnose zweifelhaft ist – können dann die verordneten Therapien besser sein?

Fangen wir deshalb wieder von vorne an: Warum haben wir trotz eines Wachstums von 100% in 30 Jahren öffentliche und private Armut? Verbraucht vielleicht die Wirtschaft selbst zu viel des Wirtschaftsertrags, oder handelt es sich um ein Verteilungsproblem? Hat der Sozialstaat zu viel Ressourcen verschlungen? Haben Teile der Bevölkerung zu viel von dem Kuchen genommen? Oder ist der Massenwohlstand zusammengebrochen, weil große Bevölkerungsgruppen aus der Wirtschaft zu wenig Nutzen ziehen konnten?

Wie hängen öffentlicher und privater Wohlstand überhaupt mit Wirtschaftswachstum zusammen? Und wenn Wirtschaftswachstum nicht hinreicht, um den Wohlstand zu tragen, was müsste an seiner Stelle gefördert werden?

Auch die neoliberale Wirtschaft mit ihrer Freihandelsdoktrin ist eine Wirtschaftslehre, die mit dem Versprechen angetreten ist, Wohlstand für alle (gerade auch in den Entwicklungsländern) zu schaffen. An diesem Versprechen muss sie sich jetzt messen lassen.

Was bewirkte also die Öffnung des Weltmarkts seit Mitte der 70er Jahre tatsächlich? Führte sie zu einer neuen Steigerung des Welthandels? Beschleunigte sie, wie versprochen, die Zunahme der insgesamt in der Welt produzierten Güter und Dienstleistungen, des Weltsozialprodukts also? Und noch wichtiger: Nahm das Weltsozialprodukt *pro Kopf* in der »neoliberalistischen Phase« der Weltwirtschaft von 1973 bis zum Jahr 2000, wie immer wieder prophezeit, *schneller* zu oder *verlangsamte* sich dieses Wachstum gar?

Und wie wirkte sich diese neue Form der Weltwirtschaft auf den Wohlstand der Menschen in der Welt aus? Kommt neu entstehender Wohlstand auch bei den unteren Schichten an, oder verschärft ungeregelter Freihandel weltweit die Ungleichheiten und destabilisiert so die Weltgesellschaft?

Die wirtschaftliche Krise der Bundesrepublik und der meisten anderen EU-Staaten ist naturgemäß ein Schwerpunkt des Buches. Wie hat sich die Entwicklung der Weltwirtschaft auf die Bundesrepublik ausgewirkt?

Bis Anfang der 80er Jahre stiegen mit dem wachsenden Sozialprodukt etwa gleichermaßen die Einkommen aus Unternehmen und Vermögen und die Einkommen der abhängig Beschäftigten. Die Wirtschaft diente so beiden Gruppen. Die BRD war tatsächlich ein Sozialstaat im Sinne Erhards. Doch in der Phase des Neoliberalismus spaltete sich die Gesellschaft immer schneller. Die Nettoeinkommen aus Unternehmen und Vermögen stiegen steil an. Im Jahr 2004, in dem wir doch alle »den Gürtel enger schnallen« sollten, um die Rekordhöhe von 10,7%. Die abhängig Beschäftigten trugen die Lasten der Arbeitslosigkeit, erlitten die Folgen der Reduzierung der sozialen Sicherheit. Ihr privater Wohlstand nahm mit dem Rückgang der durchschnittlichen Nettorealeinkommen ab. Und sie sind auch am stärksten vom sinkenden öffentlichen Wohlstand betroffen. Doch die abhängig Beschäftigten sind mit fast 90% der Erwerbstätigen (fast)»das ganze Volk.« Der großen Masse der Bürger hat diese Wirtschaft daher nicht mehr gedient. Doch»Maßstab und Richter über Gut und Böse der Wirtschaftspolitik sind nicht Dogmen oder Gruppenstandpunkte, sondern ist ausschließlich der Mensch, der Verbraucher, das Volk. Eine Wirtschaftspolitik ist nur dann und nur so lange für gut zu erachten, als sie den Menschen schlechthin zum Nutzen und Segen gereicht«, hätten die Anhänger der sozialen Marktwirtschaft bereits bei Ludwig Erhard lernen können.

Die sozialistischen Gesellschaften, in denen die»volkseigenen« Produktionsstätten einen Teil der gesellschaftlichen Aufgaben mit übernommen hatten, scheiterten an ökonomischer Ineffizienz. Wir sind heute dabei, bei der Umsetzung unseres wirtschaftlichen Erfolges in den»Wohlstand der Nationen« zu scheitern.

Warum aber scheitern wir?

Mit dieser Frage landet man unabänderlich bei der Verdrängung des Faktors Arbeit durch die technische Entwicklung, die immer mehr Arbeit durch Maschinen ersetzt. Und man stößt ebenso unvermeidlich auf die Probleme eines offenen Weltmarkts, auf dem heute ein immer schnelleres Aufwachsen technisch konkurrenzfähiger Industrien in Niedriglohnländern zu einem Druck auf die Arbeitseinkommen in der Welt und so zu einem immer weiter sinkenden »Weltmarktpreis für Arbeit« führt. Man stößt auf die Schwächung des Staates zum Suppenkasparstaat, verursacht einmal durch den offenen Weltmarkt und die Steuerfluchtmöglichkeiten, die er für Unternehmen und Kapital eröffnet.

Man stößt auf die Angebotstheorie und die unbegrenzte Anwendung des Konkurrenzprinzips, die den Staat vom Regelsetzer – in der Zeit der sozialen Marktwirtschaft – zum Mitspieler, Mitläufer in der Konkurrenz der Standorte degradieren.

Bleibt so letztlich nur die Wahl zwischen dem Verarmen eines großen Teils der Bevölkerung der Staaten Europas und dem Erzwingen einer anderen Form von Weltwirtschaft – zumindest für den europäischen Raum? Kann es überhaupt eine einheitliche Lösung für alle Regionen der Erde geben? Und welche Rolle muss der vielgeschmähte Staat spielen, damit Wirtschaft wieder den Interessen aller dient?

Die Umkehrung der den Wohlstand der Massen gefährdenden Trends der derzeitigen Form von Weltwirtschaft, ihre »Revolution«, erscheint so als Voraussetzung für die Neuschaffung der Sozialstaaten Europas, eine Ausbreitung des »rheinischen Kapitalismus«. Sozialstaatlichkeit wäre ein denkbares Markenzeichen für »Europa«, wäre eine Antwort auf die Frage: Warum wollen wir überhaupt »Europa«? Ohne eine identitätsstiftende Idee ist der Traum von Europa inhaltsleer, und deshalb wahrscheinlich zum Scheitern verurteilt.

Bisher missriet jeder Versuch, diese grundlegenden Probleme in den Vordergrund der demokratischen öffentlichen Diskussion zu bringen, an der Abwehr der Anhänger des noch herrschenden Dogmas, weil nach ihrem Glauben der neoliberale Kanon bisher ja doch jedes Detail durch »Nicht-Regeln« zum Besten »geregelt« hat. Obwohl sich mittlerweile Gegenstimmen regen[6], ist es bis heute nicht »politically correct« vorzuschlagen, über die Chancen von Schutzzöllen, Sozialklauseln oder ganz neue Rezepte nachzudenken, die der Verarmung eines großen Teils unserer Gesellschaften entgegenwirken könnten. Solange dieses Klima vorherrscht, können alle *politisch durchsetzbaren* Maßnahmen im besten Falle im bestehenden System Zeit für die notwendigen tiefgreifenden Veränderungen kaufen oder, falls sie ungeeignet sind – wie voraussichtlich Teile der Agenda 2010 –, das Dilemma noch verschärfen.

Am 9. November 1989 fiel die Mauer. Niemand hatte das vorhergesehen. Von diesem Zeitpunkt an waren viele Vorschläge, die vorher sinnvoll waren, sinnlos und vorher sinnlos erscheinende Überlegungen sinnvoll. Sollte sich eines Tages die Erkenntnis durchsetzen, dass unsere Gesellschaft bei Fortführung der derzeitigen Wirtschaft nicht wie versprochen in einem modernisierten Sozialstaat ankommt, sondern die große Masse hoffnungslos verarmt, ändern sich ebenso alle Kriterien. Ob das der Fall sein wird und wenn ja, wann, weiß niemand. Es bleibt nur zu hoffen, dass dann noch Zeit ist, das Schlimmste zu verhüten. Denn sehr lange hält eine Gesellschaft nicht, der man eine Zukunftswirtschaft, die immer mehr Menschen arm und entbehrlich macht, als Perspektive vorsetzt.

TEIL I

WOHLSTAND ADE?

1 Die große Illusion: Neues Wirtschaftswachstum schafft neue Arbeitsplätze und »Wohlstand für alle«

Eine zentrale Rolle in den wirtschaftspolitischen Diskussionen der Bundesrepublik spielt das Wirtschaftswachstum. Das Spektrum der diskutierten Wachstumsraten hat sich in den letzten Jahren erstaunlich ausgeweitet – und zwar nach unten. Gingen Wirtschaftsprognosen und Steuerschätzungen bisher stets von deutlich positiven Zuwachsraten aus, die meist über zwei Prozent pro Jahr lagen, taucht jetzt erstmals die Angst vor Wachstum bei oder unter Null, Rezession, auf.

Der Einfluss des Wirtschaftswachstums auf die wirtschaftliche Lage von Bürgern, Bund, Ländern und Gemeinden ist natürlich bedeutend. Wächst die Wirtschaft wie erhofft mit zwei oder mehr Prozent pro Jahr an, reduzieren sich die Arbeitslosenzahlen, weil die »konjunkturelle Arbeitslosigkeit« abnimmt. Die Steuereinnahmen steigen. Die Defizite aller öffentlichen Hände sinken daher oder steigen jedenfalls langsamer.

Politik für »Wachstum und Beschäftigung« ist deshalb die wirtschaftspolitische Leitlinie der Bundesrepublik seit mehr als einem Vierteljahrhundert. Betrachten wir die statistischen Daten für die Entwicklung der Wirtschaft der BRD, so zeigt sich jedoch: Die Verhältnisse, die sind nicht so. Obwohl sich das Sozialprodukt der Bundesrepublik seit 1970 mehr als verdoppelt hat, stieg die Zahl der Arbeitslosen bis 2002 auf mehr als vier Millionen, die der Sozialhilfeempfänger von 1,5 auf mehr als 4,5 Millionen bis 2000 (Gesamtdeutschland).[7] Paul Saatkamp, Sprecher der Nationalen Armutskonferenz, meint, in Wirklichkeit lebten bereits acht Millionen, darunter drei Millionen Kinder, unter der Armutsgrenze.[8] Die öffentlichen Einrichtungen wie Bibliotheken, Parks, Spielplätze, Schwimmbäder, Kindergärten oder Goethe-Institute, die in den 70er Jahren gebaut wurden, werden heute geschlossen oder

nur noch in beschränktem Umfang weiter geführt.[9] Universitäten
schränken ihren Vorlesungsbetrieb ein, ihre Gebäude zerfallen mangels
Geld für Reparaturen.[10] Der öffentliche Nahverkehr wird teurer und
ausgedünnt.[11] Kundennahe Postämter und Polizeireviere verschwinden.
Die kleinen Läden in der Nachbarschaft schließen einer nach dem anderen, und Sparkassen- und Bankfilialen geht es nicht anders. Länder
und Gemeinden, die 1970 noch relativ geringe Schulden hatten
(123 Mrd. DM[12]), sind heute hoch verschuldet oder stehen schon unter
Zwangsverwaltung. Der Gesamtbetrag der öffentlichen Schulden belief
sich 2001 auf 2338,6 Mrd. DM.[13]

Das Wirtschaftswachstum im letzten Viertel des vorigen Jahrhunderts war also Wachstum in die Krise, in öffentliche und private Armut.

War das Wachstum, wie häufig behauptet wird, etwa zu langsam –
und wenn ja, wie schnell müsste es denn sein und wie könnte es der-
art beschleunigt werden? Oder war das Wachstum der Periode zwischen
etwa 1973 und dem Jahr 2000, die man meist die »neoliberale Periode«
nennt, vielleicht »falsches Wachstum«?

Oder wurden die Früchte des Wachstums vielleicht nur falsch verteilt?

Die Antwort auf diese Fragen geben nicht Meinungsartikel, sondern
die Daten des Statistischen Bundesamts (siehe Grafik A).

Das Wachstum der Wirtschaft der BRD
ist und bleibt lineares Wachstum

Grafik A stellt dar, wie dieses Wachstum verlief. Sie zeigt mit den
schwarzen Punkten und Sternchen an, um wie viel Mal größer in dem
betreffenden Jahr das jeweilige (preisbereinigte) Sozialprodukt bzw.
Bruttoinlandsprodukt[14] der Bundesrepublik war als das Sozialprodukt[15] der (alten) Bundesrepublik im Jahre 1950. Man sieht: Der
Wachstumspfad des Sozialprodukts/BIP der Bundesrepublik folgt seit
1950 nahezu unverändert derselben gestrichelten Geraden. Allein aus
den Daten von 1950 bis 1960 ließ sich so bereits das Sozialprodukt des
Jahres 2000 recht präzise prognostizieren.

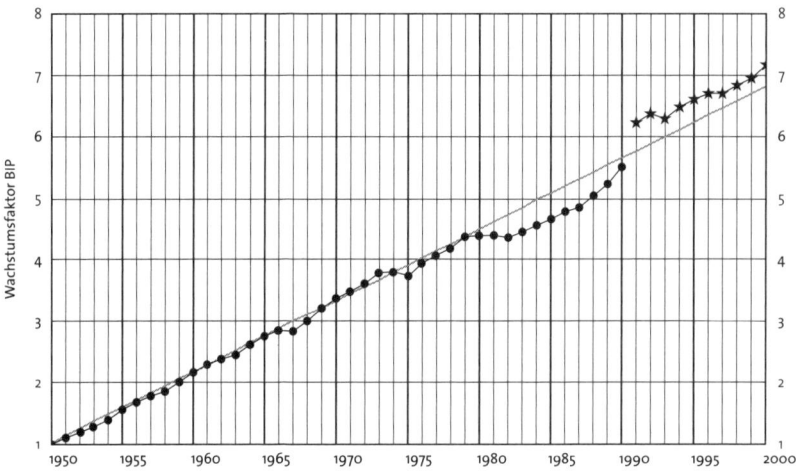

Grafik A Bundesrepublik, Bruttoinlandsprodukt (BIP) real 1950–2000; 1950 = 1
●●● BIP-alte BRD
★★★ BIP-Gesamtdeutschland
―――― Extrapolation aus 1950 bis 1960

Lineares Wachstum bedeutet abnehmende jährliche Wachstumsraten

Lineares Wachstum bedeutet, dass jedes Jahr (etwa) die gleiche Summe zum Sozialprodukt hinzukommt. Gemessen am seit mehr als fünfzig Jahren kontinuierlich jedes Jahr wachsenden Sozialprodukt wird diese Zusatz-Summe aber prozentual immer kleiner. So wuchs das jährliche Sozialprodukt der Bundesrepublik in jedem Jahrzehnt seit 1950 um ungefähr denselben Betrag: ca. 500 Mrd. DM.[16] Aber 1960 waren das rund 500 (540) Mrd. DM, die in zehn Jahren zu dem Sozialprodukt von 1950 von 456 Mrd. DM hinzugekommen waren, – und das sind etwa 120 % mehr in zehn Jahren oder ein durchschnittliches Wachstum von zwölf Prozent im Jahr. Von 1990 bis 2000 kamen ebenfalls rund 500 (472) Mrd. DM hinzu, doch die addierten sich jetzt zu einem BIP in Höhe von 2520 Mrd. DM. Und von 2520 Mrd. DM sind 472 Mrd. DM nur noch rund 19%. 19% in zehn Jahren sind 1,9% pro Jahr.

Für die ersten zehn Jahre des neuen Jahrtausends wird das Wachstum der Wirtschaft der BRD nach demselben Gesetz des linearen

Wachstums nur noch 1,6 % per Jahr betragen. Dieser Durchschnitt des
Jahreswachstums über die kommenden Jahre liegt nach allen bisherigen Erfahrungen fest. Die Wachstumsraten der einzelnen Jahre dagegen nicht. Sie können über einige Jahre durchaus deutlich über oder unter diesen Durchschnittswerten liegen. Über lange Zeiträume führt
lineares Wachstum aber unvermeidlich immer näher an Nullwachstum
heran.

Nicht nur das Wachstum in der Bundesrepublik, sondern das
Wachstum praktisch aller »frühindustrialisierten« Nationen folgt diesem Gesetz des linearen Wachstums. Eine Reihe von Beispielen ist im
Anhang wiedergegeben.[17] Mehr als lineares Wachstum hat sich nur in
einzelnen wenigen Ausnahmefällen gezeigt. Weder irgend ein größerer
europäischer Staat noch die Gesamtheit der europäischen Staaten machen hier eine Ausnahme. Und auch die USA, die beim Wachstum des
Sozialprodukts im Ganzen noch eine Ausnahme bilden, zeigen beim Sozialprodukt pro Kopf der Bevölkerung nur lineares Wachstum.[18]

Die üblichen Diskussionen um »Wachstumsschwäche«, »Aufbrechen
verkrusteter Strukturen für einen Wachstumsschub« und ähnliche Argumente liegen nach dieser jetzt fünfzig Jahre alten Erfahrung neben
der Sache. Diesen Wachstumsschub wird es nicht geben. Unsere
Volkswirtschaft befindet sich genau auf dem Wachstumspfad, den sie
seit dem Jahre 1950 unbeirrbar eingeschlagen hat. Warum soll ausgerechnet jetzt, bei deutlich erschwerten Weltwirtschaftsbedingungen, dieser bisherige lineare Wachstumspfad plötzlich nach oben verlassen werden können?

Eine andere Frage ist dagegen, ob sich nicht besondere, die Konjunktur zusätzlich abschwächende Umstände eingestellt haben, die
unsere Wirtschaft von diesem linearen Pfad nach unten abweichen lassen. Und da gibt es allerdings eine Reihe von Verdachtsmomenten.

Wenn heute seit Jahren steigende Arbeitslosigkeit, Staatsverschuldung und stagnierende bzw. sinkende Einkommen der Massen in der
Bundesrepublik als Krise empfunden werden, dann kann die Schuld an
dieser langfristigen Entwicklung also nicht »zu geringem Wachstum«
zugeschoben werden. Sicher, Wachstum längs einer Geraden, lineares
Wachstum, ist Wachstum mit abnehmenden jährlichen Wachstumsraten. Aber ein solches Wachstum reichte, um aus der armen Bundesre

publik von 1950 den »Wohlstand für alle« des Anfangs und der Mitte der 70er Jahre zu machen. Der Weg aus dem Nachkriegsdeutschland mit seinen weitgehend zerstörten Städten, zerstörten Straßen und Eisenbahnen, seinen zerstörten oder demontierten Fabriken in ein funktionierendes Industriesystem erforderte eine Unzahl von Investitionen, ehe sich bei den Verbrauchern Wohlstand einstellen konnte. Einem funktionierenden Industriesystem müsste lineares Wachstum daher erst recht reichen. Es müsste mit sehr viel weniger Wachstum wachsenden Wohlstand schaffen können. Es sei denn, das Wirtschaftssystem lenkt die Erträge in Sackgassen.

Welche Rolle spielt die Konjunktur?

Und die »Konjunktur«, die berühmte, die »lahmt« oder »nicht anspringen will« – wo kommt die in diesem Bild (Grafik A) vor? Sie zeigt sich an den Punkten und Sternchen der realen gemessenen Sozialprodukte. Ist sie einmal »gut oder sehr gut«, liegen diese Punkte nahe an der Geraden – oder darüber, wenn der Vorjahreswert schon nahe oder über der Geraden lag. Wenn sie dann »lahmt«, sinken die Werte wieder. Wie eben jetzt.

1974/75 zum Beispiel war das jährliche Wachstum gleich 0 (1974) und sogar negativ (1975: -1 %). In den Jahren 1976 – 1979 folgten hohe jährliche Wachstumsraten und brachten das Sozialprodukt wieder auf »seine Linie«. Die Jahre 1980 – 1982 zeigten abermals schwaches bis negatives Wachstum. Die Punkte sanken unter die »Linie« und verlief dann bis 1987 »auf dem alten Kurs« nur etwas unterhalb parallel zur »Linie«. Erst die Jahre 1988 – 1992 brachten mit herausragend hohen jährlichen Wachstumsraten das Sozialprodukt wieder zurück auf seine seit 1950/60 bekannte »Linie«. (Was eigentlich nicht auf ein besonders schweres Opfer für die deutsche Einheit hindeutet.)

Das Sozialprodukt des vereinigten Deutschland (Sternchen) ab 1991 liegt dann natürlich höher als die Linie der alten Bundesrepublik. Aber alsbald zeigte sich: Der Anstiegswinkel ist der alte. Die Entwicklung verläuft nun zwar etwas oberhalb, aber wieder parallel zur altbekannten »Linie«.

Das Auf und Ab der Konjunktur ist nicht bedeutungslos. Auch die Arbeitslosenzahlen sinken und steigen mit steigender oder sinkender Konjunktur (konjunkturelle Arbeitslosigkeit). Aber diese Schwankung ist weltweit sehr begrenzt.[19] Für die Bundesrepublik schätzt man diesen konjunkturellen Anteil an der Arbeitslosigkeit auf etwa 600 000 Personen. Ob über eine halbe Millionen Menschen mehr oder weniger arbeitslos sind, ist selbstverständlich alles andere als unwichtig. Doch gemessen an dem »Sockel der strukturellen Arbeitslosigkeit«, der von der Konjunktur unbeeinflusst bleibt – und seit 20 Jahren wächst –, das sekundäre Problem.

Was aber keinesfalls bedeuten darf, das Problem der Konjunktur als unwichtig beiseite zu schieben. Diese Konjunktur ist nun nicht allein von den äußeren Bedingungen des Weltmarkts diktiert. Sie ist beeinflussbar. Steuersenkungen, die mehr Kaufkraft bei der Bevölkerung lassen, können sie ebenso positiv beeinflussen wie Lohnerhöhungen. Steuersenkungen, die dazu führen, dass die öffentliche Hand ihre Nachfrage nach Investitionen einschränken oder Angestellte und Beamte frühpensionieren, Gehälter, Weihnachtsgelder oder Pensionen senken muss, »würgen die Konjunktur ab« – wie Brünings Notverordnungen Ende der 20er Jahre.[20] Steuern auf hohe Einkommen oder Vermögen und Einsatz dieser Steuermittel für Zukunftsaufgaben, Schulen, Universitäten, öffentlichen Nahverkehr, Kindergärten, schaffen Arbeitsplätze und dienen so der Konjunktur – oder schaden ihr, wenn sie die Kapitalbesitzer verscheuchen.

Mehr Wachstum als das, was erzielt wurde, war nicht zu erreichen – und wird nach allen Erfahrungen in allen Industrienationen aller Voraussicht nach auch in der Zukunft nicht zu erreichen sein. Weniger ist allerdings sehr wohl möglich. Wenn die Nachfrage nachhaltig absinkt, gibt es auch weniger Gewinne und weniger Investitionen. Dauerhaft sinkende Masseneinkommen – aus welchen Gründen auch immer – führen so zu einer Wirtschaftsentwicklung deutlich unter der Linie, sie vereiteln die zur Korrektur notwendigen Phasen übernormalen Wachstums.

Der Traum vom ewigen Wachstum – ein Alptraum?

Stetiges exponentielles Wachstum mit den jährlichen Wachstumsraten der ersten Nachkriegsperiode ist also eine Fata Morgana. Aber ein solches Wachstum hätte ohnedies zu vollständig unsinnigen Folgen geführt. Wirtschaftlich und ökologisch. Hätte jede deutsche Familie vielleicht ein von Straßen und Plätzen startfähiges kleines Privatflugzeug[21] in der Garage haben sollen, um dem hoffnungslosen Lastwagenstau zu entgehen? In »Wohlstand für niemand?« schrieb ich 1993:[22]

» ... der feste Glaube an exponentielles Wachstum war bis weit in die 70er Jahre unantastbare Bedingung dafür, in der wissenschaftlichen Diskussion der Ökonomen ernstgenommen zu werden.[23] Und aus diesem Glauben wurden für Politik, Technik und Umwelt folgenschwere Entscheidungen abgeleitet. Wenn die Wirtschaft exponentiell wachsen sollte, dann mußte z.B. nach der damals herrschenden Lehre auch der Energieverbrauch exponentiell wachsen.[24] Denn, so lautete ein weiterer Glaubenssatz: Energieverbrauch und Wirtschaftswachstum sind fest aneinander gekoppelt. Noch 1978 erwarteten daher die Institute DIW und RWI sowie das Energiewissenschaftliche Institut der Universität Köln bei einem exponentiellen Wirtschaftswachstum von 3,2–4% jährlich ein Wachstum des Stromverbrauchs zwischen 4,2% und 5,6%. Diese Schätzungen wurden dann dem damaligen Energieprogramm der Bundesregierung zugrunde gelegt.

Die Schätzungen der frühen 70er Jahre lagen noch höher. So beruhte das Kernenergieprogramm der sozialliberalen Koalition auf der Annahme, der Stromverbrauch müsse jährlich um 7% steigen. Was bedeutet hätte, daß er sich bis 1985 auf das 15fache, bis 2000 auf das 42fache und bis 2030 auf das 319fache hätte steigern müssen. Der bekannte Physiker Alwin A. Weinberg berechnete damals den Energiebedarf der Welt und kam zu dem Resultat: Wenn die Weltbevölkerung sich auf einem Niveau von 15–20 Milliarden Menschen stabilisiert, kann ihr Energie- und Rohstoffbedarf gedeckt werden, wenn jährlich 1000 Kernkraftwerke auf- und nach 30-jähriger Betriebsdauer abgebaut werden.[25] Wenn man sich spaßeshalber vor-

stellt, daß dann jeden Tag in der Welt drei Kernkraftwerke hätten
gebaut und abgerissen werden müssen, wird der Unsinn solcher
Annahmen andauernden exponentiellen Wachstums offensichtlich.«[26]

Doch dieses ewige Wirtschaftswachstum findet nicht statt. Es gibt
offensichtlich innere, ökonomische Grenzen des Wachstums. Die Hor-
rorvorstellung des Club of Rome, der der Wirtschaft ökologische
Grenzen des Wachstums entgegenhielt, war – zum Glück – ein Trugbild.
Auf *mehr* als das bisherige lineare Wachstum zu setzen heißt deshalb,
auf Wunder zu hoffen. Die Wirtschaftspolitik einer Nation auf ein Wunder zu gründen, widerspricht so evident der wirtschaftlichen Erfahrung,
dass zumindest von grober Fahrlässigkeit gesprochen werden muss.

Aber selbst wenn es dieses »Wachstumswunder« gäbe, würden die
Probleme unserer Volkswirtschaft dadurch nicht gelöst. Denn nicht nur
das ewige Wachstum, sondern auch die Umsetzung von Wirtschaftswachstum in »Wohlstand für alle« entpuppte sich als Fata Morgana.

Warten auf Wachstum für Arbeitsplätze
ist Warten auf Godot

Arbeitslosigkeit, Pleite der öffentlichen Hand und schnell wachsende
Ungleichheit kennzeichnen die Krise des »Sozialstaats BRD« zum
Jahrtausendbeginn. Das Aufbrechen verkrusteter Strukturen am Arbeitsmarkt, Steuersenkungen und allgemein weniger Pessimismus
sollen die Wirtschaft ankurbeln, den Aufschwung bringen. Aufschwung schafft neues Wirtschaftswachstum und damit Arbeitsplätze. Wer glaubt das etwa nicht – wo es doch jeden Tag in den Zeitungen steht?

Nur: Selbst die Verdopplung des Sozialprodukts von Anfang der 70er
Jahre bis zur Jahrtausendwende war mit zunehmender Arbeitslosigkeit,
öffentlicher Armut und wachsender Ungleichheit verbunden. 1993
schrieb ich in »Wohlstand für niemand?«:

»Seit mehr als zwei Jahren erinnert das Stück, das Wirtschaftswissenschaftler, Wirtschaftspolitik und Wirtschaftsjournalismus aufführen, auffallend an Becketts Godot. Da wird ausgeschaut und ausgeschaut, der Aufschwung angekündigt, immer wieder sieht man einen Silberstreif im beginnenden Wirtschaftsaufschwung in den USA. Hoffen, die zentralen Probleme Abwanderung von Industrie, Arbeitslosigkeit und Staatsverschuldung würden sich durch eine Konjunkturbesserung lösen, wird so zum Warten auf Godot – und der kam bekanntlich nie.«[27]

Daran hat sich nichts geändert. Meinhard Miegel 2002:

»Die Politik ... hofft ..., dass hohe Wachstumsraten irgendwann das Beschäftigungsproblem lösen werden.

Diese Hoffnung ist vergeblich. Ihr fehlt jede Grundlage. Sie ist wie das Warten auf Godot – er kommt nie. Schon der gedankliche Ansatz ist falsch. Arbeit entsteht nicht durch Wachstum, sondern Wachstum durch Arbeit. Das ist zahllose Male festgestellt worden, hat aber im öffentlichen Bewusstsein kaum Spuren hinterlassen.«[28]

Warum aber ist diese Hoffnung vergebens? Viele Ursachen kommen hier zusammen, unabänderliche und, bei politischem Willen und politischer Gestaltungsmacht, veränderliche.

Unabänderlich: Steigende Arbeitsproduktivität entwertet den Faktor Arbeit

Steigende Arbeitsproduktivität, also höhere Produktion je Arbeitsstunde, ist die Grundlage des gewachsenen Wohlstands der Industrienationen. Ohne sie lägen die Löhne heute noch bei wenigen Euro je Stunde. Doch sie hat eine Kehrseite, die sich immer mehr in den Vordergrund schiebt: Je mehr ein Arbeiter pro Stunde produziert, desto weniger Arbeitsstunden braucht er für dieselbe Warenmenge. Gelingt es nicht, den Absatz ebenso schnell zu steigern, wie die Arbeitsproduktivität wächst, braucht man weniger Arbeitsstunden – letztlich also weniger Arbeiter.

Im internationalen Vergleich ist der Kapitaleinsatz in Deutschland besonders hoch. Der Kapitaleinsatz stieg (preisbereinigt) von 1950 bis 2000 pro Erwerbstätigenstunde auf das Siebenfache.[29] Hier liegt *eine* Wurzel für die nicht durch »Wachstum« zu behebende Arbeitslosigkeit.

Miegel bringt die jedermann zugänglichen Fakten meisterlich auf den Punkt:

> »Bei einem 25-jährigen jahresdurchschnittlichen Wachstum von real 5,4 % schrumpfte das Arbeitsvolumen pro Kopf der westdeutschen Bevölkerung jährlich um gut ein Prozent. Da darf wohl gefragt werden, wie viel Wachstum denn von Nöten ist, um unter den konkreten Bedingungen Deutschlands die Arbeitsmenge stabil zu halten oder gar anschwellen zu lassen. Im dritten Jahrhundertquartal hätte es jährlich annähernd bei sieben Prozent liegen müssen, was einer Verdoppelung der Güter- und Dienstleistungsmenge in zehn Jahren und deren Zunahme auf mehr als das Fünffache in 25 Jahren entspricht.«[30]

Bringen Steuersenkungen Arbeitsplätze?

Das neoliberale Standardargument für Steuersenkungen zum Zwecke möglichst hoher Gewinne ist der Glaube an die »Angebotspolitik«. Angebotspolitik setzt mit ihren Maßnahmen zur Erreichung gesamtwirtschaftlicher Ziele wie Inflationsbekämpfung und Wachstum auf der Angebotsseite der Wirtschaft an. Wenn Waren oder Dienstleistungen produziert werden, schlägt sich das angeblich in entsprechendem Einkommen nieder, das nach Jean Baptiste Say zu einer kaufkräftigen Nachfrage führe. Nur: Dieser Effekt verschwindet, wenn die Löhne durch den Weltmarktdruck nicht mehr mit der Produktion, dem Sozialprodukt, steigen und darüber hinaus der Faktor Arbeit, in dem die Löhne steigen sollen, durch Kapital ersetzt wird. Und das geschieht immer schneller, je mehr alte Anlagen durch Neuinvestitionen ersetzt werden.

Man sollte deshalb endlich einmal die Fakten zur Kenntnis nehmen: Der Versuch, durch Senkung der Unternehmenssteuern und des Spitzensteuersatzes Arbeitsplätze zu schaffen, ist heute offensichtlich zum Scheitern verurteilt. Solche Steuersenkungen hatten wir zu Hauf, doch das Wachstum blieb aus.

Der frühere Bundesarbeitsminister Herbert Ehrenberg (SPD) wies darauf hin, dass mit dem »Standortsicherungsgesetz« von 1993 ab 1994 die Körperschaftssteuer von 50 auf 45 und der Spitzensteuersatz für gewerbliche Einkommen von 53 auf 47 % gesenkt wurde und gleichzeitig ein Sparpaket mit Kürzungen öffentlicher Leistungen von 21 Mrd. DM in Kraft trat.[31] Ein »Programm für mehr Wachstum und Beschäftigung« vom 13. September 1996 brachte im Prinzip die gleiche Maßnahmenkombination aus Senkungen von Unternehmenssteuern und Kürzungen sozialer Leistungen.

> »Die Beschäftigung aber reagierte nicht nach der neoliberalen Vorgabe. Von 1992 bis 1997 gab es einen Rückgang der beschäftigten Arbeitnehmer um 1,6 Millionen. Die Nettorealverdienste der Arbeitnehmer gingen in diesem Zeitraum um 7,5 Prozent zurück. Eine leider stimmige Erklärung für das weit hinter der Auslandsnachfrage Zurückbleiben der Nachfrage auf dem Binnenmarkt.«[32]

Weltmarkt und Arbeitsplätze

Noch weniger als vom Wachstum des Sozialprodukts der BRD profitiert unser Arbeitsmarkt vom Wachstum des Weltmarkts. Schon heute ist vielmehr die Arbeitslosigkeit in den OECD-Nationen parallel zum Wachstum des Welthandels gestiegen.

Freihandel optimiert nun einmal nicht auf Arbeitsplätze. Im Gegenteil. Arbeit ist ein Kostenfaktor. Und Minimierung aller Kosten durch Freihandel ist das Versprechen des Freihandels. Gerade weil der Freihandel das, was er hier verspricht, auch hält, sollte es nicht überraschen, dass in den OECD-Nationen mit ihrem höheren Lebensstandard durch höhere Löhne und Sozialleistungen seit der schnellen Ausdehnung des Welthandels schon viele Menschen aus dem Weltmarkt herausgefallen und die Arbeitslosenzahlen drastisch angestiegen sind.

Export der Industrieländer schafft zwar vielleicht einen Ausgleich in der Handelsbilanz, nicht aber in der Arbeitsplatzbilanz. Denn nur Industrien mit hoher Produktivität können in den Industrieländern bleiben – aber das bedeutet: nur Industrien mit wenig Arbeitskräften pro Milliarde Euro Export.

Die schwarze Kurve in der nachfolgenden Grafik B zeigt, wie Arbeitslosigkeit in den OECD-Nationen von einem Durchschnitt von etwa 8-10 Millionen von 1950 bis 1973 auf einen Durchschnitt von etwa 30–35 Millionen von 1995 bis 2000 gestiegen ist. Die These, freier Welthandel sei auch gut für die Arbeitsplätze in den Industrienationen, ist somit eindeutig widerlegt. Daran ändert sich auch dadurch nichts, dass etwa 20-30 % der Arbeitslosigkeit von der Weltkonjunktur abhängen, sie somit mit sinkendem Handel steigt. Entscheidend ist das Niveau des Minimums der Arbeitslosigkeit im Konjunkturhoch, die so genannte strukturelle Arbeitslosigkeit. Die aber stieg in den OECD-Ländern von etwa sieben Millionen um 1970 auf rund 28 Millionen im Jahr 2000.

George Soros:
> »Die Konkurrenz hat Unternehmen zur Konsolidierung gezwungen, sie haben sich verkleinert und Produktionsstätten ins Ausland verlagert. Das sind wesentliche Gründe dafür, daß es in Europa eine fortdauernd hohe Zahl von Arbeitslosen gibt.«[33]

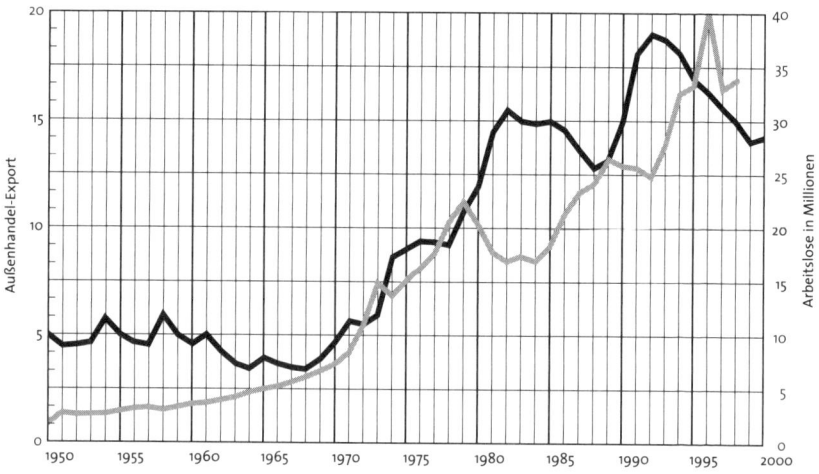

Grafik B[34] **Welthandel und Arbeitslosigkeit**, Export 1950 = 1
▬▬▬ Export | ▬▬▬ Arbeitslose OECD (Millionen)

Der genaue Umfang der Verlagerung von Industrie aus der Bundesrepublik heraus ist schwer zu ermitteln. Ist eine in China erbaute VW-
Fabrik eine verlagerte Produktion? Oder ist das erst eine in der BRD
geschlossene Fabrik, die durch eine Nachfolgerin in China ersetzt
wurde? Fest steht aber: Ganze Industrien sind schon weitgehend verschwunden, wie der Radio- und Fernsehgerätebau. Und »das Spiel ist
noch nicht zu Ende – Conti stellt die Produktion in Hochlohnländern
in Frage / Weitere Verlagerung nur eine Frage der Zeit«[35], meldet die Rei-
fenindustrie. Der Skandal um die falschen Abrechnungen der Zahnärzte
für ostasiatischen Zahnersatz zeigt, wie weit selbst handwerkliche Fer-
tigung bereits auf der Reise ist.

So bleibt den Bürgern der Bundesrepublik nur, mit Wolfgang Engler festzustellen:

> »Die ›Rückkehr zur Vollbeschäftigung‹ ist unter allen zeitgenös-
> sischen Legenden die bei weitem populärste – postreligiöses
> Opium fürs Volk. Das Täuschungsmanöver gründet im Selbstbe-
> trug.«[36]

Wachstum und Wohlstand

Wachstum des Sozialprodukts ist nicht identisch mit Zunahme des Wohlstands

Der erste Grund liegt schon in der Definition des Begriffs Sozialprodukt.

Das Sozialprodukt wird definiert als die Summe all dessen, was im
Inland in einem Jahr an Waren und Dienstleistungen hervorgebracht
worden ist. Diese Summe nennt man genauer das Bruttoinlandspro-
dukt. Die Summe aller Bruttoinlandsprodukte aller Staaten dieser
Welt bildet das Weltsozialprodukt (GDP). Aber was ist denn von die-
sem Sozialprodukt wirklich Wohlstand, was ist davon Aufwand für den
Wohlstand, wäre also eigentlich abzuziehen? Sind nicht in Wirklichkeit
die Investitionen und Produktionskosten der einzelnen Unternehmen
Aufwand? Gehören die Fahrtkosten der Arbeitnehmer zum Aufwand?
Sind Erziehung und Ausbildung der jungen Bürger nicht im Grunde

Kosten für die zukünftige Produktion? Sind die Kosten für die Polizei Aufwand oder Ertrag?

Betrachten wir das Sozialprodukt der Bundesrepublik 1973 und im Jahre 2000 näher, so zeigt sich, dass ein höheres Bruttosozialprodukt auch zu einem niedrigeren Wohlstandsniveau führen kann: Das Sozialprodukt des Jahres 2000 ist grob gerechnet (preisbereinigt) etwa doppelt so hoch wie das von 1973. Aber 1973 lag die Arbeitslosenzahl bei 273 000[37], im Jahre 2000 zwischen vier und fünf Millionen. Das ist der erste Unterschied. Ein Sozialprodukt, das dadurch erzeugt wird, dass alle Bürger (oder fast alle) ihr Geld selbst verdienen, hat a priori einen höheren Wohlstandswert als ein Sozialprodukt mit Millionen von Arbeitslosen. Nicht nur wegen der psychischen Folgen langer Arbeitslosigkeit. Ein Sozialprodukt, bei dem Millionen Arbeitslose »abfallen«, ist auch ökonomisch weniger wert. Denn aus dem erzielten Sozialprodukt, das zur Verteilung ansteht, ist nun auch der Unterhalt der Arbeitslosen zu bezahlen, also abzuziehen. Das wiederum ist nur dadurch möglich, dass diejenigen, die ihr Leben noch unmittelbar aus der Erzielung des Sozialprodukts bestreiten können, weniger erhalten, als sie erhalten könnten, wenn die Arbeitslosen nicht zu finanzieren wären.

Aber auch die spezifische Art der Erzielung des Sozialprodukts, der wachsende Akzent auf internationalem Handel und internationaler Verflechtung bei sinkenden Handelsschranken, führt zu einem geringeren Effekt des »Wohlstands pro produzierter DM«. Das Sozialprodukt von 1973 wurde – aus der Sicht des Liberalismus – erzielt, obgleich Einfuhren mit teilweise hohen Zöllen belegt waren. Das führte nicht nur zu Einnahmen der Bundesrepublik aus Zöllen, sondern erlaubte auch noch höhere Löhne, ohne dass der Marktanteil der deutschen Unternehmen im Inland gefährdet wurde.

Das Wachstum der Wirtschaft allein sagt deshalb nichts über den Wohlstandsertrag aus. War dieser Ertrag in der ersten Periode bis in die 70er Jahre hoch oder sogar sehr hoch, war er in der zweiten, der liberalen Periode gering oder gar negativ. Eine solche Wirtschaft ist eindeutig »unwirtschaftlich«.

Es hat in der Wirtschaftswissenschaft viele Versuche gegeben, eine klare Trennungslinie zwischen Erfolg und Aufwand im Sozialprodukt zu finden. Letztlich sind all diese Versuche gescheitert. Auch unsere eigenen im damaligen Max-Planck-Institut zur Erforschung der Lebensbedingungen der wissenschaftlich technischen Welt in Starnberg.[38]

Und so ist man letztlich nicht viel schlauer als am Anfang: Wer sein Auto erfolgreich gegen einen Baum steuert, sich und seine Familie im Krankenhaus behandeln und wieder auf die Beine stellen lässt und ein neues Auto kauft, hat bekanntlich das Sozialprodukt vergrößert. Aber den Slogan: »Die Wirtschaft lahmt, Autofahrer! Auf die Bäume, fertig, los!« wird niemand als Wirtschaftspolitik verkaufen wollen.

Ein »Erfolgsmaßstab«, der solchen Unsinn zwangsweise in sich trägt, ist sicher mehr als zweifelhaft. Undifferenziert das Wachstum dieses so schlecht definierten Sozialprodukts zum politischen Ziel zu erklären, ist also eigentlich schon eine Ohnmachtserklärung. Nur: Wenn man das Sozialprodukt als Maßstab verwirft, wie will man dann den »Erfolg« eines Wirtschaftsjahrs in einer Volkswirtschaft messen?

Da es auf diese Frage keine klare Antwort gibt, streben alle Volkswirtschaften dieser Welt unter dem Motto »Wachstum für Wohlstand und Arbeitsplätze« unbeeindruckt der Erhöhung des Sozialprodukts nach. »Jetzt wird in die Hände gespuckt, wir erhöhen das Bruttosozialprodukt!« hieß es in einem Song Anfang der 8oer Jahre. Und je kräftiger man in die Hände spuckte, je größer das Wachstum dieses merkwürdigen sozialen Produkts im Jahre war, desto mehr wurde die Wirtschaft eines Landes gelobt, als desto »erfolgreicher« galt sie – verglichen mit anderen Volkswirtschaften, denen nur ein geringeres prozentuales Wachstum gelungen war.

Einkommensverteilung und Wirtschaftswachstum: Hoffnung auf »trickle down«, durchsickern

Der neoliberalistische Ansatz sieht in der Vermischung von Aufwand und Erfolg im Sozialprodukt kein großes Problem. Er geht davon aus, dass durch die ungehinderte Entfaltung des Kapitals automatisch Massenwohlstand in der Welt entsteht. Was heute den Reichen nütze, komme morgen den Armen zugute (trickle down-Effect)[39]. Stimmt das?

Diese These kann sich auf eine geschichtliche Erfahrung stützen. Aus dem krassen Gegensatz zwischen dem Reichtum der Produzenten und der Armut des Proletariats im 19. Jahrhundert entstanden schließlich die europäischen Sozialstaaten und das »reiche Amerika«.

Doch welch gewaltige politischen Anstrengungen waren historisch notwendig, um dieses Resultat herbeizuführen! Funktioniert »trickle down« dagegen auch ganz von allein in einem freien Weltmarkt? Wirkt es weltweit? Und: Geht es auch schnell genug – denn die Bevölkerung der Erde wächst und wächst! Die Trompeter des Liberalismus in internationalen Organisationen[40] und in der Presse[41] verkünden Tag für Tag: Alles ist auf dem besten Wege. Die derzeitigen Probleme sind nur der unvermeidbare Preis eines für alle profitablen Übergangs, sind »schöpferische Zerstörung« und damit nach den Lehren Schumpeters geradezu notwendig. Doch so ist es nicht. Stiglitz beschreibt aus seiner Kenntnis als Berater Präsident Clintons und seiner Tätigkeit für die Weltbank die Realität so:

> »Die Geschichte der letzten fünfzig Jahre hat diese Theorien und Hypothesen jedoch nicht gestützt … ostasiatische Länder – Südkorea, China, Taiwan, Japan – [zeigten], dass … schnelles Wachstum ohne eine beträchtliche Zunahme der Ungleichheit erreicht werden kann. Die Regierungen in der Region ergriffen gezielte Maßnahmen, um sicherzustellen, dass … sich Lohnungleichheiten in Grenzen hielten und dass alle in den Genuss grundlegender Bildungschancen kamen.«[42]

Eigentlich sollte man doch annehmen, dass die Methoden, mit denen die erfolgreichsten Volkswirtschaften dieser Erde gearbeitet haben, studiert werden, um zu lernen, wie man besser vorankommt. Der Akzent einer solchen »Ostasiaten-Wirtschaftspolitik« müsste dabei offensichtlich auf der Frage der Nettoeinkommen der abhängig Beschäftigten liegen.

Wirtschaftsziel »Wachstum der Nettorealeinkommen der abhängig
Beschäftigten« statt Wachstum des Bruttosozialprodukts?

Fast 90 % aller Erwerbstätigen in der BRD sind Arbeitnehmer.[43] Am
Volkseinkommen sind sie mit rund 73 % beteiligt.[44] Der Gedanke liegt
deshalb nahe, anstelle des Sozialprodukts die Einkommen dieser Arbeitnehmer zum Maßstab für Erfolg oder Misserfolg einer Wirtschaftspolitik zu machen. Und, wenn man Wohlstandseffekte messen
will, die Nettorealeinkommen.

Einwand: Dieser Maßstab lässt die Arbeitslosen außer Betracht. Eine
Gesellschaft, die einer »Arbeiterelite« hohe Einkommen bietet und
große Teile der Arbeitsfähigen auf die Straße setzt, erscheint dann besser als eine Gesellschaft mit Vollbeschäftigung und eventuell geringfü-
gig niedrigeren Löhnen.

Um diesen Fehler zu vermeiden, müsste man das durchschnittliche
Nettorealeinkommen aller Arbeitenden und arbeitsuchenden Arbeitslosen zum Maßstab machen. Sozialleistungen für letztere Gruppen
müssten dabei unberücksichtigt bleiben.

Wenn das Wirtschaftsziel nicht mehr Wirtschaftswachstum, sondern
Steigerung der Einkommen, und zwar der Nettorealeinkommen der
abhängig Beschäftigten, würde, dann wäre auch jede einzelne wirtschaftspolitische Maßnahme an diesem Maßstab zu messen.

Wäre man in den letzten 30 Jahren in der Bundesrepublik nach
diesem Maßstab verfahren, so hätte man das Abnehmen des »Wohl-
standswachstums« schon in den 70er Jahren konstatieren müssen. Man
hätte auch bemerkt, dass alle getroffenen »Wirtschaftsförderungsauf-
wendungen« nur eines bewirkten: Sie begleiteten das ehemals erfreuliche
»Wohlstandswachstum« (der durchschnittlichen Nettorealeinkommen) auf dem Weg in Nullwachstum – bis es sich in den 90er Jahren
dann in negatives »Wachstum« verwandelte. Am deutlichsten würde
dieses Versagen, wenn man die 4–4,5 Millionen Arbeitslosen mit ihrem
Arbeitsverdienst »0« in diesen Durchschnittsverdienst mit einrechnete.
Denn dann ergäbe der so errechnete »durchschnittliche Nettoreal-
verdienst«, der schon nach der klassischen Berechnung seit Jahren
leicht sinkt, noch um 10–12 % niedrigere Werte.[45] So berechnet hätte er
im Jahre 2000 statt beim Dreifachen des Wertes von 1950 nur beim 2,6-

fachen gelegen (wie die grüne Linie in Grafik C auf dem Lesezeichen und
die Sternchenlinie unten auf S. 32 zeigen. Das entspräche einem Rückgang etwa auf das Niveau von 1969/70.

Einkommenschancen im Wandel

Wovon hängt das Wohlstandsniveau einer Gesellschaft ab?

Ein sehr interessanter Ansatz findet sich wieder bei Meinhard Miegel:

> »Politiker und Professoren, Lehrer und Polizisten, Schauspieler
> und Musiker, Busfahrer und Köche, Bademeister und Masseure und
> viele andere leisten beispielsweise in Deutschland und Polen so Un-
> ähnliches nicht. Aber … warum kann für einen Haarschnitt in Düs-
> seldorf mit Erfolg das Zehnfache verlangt werden wie in Danzig?
> Die immer gleiche Antwort: Weil in der einen Volkswirtschaft viel
> und in der anderen wenig Wissen und Kapital die Produktivität an-
> treiben.«[46]

»Warum verdient ein Busfahrer in Deutschland das Mehrfache von einem Busfahrer in Indien?« Diese alte Miegelsche Frage hat mich stets
fasziniert. Seine Darstellung scheint mir in weiten Teilen zutreffend.
Aber es bleibt ein Problem: Wenn das Einkommen des Busfahrers *nur*
von den durch Kapital, Wissen und Gestaltungskraft der Unternehmen
bestimmten Werten abhängt, warum sinkt dann seit Jahren das Einkommen der Busfahrer[47] – obwohl gleichzeitig die Bedingungen für das
Kapital durch Steuersenkungen verbessert wurden, die Einkommen der
über Kapital Entscheidenden explodiert sind und der deutsche Export
zu den noch intakten Teilen der Wirtschaft gehört?

Ein Beispiel von vielen:

> »Deutschlands Busfahrer beschleicht in diesen Tagen das Entsetzen:
> In Eisenhüttenstadt legen sie den kommunalen Verkehrsverbund
> lahm, weil ihr Arbeitgeber sich mit der angebotenen Lohnsenkung

um neun Prozent nicht zufrieden geben will. Das Angebot des Verkehrsverbundes: zwölf Prozent weniger Lohn ...«[48]

Die Folgerung aus diesen empirischen Daten kann eigentlich nur sein: Das Einkommen der Busfahrer, Friseure usw. hängt nicht nur von der Leistungsfähigkeit der Volkswirtschaft, sondern auch davon ab, wie viel verfügbares Einkommen in der *Masse der Bevölkerung angekommen* ist. Denn diese Masse ist es, die die Dienstleistungen der Friseure, Busfahrer usw. nutzt. Und da bei dieser Masse seit 20 Jahren nicht mehr viel Einkommen angekommen ist, ihre Nettoeinkommen eher zurück gehen, gehen die Einkommen der Busfahrer ebenfalls zurück – unabhängig davon, wie stark Wissen, Kapital und Einkommen des oberen Drittels der Gesellschaft auch gestiegen sein mögen. Denn eine Gesellschaft, in der nur noch das obere Drittel im Wohlstand lebt, kann weder Busfahrern noch Friseuren gute Einkommen bieten. Dieses obere Drittel fährt weder mit dem Bus, noch kann es sich so oft die Haare schneiden lassen, dass davon die ganze Zunft leben kann.

Die Ungleichheit der Einkommen

40 % der Erwerbstätigen in der BRD hatten 1998 ein Nettoeinkommen von weniger oder sehr viel weniger als 1100 € pro Monat.[49] Mehr als drei Millionen Menschen müssen in unserer Republik von Sozialhilfe leben.[50] Und in den anderen Industriestaaten der Welt sieht es ähnlich aus.

Wie es Menschen mit monatlich maximal 1100 € geht, hängt von vielen Faktoren ab.[51] Gut geht es ihnen jedenfalls nicht. Aber wie es auch im Einzelfall aussehen mag: Auch die heutigen Einkommen im unteren und mittleren Bereich sind unsicher. Aufhebung der Flächentarifverträge, Betriebsvereinbarungen statt Tarifvertrag, Leiharbeit statt feste Anstellung, Ausgliederung eines Teils des Betriebs in eine neue Gesellschaft, die niedrigere Löhne zahlt, stärkerer Druck auf Arbeitslose, auch schlecht bis miserabel bezahlte oder weit vom Wohnsitz entfernte Arbeitsplätze anzunehmen. Die Fantasie sprießt, findet immer neue Wege. Doch das Ziel bleibt dasselbe: Lohnsenkung. Und das nicht ohne Grund. Denn gerade die unteren Einkommensschichten sind in der

Weltmarktfalle. Ihre Einkommen sind es, die immer stärker bedroht sind. Ihre Löhne sind tatsächlich sehr oft zu hoch für die Konkurrenz auf dem Weltmarkt.

Dieses Sinken der Lohneinkommen ist für die Ökonomie auch keine Überraschung. Es ist seit Jahren vorausgesagt worden. Herbert Giersch, ein bedingungsloser Verfechter des Liberalismus, beschrieb die langfristige Wirkung weltweiten Freihandels schon 1994 so:[52]

> »… im Extrem kann einfache Arbeit in Deutschland nicht höher entlohnt werden als in Tschechien, auf Dauer auch nicht höher als auf dem indischen Subkontinent…«

Diese Tendenz zum weltweiten Gleichstand der Entlohnung nennt man in der Ökonomie das Theorem vom »internationalen Faktorpreisausgleich durch Handel« (Stolper-Samuelson-Theorem der klassischen Außenhandelstheorie). Dieses Theorem überlagerte sich in den vergangenen Jahrzehnten mit der »natürlichen« Entwertung des Faktors Arbeit durch die technische Entwicklung. Betrachten wir die Auswirkungen beider Phänomene zusammen am Beispiel der Bundesrepublik genauer:

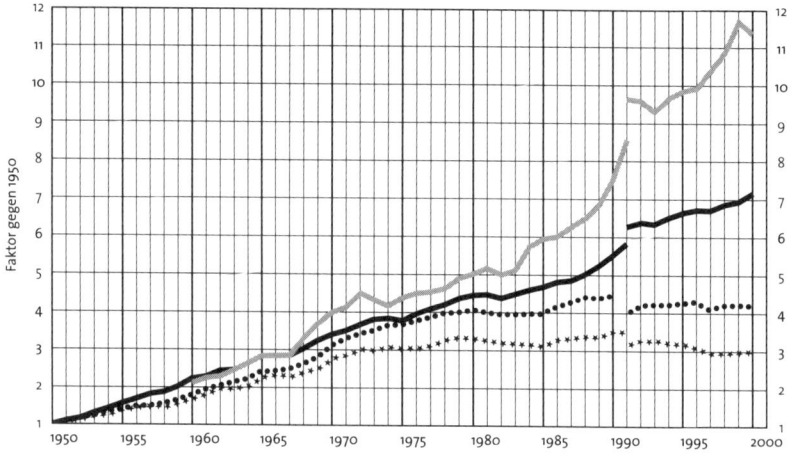

Grafik C Die Spaltung der Gesellschaft der Bundesrepublik
━━━ Summe Nettoeinkommen aus Unternehmen und Vermögen
━━━ Inlandsprodukt (real) BIP
•••••• monatl. **BRUTTO**-Einkommen je abhängig Beschäftigten (Durchschnitt)
✳✳✳✳✳ monatl. **NETTO**-Einkommen je abhängig Beschäftigten (Durchschnitt)

Bis in die 70er Jahre stiegen die Nettorealeinkommen aus abhängiger
Tätigkeit (grüne Linie auf dem Lesezeichen; Sternchenlinie Grafik C) in
der BRD – wie auch in den anderen europäischen Industrienationen –
nicht viel langsamer als das Sozialprodukt (BIP, blaue Linie auf dem
Lesezeichen, schwarze Linie Grafik C). Doch in der Phase der neoliberalen Ordnung seit Ende der 70er Jahre zeigen die Kurven eine geradezu
explodierende Ungleichheit der Erträge des Wachstums. Selbst das
durchschnittliche monatliche *Brutto*lohneinkommen (gelbe bzw. gepunktete Linie) konnte mit der Steigerung des Bruttosozialprodukts
(blaue bzw. schwarze Linie) nicht mehr mithalten.

Die Ursache ist eine starke Kombination aus den beiden Faktoren:
Dem Weltmarktdruck auf die Löhne und der Verschiebung des Anteils
am Sozialprodukt: weg von der Arbeit, hin zum Kapital.

Die zunehmende Arbeitsproduktivität und die damit verbundene
wachsende Kapitalintensität verlagern das aus der Produktion entstehende Einkommen zwangsläufig immer mehr auf Einkommen aus
Vermögen und Unternehmen. Bei 60 % Arbeitsintensität bei einem
Produkt mit einem Verkaufswert von einer Million Euro entstehen
600 000 € Lohn oder, anders ausgedrückt: 600 000 € Massenkaufkraft
der Beschäftigten. Bei nur noch zehn Prozent Arbeitsintensität entstehen beim gleichen Warenwert aber nur noch 100 000 € Arbeitseinkommen. 900 000 € verbleiben dem Unternehmen für Sachaufwen-
dungen, die Zinsen für das Kapital, das für die teuren Maschinen
aufgewandt wurde, sowie Unternehmensgewinn. Und bei drei Prozent
Arbeitsintensität sind es dann nur noch 30 000 € Lohn.

Das ist ein völlig natürlicher Prozess – und hat mit »Ausbeutung«
oder wildem Kapitalismus nichts zu tun.

Man könnte denken, dass es in einem Sozialstaat als selbstverständliche Aufgabe betrachtet worden wäre, diese Entwicklung durch
Steuern, Sozialabgaben und andere Lenkungsmittel zumindest teilweise
auszubalancieren. Doch Fehlanzeige! Grafik C (links und auf dem Lesezeichen) zeigt:

Die Durchschnittseinkommen nach Abzug der Soziallasten und
Steuern (Nettoeinkommen – grüne bzw. Sternchenlinie) entwickelten
sich nicht günstiger als die gelbe bzw. Punktelinie der Bruttobezüge, sondern im Gegenteil drastisch schlechter. Seit mehr als 20 Jahren steigen

diese Nettoeinkommen überhaupt nicht mehr. Seit einiger Zeit sinken
sie sogar. Und, nicht repräsentiert durch diese Einkommenslinien,
kommt für die abhängig Beschäftigten heute die Drohung des Abstur-
zes in die Arbeitslosigkeit und der Verlust der Arbeitslosenversicherung
und Teile der Altersrente durch »Reformprogramme« hinzu.

Dagegen hat sich die Summe der Einkünfte aus Unternehmen und
Vermögen (rote bzw. graue Linie) seit 1980 mehr als verdoppelt, seit 1950
ist sie auf das 11- bis 12fache dieser Einkünfte im Jahre 1950 gestiegen.
Was ist der Grund für diese Diskrepanz?

Weltmarkt und Staat

Besteuerung von Unternehmen und Kapital schadet im weltweiten
Wettbewerb dem »Standort Deutschland«. Da dieser Einwand für jedes Land der Welt gilt, ist der Steuerwettlauf nach unten programmiert.
Die Bundesrepublik liegt in diesem Wettlauf nach unten weit vorne. Sie
hatte mit 21,7 % im Jahr 2001 die niedrigste Steuerquote in Europa. In
einem Vergleich mit den Industrieländern lag nur die Quote Japans mit
17,2 % niedriger. Und die Bundesrepublik will weiter rennen: Für die
Jahre 2004 und 2005 sind weitere Steuersenkungen im Umfang von 23
Milliarden Euro geplant.[53]

Eine Studie des Internationalen Währungsfonds zeigt: Eindeutig ist,
dass weltweiter Steuerwettbewerb dazu führt, dass die Steueraufkom-
men weltweit negativ beeinflusst werden.

> »Eine weit verbreitete Ansicht ist, dass Steuerwettbewerb die Mög-
> lichkeit der Regierungen herabsetzen würde, den Wohlfahrtsstaat
> weiter zu finanzieren«.

Und zu dem Problem der Steuern auf Unternehmenseinkommen
meint die Studie des IWF:

> »Manche Autoren haben die Möglichkeit genannt, dass in längerer
> Zukunft die Steuereinnahmen aus Unternehmen auf Null getrie-
> ben werden…«[54]

Spielraum ist hier kaum noch. *Zwei grundsätzliche Entscheidungen haben die Ohnmacht der Politik besiegelt:* Die Öffnung unserer Volkswirtschaft zum Weltmarkt und die Einführung des Euro vor einer Einigung in der EU über eine gemeinsame, für alle gültige Besteuerung. Die Öffnung zum Weltmarkt zwang zum weltweiten Wettbewerb und damit zum Wettlauf der Modernisierung, also der Freisetzung von Arbeit durch »schlanke Produktion«, zur schnellen Rationalisierung mit Ersatz von Arbeit durch Kapital und zum weltweiten Steuersenkungswettbewerb. Die Einführung des Euro ohne gemeinsame Steuerpolitik sicherte dann diesen für die Staatsfinanzen ruinösen Wettbewerb auch noch innerhalb der EU ab. Inwieweit diese beiden Entscheidungen korrigiert werden können und sollen, ist eine der über die Zukunft Europas entscheidenden Fragen. Wieweit die EU-Einigung über die Besteuerung von Zinseinkünften vom 21.1.2003 etwas ändern kann, ist mehr als zweifelhaft. Es ist nicht einmal sicher, dass so die Zinseinkünfte wirklich in großem Umfang besteuert werden können.[55] Und der Standortwettbewerb wird von dieser Einigung überhaupt nicht betroffen.

Der Politologieprofessor und ehemalige Planungsstabsleiter im Pariser Außenministerium, Jean-Marie Guéhenno, sieht deshalb »eine Welt kommen ohne Entscheidungszentrum und ohne Souverän, ohne Bürger und ohne Volksherrschaft«[56]. Er schreibt:

»Wenn (ein Staat) keine Kapital- und Talentflucht ins Ausland provozieren will, darf er die Steuern nicht über das Niveau vergleichbarer Länder anheben. Man kann in diesem Zwang die gelungene Übertragung marktwirtschaftlicher Gesetze auf den Bereich der Politik sehen. In Wahrheit, da die Inanspruchnahme zahlreicher Kollektivleistungen (wie Sicherheit, Infrastrukturen, Rechtsprechung u.a.) nicht an den Ort der Steuererhebung gebunden ist, werden viele Unternehmen in der Lage sein, ihre Steuerlast zu begrenzen, während sie sich gleichzeitig in den Staaten niederlassen, die die besten Kollektivleistungen bieten. Die Erschütterung der territorialen Besteuerungsgrundlage reicht daher in ihren Folgen sehr viel weiter, als uns ein oberflächlicher Liberalismus glauben macht. Sie bedeutet, daß die Nationalstaaten nicht mehr in der Lage

sind, Kollektivleistungen durch die Steuern zu finanzieren. Entweder kommen Staaten mit vergleichbaren Leistungen überein, sich
gegenseitig keine ›Steuerkonkurrenz‹ zu machen und Ausgleichs-
mechanismen in Gang zu setzen, oder aber die Staaten reduzieren
die ›kostenlosen‹ Kollektivleistungen und ersetzen sie durch ko-
stenpflichtige Leistungen bzw. durch individualisierte Versiche-
rungssysteme.
In beiden Fällen ist die Nation als natürlicher Raum der Solidarität
und der politischen Kontrolle in Gefahr.«[57]

Der Staat war der letzte Garant für einigermaßen gleiche Lebensbedingungen von Arm und Reich. Abbau des Staates ist Abbau zu Lasten
der Armen und zu Gunsten der Reichen. Der Ruf nach dem »schlanken Staat« – möglichst so schlank wie Heinrich Hoffmanns Suppen-
kaspar auf den letzten Bildern, als er »wog vielleicht ein halbes Lot und
war am fünften Tage tot!« – ist deshalb von Seiten derjenigen, die heute
mit fetter Beute außer Landes in ihre Oasen fliehen, sehr verständlich.
Auch Bankräuber würden die Abschaffung der Polizei lebhaft befür-
worten.
     Naturgegeben ist dieses Verhalten nicht. Die Wohlfahrtsphasen in
Amerika und Europa kannten dieses Dilemma nicht. Und so wird man
Lester Thurow korrigieren müssen, der meinte: »Der Kapitalismus hat
der Arbeiterklasse den Krieg erklärt, und er hat ihn gewonnen.«[58]
Nicht der Arbeiterklasse, sondern der solidarischen Gesellschaft und der
auf ihr aufbauenden Demokratie galt der Krieg. Und die Demokratie
ist anscheinend dabei, ihn zu verlieren.

2 Wer trägt die Lasten: Kapital oder Arbeit?

Die Erwerbsarbeit – Vom Schützling zum Opferlamm des Sozialsystems

Dass die Einkommen aus Unternehmen und Vermögen gestiegen sind, ist weder verwunderlich noch zu bedauern. Im Gegenteil, in dieser Zunahme zeigt sich der Weg aus der Armut der Nachkriegszeit in eine Wohlstandsgesellschaft.

Aber warum brachen die Nettorealeinkommen der abhängig Beschäftigten derartig ab, sanken noch weit unter die »natürlich« abgehängten Bruttoeinkommen, die der Markt diktiert hatte? Die erste Antwort führt auf einen fast unglaublichen Fehler unserer Republik:

Die gepunktete Linie der Bruttoeinkommen in Grafik C (gelbe Linie auf dem Lesezeichen) weist aus, wie der Faktor Arbeit durch Weltmarkt und technische Entwicklung geschwächt wurde. Doch statt zu versuchen, diese Schwächung durch Steuern oder andere Abgaben abzufedern, wurde die Arbeit auch noch mehr und mehr mit den Sozialkosten beladen. Heute liegt die gesamte Last des sozialen Sicherungssystems fast ausschließlich auf dem Faktor Arbeit. Zu diesen Soziallasten kam dann noch die Integration der »fünf neuen Länder«.[59]

Das Ergebnis: Die Arbeitgeber- und Arbeitnehmeranteile, die zusammen mehr als 40 %[60] der Netto-Arbeitskosten betragen, verteuern die legal eingekaufte Arbeitsstunde um mindestens 40 %.

Miegel:

> »Eine Gesellschaft, welche die Arbeitsflotte mit Soziallasten überfrachtet, muss damit rechnen, dass das eine oder andere Boot untergeht. Deshalb gleicht ihr Jammern über die Arbeitslosigkeit dem Jammern eines Kettenrauchers über seine morgendlichen Hustenanfälle.«[61]

Aber damit nicht genug: Auch die Steuern wurden sukzessive auf die Arbeitnehmer verlagert.

Die Verschiebung der Steuerlast auf die Arbeit in der neoliberalistischen Phase

Sinkende Einkommen, aber steigende Steueranteile am Sozialprodukt der Lohnabhängigen einerseits, *steigende Einkommen und sinkende Steuerquoten* für Einkommen und Unternehmen andererseits sind für das letzte Viertel des 20. Jahrhunderts typisch.

Seit 1975 hat sich der Anteil der Einkommens- und Körperschaftssteuer am Sozialprodukt etwa halbiert – wobei das Jahr 2001 mit seiner negativen Körperschaftssteuer noch nicht einmal berücksichtigt ist. Andererseits hat sich der Anteil der Lohnsteuer am Sozialprodukt vervierfacht. Der Wendepunkt findet sich um 1970. *Steigende* Steuerquoten der Lohnabhängigen und *sinkende* Steuerquoten für Einkommen und Unternehmen sind so mit dem immer weiter abnehmenden

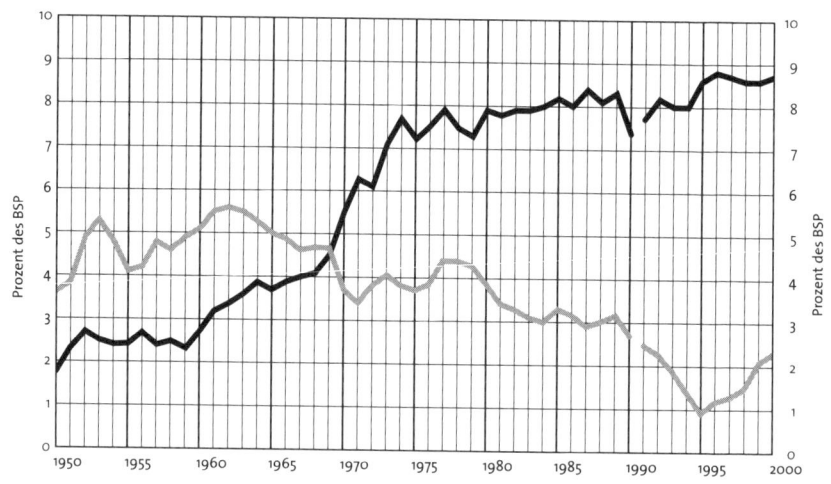

Grafik D Wie in der BRD die Steuerlast auf die abhängig Beschäftigten verlagert wurde
▬▬▬ Einkommens- + Körperschaftssteuer in Prozent des
           Bruttosozialprodukts (BSP)
▬▬▬ Lohnsteuer in Prozent des BSP

Wachstum des letzten Viertels des vorigen Jahrhunderts korreliert. Die These vom steigenden Wachstum durch Senken der Unternehmens- und Einkommensteuer kann auf diese Daten wirklich nicht gestützt werden.[62]

Bis etwa 1970 betrugen die Steuern auf Unternehmen etwa vier Prozent des Bruttosozialprodukts (BSP) oder mehr. Heute liegen sie bei etwa zwei Prozent. Lägen sie immer noch bei vier Prozent des Bruttosozialprodukts, wären die Steuereinnahmen aus diesen Quellen im Jahre 2000 um 80 Mrd. DM höher gewesen.[63] Eine Krise der öffentlichen Hand wäre noch nicht eingetreten.

Die Bundesrepublik steht mit dieser Fehlentwicklung nicht allein.

>»Die EU-Kommission führt den Steuerwettbewerb als wesentlichen Grund dafür an, dass die Arbeitnehmer in der EU im Jahre 1995 im Schnitt um 20% stärker belastet waren als im Jahre 1981, die Selbstständigen und Unternehmen dagegen um 22% geringer. Zum einen können sich Unternehmen dem heimischen Finanzamt über die Grenze hinweg entziehen. Zum anderen haben so gut wie alle EU-Länder die Steuern auf Unternehmensgewinne gesenkt, um die Betriebe im Land zu halten. Als Ausgleich trieben die Finanzminister die Lohnsteuern hinauf.«[64]

Ob man es glaubt oder nicht: Zur Steuerflucht brauchen die großen Unternehmen noch nicht einmal ein Ticket ins Ausland. Es genügt eine Fahrt nach Norderfriedrichskoog bei Husum.

>»Seit Jahrzehnten erhebt das Dorf keine Steuern. Keine Grundsteuer, keine Hundesteuer und keine Gewerbesteuer. Laut Handelsregister haben sich deswegen inzwischen 514 steuerflüchtige Firmen aus dem ganzen Land im Koog angesiedelt, darunter namhafte und weltweit agierende Konzerne…
Natürlich steht im Telefonbuch nicht ›Eon‹ oder ›Deutsche Bank‹, sondern ›VR Telecommunications GmbH&Co KG‹, ›DB Enterprise‹ oder ›DB Value‹ … Wenn Dividende ausgeschüttet oder Anteile verkauft werden, bleibt das alles wunderbar steuerfrei.«

Selbstredend findet das Beispiel der Gemeinde Nachfolger. »Im Wettlauf um Firmen und Investitionen senken immer mehr Gemeinden die Gewerbesteuer auf null – und tricksen ganz legal den Fiskus aus.«[65]

Niemand weiß genau, wie viele Millionen oder Milliarden Gewerbesteuern inzwischen in Norderfriedrichskoog und anderen Gemeinden »gespart« werden … »Aber als zum Beispiel Unilever nur seinen Bereich Bestfoods (Knorr, Pfanni, Mondamin, Maizena) in Monda umtaufte und in die ausgebaute Scheune von Dieckstraat 13 steckte, fehlte der Heilbronner Stadtkasse plötzlich ein zweistelliger Millionenbetrag.«[66]

Nun muss Heilbronn an allen Ecken sparen. Wo? Überall, vor allem aber an den Beschäftigten. Die Beamten diskutieren zur Zeit (2003) gerade einen Verzicht auf 30% des Weihnachtsgeldes. Auch andere Sparprogramme liegen für sie und die städtischen Angestellten in der Luft.[67] Denn eines ist allen klar: »In dieser schwierigen Lage müssen wir *alle* unser Schärflein beitragen!«

Alle?

Die Umverteilung der Steuerlasten zuungunsten der Arbeit und zugunsten des Kapitals fällt zeitlich zusammen mit einem drastischen Verlust des Anteils des Faktors Arbeit am Sozialprodukt zugunsten des Faktors Kapital. Weniger Arbeitsertrag muss so mehr Steuern aufbringen. Das traurige Resultat von 30 Jahren derartiger Umverteilung von Lasten und Chancen zeigte die gelbe bzw. Sternchenkurve in Grafik C (S. 32): Die durchschnittlichen Nettoeinkommen der (noch) nicht arbeitslosen abhängig Beschäftigten haben sich seit 1950 nur verdreifacht. Das Sozialprodukt stieg auf das Siebenfache und die Summe der Einkommen aus Unternehmen und Vermögen auf das 11,5fache, also fast viermal so stark wie die Einkommen der abhängig Beschäftigten.

Und noch etwas zeigt sich an dieser gelben bzw. Sternchenkurve der Grafik C: Seit Mitte der 70er Jahre steigen die durchschnittlichen Nettorealeinkommen der abhängig Beschäftigten nicht mehr. Aber das Sozialprodukt, die Summe aller erzeugten Güter und Dienstleistungen, verdoppelte sich. 34,5 Millionen abhängig Beschäftigten stehen aber nur rund vier Millionen Selbstständige und mithelfende Familienangehörige gegenüber. Deren (gestiegene) Einkommen reichen nicht hin, die verdoppelte Produktion auch abzunehmen, zu kaufen.

Aber wenn die Nachfrage dem Angebot nicht mehr folgt, entsteht Rezession. Zu den strukturell Arbeitslosen gesellen sich so die konjunkturell Arbeitslosen.

Steuersenkungen für Unternehmen und obere Einkommen (Senkung des Spitzensteuersatzes) und die daraus zwangsweise folgende Suppenkaspar-Sparsamkeit der »öffentlichen Hände« können in einer solchen Situation nur noch mit Dantes »Lasst, die ihr einkehrt, alle Hoffnung fahren!« kommentiert werden.

Steuererhöhungen für die Wirtschaft und die Besserverdienenden dagegen würden der bisherigen schiefen Verteilung entgegenwirken. Dabei ist dann nicht einzusehen, warum der »Spitzensteuersatz« wie bisher bei 53 % liegt, noch, warum er schon ab ca. 50 000 € gelten soll. Und erst recht nicht, warum man ihn bis 2005 noch auf 43% senken will. Der Spitzensteuersatz inklusive aller lokalen und regionalen Abgaben liegt in den Vereinigten Staaten inzwischen bei immerhin gut 46 %.[68]

Ein von 10 000 € an von einem auf z.B. zehn Prozent abgesenkten Eingangssatz linear ansteigender Steuersatz, der bei 50 000 € vielleicht 30% erreicht und der bis zu einem zu bestimmenden Grenzwert weiter steigt, würde einer großen Zahl von bisher benachteiligten Menschen mehr von dem, was sie in der Wirtschaft verdient haben, lassen. Und würde so verfügbares Einkommen gerade da sichern, wo die größte Chance besteht, dass es in Konsum und damit Nachfrage umgesetzt wird: im unteren und mittleren Bereich der Einkommen. Gerade hier ist höheres Einkommen auch für die breite Vermögensbildung, die angesichts des Absinkens des Faktors Arbeit immer wichtiger wird, dringend nötig. Und gerade in diesem Bereich ist das Argument, man solle nicht die »Leistungswilligen« bestrafen, nicht ganz falsch. Dieses Argument verliert jedoch immer mehr an Gewicht, je höher die Einkommen im Millionenbereich liegen.

Wie hoch kann und soll aber dieser Spitzensteuersatz liegen? Hohe Spitzensteuersätze sind zum Tabu geworden. Das ist eine Ideologie, die das Umsteuern der Wirtschaft erschwert.

Robert Reich, der erste Arbeitsminister der Administration Clinton, meint, dass Solidarität einst auch die Voraussetzung für das Überleben der USA im Pionierzeitalter war. »Es war eine Solidarität aus wohlverstandenem Eigeninteresse, wie Alexis de Tocqueville beobachtete.«[69] In dieser so verstandenen Solidarität konnte der Steuersatz 1935 auf 79 % gesteigert und mit einer Steuer auf Erbschaften verbunden werden. Woodrow Wilson steigerte den Spitzensteuersatz auf 83 %.

> »Als F. D. Roosevelt sagte, niemand solle mehr verdienen können als 25 000 $, was heute 200 000 $ im Jahr entspricht, hat ihn niemand bezichtigt, verrückt geworden zu sein oder seine politische Zukunft aufs Spiel zu setzen.«[70]

Dass hohe Spitzensteuersätze der Wirtschaft schaden, das Wachstum hemmen, die Arbeitslosigkeit vergrößern, ist eine Aussage, die je nach den konkreten Bedingungen stimmt oder nicht stimmt. Sie hat im Amerika der 30er, 40er und 50er Jahre nicht gestimmt. Sie stimmt heute, weil die weltweite Öffnung aller Grenzen dem Kapital Fluchtmöglichkeiten bietet und die Öffnung der Märkte erlaubt, sich der Solidarität mit den anderen Bürgern des Staates zu entziehen. Auf Solidarität, die nicht auf Eigeninteresse gegründet ist, ist eben kein Verlass.

Doch ohne höhere Spitzensteuersätze ist eine Umkehr der Verteilung von oben nach unten nicht möglich. Und ohne diese Umkehr wird die Gesellschaft so desolidarisiert, dass sie zerbrechen muss. Denn die Verlagerung des erarbeiteten Mehrwerts von der Arbeit zum Kapital ist unaufhaltsam. Selbst in einem geschlossenen Wirtschaftsraum könnte Politik sie allenfalls verlangsamen. Da die Beteiligung der Arbeitnehmer am Produktionskapital nur langsam voranschreitet und in absehbarer Zeit immer nur relativ kleine Teile der Bevölkerung erfasst, ist Umverteilung von oben nach unten und vom Kapital zur Arbeit für den Erhalt der Gesellschaft unverzichtbar geworden.

Aber nicht nur aus gesellschaftlichen Gründen muss die Umverteilung von unten nach oben umgekehrt werden. Genau so gewichtig, wenn nicht noch wichtiger sind wirtschaftliche Zwänge: Denn ohne die verschiedenen Formen der Umverteilung des erarbeiteten Mehrwerts zur Arbeit und insbesondere »nach unten« fehlt wegen des weltweiten Drucks auf die Löhne schließlich weltweit die kaufkräftige Nachfrage, die zur Abnahme der wachsenden Produktion notwendig ist. So entpuppt sich das neoliberale System letztendlich als wirtschaftsfeindlich.

Schon heute nähert sich die Krise in den Industrienationen bereits

dem Mittelstand. »Angst vor dem Absturz – Das Dilemma der Mittelklasse« nannte Barbara Ehrenreich[71] ihr 1992 auf Deutsch erschienenes
Buch, in dem sie die grassierende Furcht des amerikanischen Mittelstands vor diesem Desaster beschrieb. Eine Furcht, die durch die
großen Vermögensverluste beim jüngsten Aktiencrash nur noch verstärkt wurde. Auch in der Bundesrepublik ist die Krise mittlerweile
längst beim Mittelstand angekommen. Immer mehr kleine Unternehmer fallen durch den scharfen Konkurrenzkampf aus der »Gewinner-
straße«, die die rote Kurve der Grafik C auf dem Lesezeichen bzw. die
graue Kurve der Grafik C auf S. 32 zeichnet, heraus. Im besten Fall konnten sie etwas Vermögen retten, von dem sie jetzt leben. Im schlechtesten
Falle sind sie mittel- und arbeitslos. Das betrifft kleine Einzelhändler
ebenso wie Handwerksbetriebe oder selbstständige Ärzte, aber auch immer mehr mittlere Betriebe müssen aufgegeben.

Sogar die oberen Spitzen hat die Wirtschaftskrise schon erreicht.
»Selbst die Reichsten werden ärmer«, meldet die Welt:

> »… ihr Geld zerrinnt mit jedem Zittern der Börse, mit der Talfahrt
> der Konjunktur, mit der schlechten Laune der Verbraucher. Mil-
> lionen schmelzen dahin, und die Zahl der Milliardäre nimmt von
> Jahr zu Jahr ab …«[72]

Nicht die schlechte Laune der Verbraucher, sondern ihre sinkenden
Einkommen sind in der Bundesrepublik die Ursache für die schlechte
Konjunktur. Und so zeigt sich: Es ist nicht nur eine Frage der sozialen
Gerechtigkeit, für hinreichende Einkommen der großen Masse der Be-
völkerung zu sorgen. Hinreichende Masseneinkommen sind auch die
Voraussetzung dafür, dass die großen und kleinen Unternehmen aus-
reichende Gewinne machen können. Ohne diese Gewinne gedeihen die
großen Vermögen auch nicht. Denn große Vermögen entstehen durch
Verkauf von Massen an Gütern oder Dienstleistungen. Und nur Massen von kaufkräftigen Kunden kaufen Massen von Gütern und
Dienstleistungen. Ohne millionenfache, ja milliardenfache hinreichend kaufkräftige Nachfrage wäre Bill Gates heute nicht der reichste
Mann der Welt, und die Brüder Albrecht (Aldi) gehörten nicht zu den
reichsten Deutschen.

Doch die Hoffnung, das Wirtschaftssystem werde sich deshalb von alleine in Richtung auf eine Begünstigung der unteren und mittleren Schichten einregulieren, dürfte trügen. Denn die einzelnen im System handelnden Akteure sind als Marktteilnehmer an die strengen Kriterien des Wirtschaftssystems gebunden, zu denen Effizienz und Kostenminimierung zählen – ebenso wie das Prinzip, Steuern zu vermeiden und Verluste der Allgemeinheit aufzuerlegen. Wer würde denn im »Ernstfall« als Manager freiwillig Millionen Euro an das Finanzamt abführen, statt seinen Firmensitz »legal« in eine Steueroase zu verlegen und die gesparten Millionen in seine im harten Existenzkampf steckende Firma zu investieren? Ist der von den Anteilseignern bestellte Manager nicht geradezu verpflichtet, so zu handeln – auch gegenüber den Arbeitnehmern seines Unternehmens? Denn die Konkurrenz tut das ja auch!

Aber so zwingend das System im für Kapital und Waren offenen Weltmarkt auch ist: Wenn schließlich alle so handeln, verhungert zuerst der Staat – und mit ihm die öffentliche Ordnung. Doch ohne öffentliche Ordnung auch keine Wirtschaft, jedenfalls keine liberale.

Die große Umverteilung

Die jetzt seit mehr als zwei Jahrzehnten sich immer weiter öffnende Schere zwischen den Arbeitseinkommen und den Einkommen aus Unternehmen und Vermögen musste zwangsläufig zu einer sehr unterschiedlichen Verteilung der Vermögen führen. Zum einen bringt Vermögen Zinsen, und Zinsen bringen Zinseszinsen. Arbeitserlöse dagegen wachsen nicht im Zinseszins-Rhythmus. Im Gegenteil, sie kamen unter den kombinierten Druck der (natürlichen) Ersetzung von Arbeit durch Kapital und der durch den offenen Welthandel importierten niedrigen Welt-Löhne.[73] Und sie verloren noch einmal durch die politischen Entscheidungen, die ihnen allein die Lasten des Sozialsystems und den Löwenanteil der Steuern zuschoben.

Die Friedrich-Ebert-Stiftung veröffentlichte 1998 eine Studie von Claus Schäfer, die folgende Feststellungen traf und belegte:[74]

- Die Steuerprogression ist bei höheren Einkommen nur noch
  schwach ausgeprägt
- Arbeitnehmerhaushalte wurden zunehmend stärker belastet als
  Selbstständigenhaushalte
- Belastung durch Sozialabgaben trifft Niedrigeinkommen beson-
  ders stark
- Legale Steuervermeidung begünstigt hohe Einkommen
- Einkünfte zwischen 250 000 und 300 000 DM zahlen z.b. effektiv
  13 % Steuer
- Zunehmende Steuerhinterziehung
- Steuerlast auf Einkommen im internationalen Vergleich gering
- Beitrag der Lohnsteuer zum Gesamtsteueraufkommen 1960
  zwölf Prozent, heute 33 %
- Unternehmen tragen heute nur noch 17 % zum gesamten Steuer-
  aufkommen bei
- Gewinne von Kapitalgesellschaften 1980 mit 34 %, 1993 mit 18 %
  belastet
- Duales Steuersystem: wirksame Progression bei Lohnsteuer,
  Steuervermeidungsmöglichkeiten bei Gewinneinkommen
- Bislang kein volkswirtschaftlicher Nutzen der Steuerentlastungs-
  politik.

Das Ergebnis kann nicht überraschen: »Die wohlhabendere Bevölke-
rungshälfte in Westdeutschland [besitzt] etwa sieben Zehntel des Ge-
brauchsvermögens … Das wohlhabendste Bevölkerungsfünftel nannte sogar mehr als 60 Prozent des Geldvermögens sein Eigen.« Sechs
Prozent der Bevölkerung besaßen in den 90er Jahren den größten Teil
der Betriebsvermögen.[75]

Beharren auf dem bisherigen Verteilungspfad würde die in den aus-
einanderstrebenden (roten und grünen bzw. grauen und Sternchen-)
Kurven der Grafik C sichtbar werdende Spaltung unserer Gesellschaft
verstärken und in die Zukunft verlängern. Flexibilisierung der Lohn-
abhängigen-Einkommen der unteren Schichten nach unten, weitere
Steuersenkungen für Unternehmen und obere Einkommen, »um
durch Wachstum der Wirtschaft Arbeitsplätze zu sichern«, würden
diesen zerstörerischen Trend noch verstärken und so Wirtschaft und Ge-

sellschaft bedrohen. Denn eine Gesellschaft zerbricht, wenn die Ungleichheit ihrer Mitglieder zu groß wird. Bei welchem Grad von Ungleichheit dieses Maß erreicht wird, darüber kann man streiten. Viele wirtschaftliche, soziologische und psychologische Faktoren spielen hier eine Rolle. Wachsende Ungleichheit in Gesellschaften, in denen auch die unteren Schichten am wachsenden Wohlstand ein Stück weit mit beteiligt werden, ist weitaus weniger explosiv als wachsende Ungleichheit, bei der die oberen Einkommen mehr und mehr gewinnen, während die mittleren und unteren Schichten immer tiefer absinken. Genau dieser gefährliche Typ entsteht aber zur Zeit im »Sozialstaat Bundesrepublik«.

Je später dieser Streit ausgefochten wird, desto schlechter stehen die Chancen für die Anbieter von Arbeit, einen angemessenen Anteil am erarbeiteten Sozialprodukt gewinnen zu können. Denn je weniger die Arbeit nachgefragt wird, um so geringer ist ihre Marktmacht.

> »Angesichts dieser Verhältnisse ist es doch seltsam, daß nie daran gedacht wird, das Fehlen der Erwerbsarbeit zur Grundlage von Zukunftsüberlegungen zu machen, anstatt so viel unfruchtbares und gefährliches Leid hervorzurufen, indem man ihr Fehlen leugnet und als einfaches Zwischenspiel darstellt, das man ignoriert oder auszugleichen, vielleicht sogar zu unterdrücken vorgibt.«[76]

schrieb Viviane Forrester 1997. Geändert hat sich an dieser Verdrängung eines Kernproblems aber bis heute fast nichts.

Bevölkerungsabnahme – Bedrohung oder Chance?

Abnahme der Bevölkerung ist keine Katastrophe

Meinhard Miegel ist den möglichen Folgen eines Bevölkerungsrückgangs in m. E. sehr überzeugender Weise nachgegangen. Er stellt fest:

> »In vierzig Jahren lebten [ohne Zuwanderung] in Deutschland noch etwa ebenso viele Menschen wie kurz vor dem Ersten Welt-

krieg, und 2080 wäre Deutschlands Bevölkerung mit vierzig Millionen – auf einem wesentlich kleineren Territorium – so zahlreich wie zur Reichsgründung 1871. Auch wäre es immer noch so dicht besiedelt wie derzeit Frankreich oder Polen.«[77]

Ich meine, ein solcher Rückgang der Bevölkerungsdichte könnte sogar die Lebensqualität erheblich verbessern. Vorausgesetzt, Staat und Wirtschaft stellen sich rechtzeitig auf diese Entwicklung ein.

Probleme könnte aber der sich verändernde Altersaufbau der Gesellschaft bereiten. In 40 Jahren werden in der BRD (ohne Zuwanderung) voraussichtlich knapp 64 Millionen Menschen leben. Davon werden rund 45 % (29 Millionen) im erwerbsfähigen Alter zwischen 20 und 59 Jahren sein. Das sind 16 Millionen Erwerbsfähige weniger als heute.[78]

Da die sozialen Sicherungssysteme auf den Abgaben für abhängige Beschäftigung beruhen, entsteht so ein Deckungsloch. Das ist für die Sozialsysteme in der heutigen Form, in der alle Lasten den abhängig Beschäftigten zugeschoben werden, eine Katastrophe. Und so wird die Bevölkerungsabnahme auch diskutiert.

Eine bemerkenswerte Allianz aus Industrie und »antirassistischen Linken« sieht eine Lösung dieses Bevölkerungsproblems in der Zuwanderung. Die einen suchen besonders qualifizierte und besonders billige Arbeitskräfte, die anderen sehen in möglichst großer Freizügigkeit einen besonders hohen Wert. Doch wie Miegel zeigt, ist Zuwanderung keine Lösung:

»Die Zuwanderung darf nicht zu einer zusätzlichen Belastung der ohnehin schwächer werdenden einheimischen Bevölkerung führen, das heißt, sie muss den Ansässigen nützlich sein und darf ihre Integrationsfähigkeit nicht überfordern. Zugleich darf sie aber auch nicht die Entwicklungschancen der abgebenden Länder beeinträchtigen. Das würde binnen kurzer Zeit auf die Aufnahmeländer zurückschlagen.«[79]

Die Immigration wenig ausgebildeter Menschen würde die jetzt schon angespannten Sozialsysteme hoffnungslos überladen und die Integrationsfähigkeit der Gesellschaft auf die Dauer überfordern. Deshalb besteht weitgehend darüber Einigkeit, dass eine Immigration in die Sozialsysteme nicht mehr zugelassen werden darf. Die Immigration hoch ausgebildeter Fachkräfte aber, die gerade in den noch nicht so entwickelten Ländern innerhalb und außerhalb Europas knapp sind, zerstört die Entwicklungschancen dieser Länder.

Denn zu Recht stellt Meinhard Miegel fest:
> »Mit Beginn der kolonialen Epoche nahmen die Starken den Schwachen Land. Dann beuteten sie ihre Bodenschätze und Energiequellen aus. Und jetzt beginnen sie, auf die qualifizierten Menschen zuzugreifen … von der Agrar- über die Industrie- zur Wissensgesellschaft; vom Boden über den Rohstoff zum Menschen. … [das] ist und bleibt Ausdruck kolonialen Denkens und Handelns, heute vielleicht sogar in dessen perfidester Form.«[80]

Norbert Blüm, ehemals Arbeitsminister der BRD, sieht das ganz ähnlich:
> »Früher beuteten die Kolonialherren die Rohstoffe ihrer Kolonien aus, heute die Qualifizierung der ärmeren Länder. Früher wurden nur die Sklaven gekauft, wenn der Zustand ihres Gebisses zufriedenstellend war. Heute reicht ein Diplom. Das nenne ich ›zivilisatorischen Fortschritt‹.«[81]

Das ist übertrieben? Keineswegs. Ein Beispiel:
> »Lukrativere Jobs locken jährlich rund 23 000 afrikanische Wissenschaftler nach Übersee …
> Nach Berechnungen der regionalen UN-Wirtschaftskommission (ECA) hat Afrika in weniger als zwei Jahrzehnten ein Drittel seiner Geistesarbeiter verloren … Betroffen sind vor allem Ägypten, Südafrika, Nigeria, Kenia und Ghana …
> In Senegal wie in ganz Afrika wird der Mangel an Hochschullehrern immer problematischer.«[82]

Die natürliche Abnahme der Erwerbsbevölkerung
und die derzeitige Finanzierungsweise des Sozialsystems

In den nächsten 40 Jahren wird die Zahl der Jungen unter 20, deren Ausbildung und Unterhalt bezahlt werden muss, von heute rund 17 Millionen auf 9,6 Millionen sinken. Andererseits steigt die Zahl der über 59-Jährigen von heute 19,5 auf 25,6 Millionen. Die Zahl der von der Gesellschaft zu Unterhaltenden liegt in beiden Fällen um insgesamt 35 Millionen, ändert sich also praktisch kaum.[83] Und auch die Zahl der heute *tatsächlich Beschäftigten* ist mit 32,6 Millionen Menschen so viel höher nicht wie die in 40 Jahren erwarteten 29 Millionen *Arbeitsfähigen* zwischen 20 und 59 Jahren. Doch sind die für einen alten Menschen aufzubringenden Kosten deutlich höher als die für ein Kind oder einen Jugendlichen. Gleichzeitig wird die Nachfrage nach Arbeitskräften durch Rationalisierung weiter abnehmen.[84] Durch diesen Rückgang von abhängiger Arbeit werden von den 29 Millionen Arbeitsfähigen sicher einige Millionen keine Arbeit finden, so dass die Zahl der Beschäftigten, die das Sozialsystem heutigen Stils tragen müssten, um drei, vier oder auch fünf Millionen zurückgehen würde. Zudem dürfte, wenn sich nichts ändert, der Weltmarktdruck auf die Löhne die verbleibenden Arbeitnehmer wirtschaftlich noch einmal erheblich schwächen. Die Kosten des Sozialstaats weiterhin allein auf die verbleibenden abhängig Beschäftigten und deren weiter sinkende Einkommen abzuwälzen, würde definitiv unmöglich. Wie sich die Situation bei einer anderen Finanzierungsform des Sozialstaats entwickeln würde, bleibt jedoch zu untersuchen.

Das Ergebnis ist durchaus offen. Rechnet man für 2040 die bis zu 64 Jahre Alten auch noch zu den Erwerbspersonen, wird die Zahl von 29 Millionen Arbeitsfähigen deutlich überschritten. Es ist nicht einmal unmöglich, dass sich das Verhältnis von angebotener Arbeit zur Zahl der Arbeitssuchenden in diesem Zeitpunkt in ein Gleichgewicht einpendelt. Das würde das Ende der Arbeitslosigkeit mit ihren menschlichen Kosten und der Überlastung der Sozialsysteme bedeuten. Vorausgesetzt, man läuft nicht der Illusion nach, man könne das bestehende Sozialsystem durch »Zuwanderung junger Arbeitsfähiger« retten. Denn damit rettet man bei einer weiter zurückgehenden

Nachfrage nach Arbeit nur die Arbeitslosigkeit – und mit ihr deren Kosten.

Nur: Der Bevölkerungsrückgang hat wahrscheinlich einen Rückgang der Nachfrage zur Folge. Das gilt mit Sicherheit für Nahrung, Kleidung, Verkehr, Schulen und möglicherweise auch für Wohnung, Erholung, Reisen, Sicherheit und viele andere Bereiche. Ob und wie sich eine kapitalorientierte Wirtschaft in einer abnehmenden Bevölkerung mit abnehmenden Wirtschaftswachstumsraten halten kann, ist offen. Aber es wird Zeit, darüber nachzudenken.[85]

3 Politische Auswege und ihre Tücken

Aufwertung des Faktors Arbeit – oder niedrigere Löhne?

Keine Nachfrage – keine Konjunktur

Man kann sich drehen, wie man will, Produktion, die nicht abgenommen, gekauft wird, kommt früher oder später zum Stillstand: »Die Konjunktur bricht ein.« Liegt die »Kaufzurückhaltung« an psychologischen Gründen, Kriegsgefahr, Gefährdung der Arbeitsplätze oder der Altersversorgung, kann ein Stimmungsumschwung den berühmten, seit den frühen 90er Jahren versprochenen »Aufschwung« bringen.

Kaufzurückhaltung heißt, dass man Geld, das man hat, nicht ausgibt, sondern zurückhält, also spart. Wäre Kaufzurückhaltung also der Grund für die »schlechte Konjunktur« heute, müsste folglich die Sparrate seit den frühen 90er Jahren gestiegen sein. Ist sie aber nicht.

Im Gegenteil: Das Sparen in Prozent des verfügbaren Einkommens der privaten Haushalte, die Sparquote, sank in den 90er Jahren bis 2000 kontinuierlich um fast ein Viertel von 12,4 % 1993 auf 9,8 % in 2000 ab, wie die folgende Tabelle zeigt.[86] Im Moment scheint sie wieder etwas zu steigen, was aber sicherlich primär auf den neuen Zwang zu zusätzlicher privater Altersfürsorge zurückzuführen ist. Zusätzlich mag auch Kaufzurückhaltung »wegen der schlechten wirtschaftlichen Aussichten« eine Rolle spielen.

Jahr	1991	'92	'93	'94	'95	'96	'97	'98	'99	2000	'01
Sparquote, %[87]	13,2	13,1	12,4	11,7	11,3	10,9	10,5	10,4	9,9	9,8	10,3

Die Kaufzurückhaltung hat also nicht nur psychologische Gründe, sondern sehr reale: Die große Masse hat schlicht kein Geld mehr. Und das kann auch niemanden überraschen, der sich nicht in neoliberale Wunschvorstellungen eingesponnen hat. Denn dasselbe Resultat zeigte schon die auf dem Lesezeichen und S. 32 in der Grafik C dargestellte grüne bzw. Sternchen-Kurve der Nettorealeinkommen der abhängig Beschäftigten, die Mitte der 70er Jahre schon aufhörte, mit dem Waren- und Dienstleistungsangebot des produzierten Sozialprodukts zu wachsen. Und die, wie oben geschildert, benachteiligten abhängig Beschäftigten sind nun einmal mit 34,7 Millionen[88] rund 90% aller Erwerbstätigen und damit für den Massenabsatz entscheidend. Dazu kommt dann noch der Konsumabbruch bei den vier bis sechs Millionen Arbeitslosen.

Das Phänomen ist nicht neu. Ähnlich, wenn auch mit 12 Millionen Arbeitslosen noch wesentlich schlimmer, war die Situation 1933 in den USA. Um die in Amerika aus Mangel an Massennachfrage unverkäuflichen Warenberge loszuwerden, versuchte der amerikanische Außenminister Cordell Hull – im alten Glauben an die Lehren des Liberalismus – noch auf der Welt-Handelskonferenz im Frühjahr 1933 in London, Handelsvereinbarungen mit anderen Ländern zu schließen. Roosevelt beendete diese Bemühungen. Er beschloss, die Probleme jetzt durch eine auf den amerikanischen Binnenmarkt beschränkte Wirtschaftspolitik, den »new deal«, zu lösen. Er kappte die Bindung des Dollar an den Goldstandard, stellte Banken und Währung unter Kontrolle, unterstützte die Nachfrage mit Milliarden Dollar Steuergeldern und stärkte die Organisation der Arbeitnehmer, um das Lohnniveau und damit die Nachfrage anzuheben.[89]

Diese »isolationistisch« genannte (keynesianische) Wirtschaftspolitik war recht erfolgreich – wenn die amerikanische Wirtschaft das Niveau vor der Weltwirtschaftskrise auch erst im Zweiten Weltkrieg wieder annähernd erreichte und 1937 noch etwa sechs Millionen Menschen arbeitslos waren.

Dass die Bundesrepublik diese Politik nicht wiederholen kann, ist evident. Sie hat weder Macht über den Euro, noch kann sie »Banken und Währung unter Kontrolle stellen«, noch Milliardenprogramme öffentlicher Nachfrage starten. Sie ist mehr oder weniger pleite.

Höhere Löhne?

Nach dem Motto »Maschinen kaufen keine Autos« verdoppelte Henry Ford bekanntlich die Löhne seiner Arbeiter. So entsteht Wachstum. Natürlich werden die Autos dadurch teurer. Aber die Kosten für Autos bestehen nicht nur aus Lohn. Liegt der Lohnanteil zum Beispiel bei 30 %, können die Autos bei Verdopplung des Lohnes nur um 30 % teurer werden. Aber da die Löhne um 100% gestiegen sind, bleiben 70 % Kaufkraft für weitere Anschaffungen.

Aber was macht die Bundesrepublik? Heiner Flassbeck, Chefvolkswirt bei der United Nations Conference on Trade and Development (Unctad), schildert das derzeitige wirtschaftspolitische Trauerspiel präzise so:

> »Deutschland braucht Reformen ... Auf die Frage, was ›Reform‹ ist, hört man im Grunde nur eine Botschaft: Es muss gekürzt werden, sozial verträglich sagen die einen, radikal die anderen. Hat ein Land über seine Verhältnisse gelebt, muss es genau wie ein Privatmann und ein Unternehmen den Gürtel enger schnallen ...
>
> Ein Unternehmen, das den Gürtel enger schnallt, um aus den roten Zahlen zu kommen, entlässt Arbeitskräfte ... Die Arbeiter ohne Job gehen zum Arbeitsamt und erhalten 65 % ihres Lohnes als Arbeitslosengeld. Sie schnallen ihren Gürtel enger, kaufen also 35 % Güter weniger ... Das vermindert den Gewinn jener Unternehmen, die diese Güter hergestellt haben ... Das Arbeitslosengeld bezahlt zwar der Staat. Der will aber keine höheren Schulden machen. Folglich kürzt er die Beamtengehälter oder streicht öffentliche Bauinvestitionen ... Die Nachfrage nach Gütern und der Gewinn sinken weiter. Am Ende hat sich die Gewinnsituation der Unternehmen nicht um einen Euro verbessert.
>
> Wo auch immer etwas gekürzt wird, negativ betroffen sind immer zuerst die Gewinne der Unternehmen. Ein Unternehmen mag seine eigene Lage durch die Entlassungen kurzfristig verbessern, den Unternehmen insgesamt hilft das nicht. Das ist der entscheidende Unterschied zwischen einer einzel- und einer gesamtwirtschaftlichen Betrachtung ...

Welcher vernünftige Mensch wollte eine solche Logik bestreiten? Die
Wirtschaftspolitik aber hat das vollkommen verdrängt. Steuern
senkt man, um die Gewinne, die Investitionen und die Zahl der Arbeitsplätze zu erhöhen. Man kürzt aber gleichzeitig die Staatsausgaben, um ›gegenzufinanzieren‹, und endet zum eigenen Erstaunen
im Nichts. Das vollständige Versagen dieser Politik zeigt sich son-
nenklar in der unendlichen Geschichte der Steuerreformen …
Anfang der achtziger Jahre hatte man gehofft, die Investitionsnei-
gung der Betriebe ließe sich durch niedrigere Steuern verstetigen
… Nichts dergleichen ist eingetreten. Die Unternehmen reagieren
eher mit stärkeren Einschnitten in der Investitionstätigkeit als
früher. Arbeitsplätze werden mindestens im gleichen Tempo wie
früher abgebaut, die Klage über schrumpfende Gewinne und
schlechte Perspektiven ist genauso laut wie früher. Das ist aber nicht
die Schuld der Unternehmen, sondern allein die Schuld einer
falschen Politik.
Weil die Konsolidierungsphilosophie verlangt, jede Steuersenkung durch Ausgabensenkungen oder Einnahmeerhöhungen an
anderer Stelle zu finanzieren, können Steuerentlastungen niemals
auf die Gewinne der Unternehmen durchschlagen …«[90]

Das ist so evident richtig, dass man sich fragt, ob Wirtschaft und
Wirtschaftspolitik in der Bundesrepublik von einer Horde »Wahn-
Sinniger« beherrscht werden, die Tag für Tag die Zeitungen und
Fernsehdiskussionen mit untauglichen Sparplänen füllen. Doch so
einfach ist das nicht. Denn die Politik steht heute, in einer auf Export
gerichteten Wirtschaft, unter Zwängen, die nahezu jeden Ausweg ver-
sperren.
  Löhne und Einkommen durch Flächentarifverträge zu sichern
oder gar in Tarifverhandlungen kräftige Lohnerhöhungen zur Nachfragestützung zu fordern, stößt auf ein unwiderlegliches Argument:
Lohnerhöhungen steigern die Preise der im Lande produzierten Güter
und Dienstleistungen – und schon kleine Preissteigerungen können in
einem offenen Weltmarkt einheimische Produkte im In- und Ausland
konkurrenzunfähig machen. Ein weiterer Verlust von Arbeitsplätzen
und Betriebsverlegungen wären die Folge. Der weltweit offene Markt

bestraft deutliche Lohnsteigerungen wirklich. Gerade so optimiert er ja auf »die preisgünstigste Produktion«.

So ist der einzige der Politik offen erscheinende Ausgang, die Kündigungs- und Arbeitsschutzbestimmungen aufzulösen und die Tarifverträge durch Betriebsvereinbarungen zu ersetzen, die die Senkung der Einkommen erlauben, wenn die Lage des Unternehmens »dies erfordert« – und das wird bei den meisten Betrieben schon heute der Fall sein. Gesucht sind damit immer neue Methoden zur ständigen Anpassung der Löhne (und Lohnnebenkosten) an den sinkenden Weltmarktpreis für Arbeit. Doch so sehr man sich auch bemühen wird, mit diesem Weltmarktpreis konkurrierend die Löhne abzusenken, das Spiel ist von Anfang an verloren. Conti zahlt in seinen rumänischen Reifenfabriken den Weltmarktpreis für den Arbeiter in der Reifenproduktion: 4500 € pro *Jahr*[91]. Und liebäugelt bereits mit noch niedrigeren Weltmarktpreisen an der Ostsee (Litauen).

Doch dass sich Lohnsteigerungen im Gleichtakt mit dem Wachstum des Sozialprodukts nicht mehr wie von 1950 bis in die Mitte der 70er Jahre *durchsetzen* lassen, ändert nichts an dem Faktum, dass Angebot *und* Nachfrage für das Wachstum des Sozialprodukts ungefähr im gleichen Maße *wachsen müssten*.

So treffen wir auf das Phänomen, dass die Löhne gleichzeitig zu hoch (als Teil der Arbeitskosten) und zu niedrig (als Nachfrageelement) sind. Die Nachfrage durch höhere Nettolöhne der unteren Einkommensschichten zu stützen, wie der ehemalige Finanzminister der Bundesrepublik, Oskar Lafontaine, es wollte, ist deshalb im Prinzip richtig und gleichzeitig im offenen Weltmarkt kaum zu machen, also politisch betrachtet falsch. Stärkung der Konkurrenzfähigkeit des Industriestandorts Deutschland durch Kostensenkung, wie es die Anhänger der herrschenden Lehre trotz aller Fehlschläge verkünden, ist nicht besser: Es ist wirtschaftlich die völlig falsche Medizin, aber gleichzeitig leicht durchsetzbar – und von den politischen Chancen aus betrachtet also auch (innenpolitisch) richtig. Und da man zur Zeit fest entschlossen scheint, unter dem Beifall der »Sachverständigen« in Presse und Fernsehen auf letzterem Irrweg möglichst »Entschlossenheit zeigend« den Ruck zu verwirklichen, wird spätestens zur nächsten Bundestagswahl Flassbecks Prognose eingetreten sein:

»Die Konstitution der deutschen Wirtschaft ist schon heute schlecht. Nach dem Ruck wird man verzweifelte Wiederbelebungsversuche unternehmen müssen, um das Schlimmste zu verhindern.«[92]

Sieger der Nationen im Wettlauf nach unten, wie es die herrschende Lehre fordert – oder effizientester Bremser auf dem Weg in die Massenverarmung, wie es die Gewerkschaften versuchen – irgendwann muss man sich dann doch eingestehen: Im System des freien Weltmarkts gibt es keine wirklich dauerhafte Lösung für dieses fundamentale Problem. Nicht Reformunfähigkeit der Gesellschaft der Bundesrepublik (an der sicher auch vieles zu verbessern ist) ist die primäre Ursache des Dilemmas, sondern es sind die außen- und wirtschaftspolitischen Zwänge, in denen die Bundesrepublik steckt: die Einbettung in einen auf neoliberale Prinzipien eingeschworenen Weltmarkt einerseits und die politischen Zwänge einer EU andererseits, deren Teilnehmer so unterschiedliche Vorstellungen von dem anzustrebenden Europa haben, dass sie zwar die nationale Entscheidungsfähigkeit weitgehend verloren haben, gemeinsame Entscheidungen aber (noch) weitgehend unmöglich sind. Es fehlt der EU ein Roosevelt – und es ist bisher nicht zu sehen, woher er kommen sollte.

Die Bundesrepublik steckt damit genauso in einer außen- und wirtschaftspolitischen Falle wie die Reichsregierung unter Brüning Anfang der 30er Jahre. Das zu sagen ist nicht politisch korrekt? Mag sein, aber sachlich korrekt ist dieser Vergleich allemal.

Unter der Überschrift »Was ist so schockierend daran, wenn man Gerhard Schröder mit Heinrich Brüning vergleicht?« schrieb Harold James:

»Lafontaines Vergleich rührt in der Tat an ein fundamentales politisches Dilemma. Was bleibt demokratisch gewählten Politikern in einer gegenüber den Weltmärkten offenen Wirtschaft an Wahlmöglichkeiten? Gibt es hinsichtlich der makroökonomischen Probleme nennenswerte Handlungsspielräume?
Tatsächlich sind die Parallelen schmerzlich offenkundig: Die einzige Überraschung ist, dass vor Lafontaine niemand sie gezogen hat.«[93]

Denn die Weimarer Republik war Teil eines Wechselkurssystems, das ihr Einschränkungen auferlegte, die ähnlich wie die Maastricht-Kriterien von heute wirkten. Bei freiem Kapitalverkehr über die Grenzen bestand kein Spielraum für eine spezifisch deutsche Geldpolitik, und die Wirtschaft war anfällig gegenüber der von den Weltmärkten übertragenen Deflation. Auch konnte man das Defizit des Staates nicht erhöhen, weil das bei der schon hohen Auslandsverschuldung des Reichs Panikreaktionen der Gläubiger hätte auslösen können.

>>Als die Einnahmen der öffentlichen Hände schrumpften, reagierte Brüning sowohl mit Steuererhöhungen wie mit der Streichung von Ausgaben, auch von Sozialausgaben …
Nach Brüning änderten sich zwei Umstände, und erst das erlaubte flexiblere Reaktionen. Im Juli 1932 wurden auf der Lausanner Konferenz die deutschen Reparationsverpflichtungen nahezu aufgehoben. Zweitens waren in der Kredit- und Bankenkrise im Juli 1931 weitreichende Kontrollen des Kapital- und Zahlungsverkehrs eingeführt worden, die zuvor nicht denkbar, geschweige denn durchsetzbar gewesen wären. Die neu gewonnene Flexibilität lief allerdings darauf hinaus, dass Deutschland nun frei war, den Weg in die Autarkie zu gehen. Das erleichterte das Arbeitslosenproblem, war aber politisch und im Grunde auch wirtschaftlich katastrophal.<<[94]

Wobei der Autor mit >>politisch katastrophal<< mehr als Recht hat, mit >>wirtschaftlich im Grunde auch<< sich aber irrt. Eben der wirtschaftliche Erfolg Hitlers war die Basis für die politische Katastrophe, wie Sebastian Haffner meisterhaft schilderte.[95]

Erhöht Arbeitszeitverkürzung die Marktmacht der Arbeit?

Wird die Arbeitszeit um zehn Prozent verkürzt, braucht man zehn Prozent mehr Arbeitnehmer, um die gleiche Arbeit zu erledigen. Bei zehn Prozent Arbeitslosen reichte somit eine Verkürzung der durchschnittlichen Arbeitszeit von 37,4 Stunden (früheres Bundesgebiet) bzw. 39,2

Stunden in den neuen Ländern auf 33,7 bzw. 35,3 Stunden aus, um
zunächst einmal die Arbeitslosigkeit zu beseitigen. Theoretisch.

Die Praxis ist sehr viel komplizierter. Der Versuch der französischen
»sozialistischen« Regierung von Lionel Jospin, mit solcher Verkürzung
der Arbeitszeit das Problem Arbeitslosigkeit zu lösen, konnte nur einen
begrenzten Erfolg verbuchen.

Aber immerhin: Arbeitszeitverkürzung erhöht zwar nicht die Masseneinkommen, senkt sie sogar, wenn die verkürzte Arbeitszeit nicht bezahlt wird, aber sie stärkt die Marktmacht des Faktors Arbeit, sprich der
Gewerkschaften. Und diese Marktmacht könnte dann auch für das Er-
streiten höherer Reallöhne eingesetzt werden. Theoretisch. Doch im offenen Weltmarkt zeigten sich deutlich höhere Reallöhne eben als eine
schöne Illusion. Die Arbeitsplätze, für die diese Löhne erstritten würden, gingen bald an die Konkurrenz verloren.

Befreiung des Faktors Arbeit von den Soziallasten

Wie wir gesehen haben, legte die wohlhabende Bundesrepublik die Soziallasten allein den ohnehin durch die technische Entwicklung benachteiligten abhängig Beschäftigten auf die Schultern. Dass das ein
Fehler war, ist seit mehr als 60 Jahren bekannt.[96] Doch nichts geschah.
Das Ergebnis war der Beginn der Spaltung der Gesellschaft in Arm und
Reich und die Unlösbarkeit des Problems der Alters-, Arbeitsunfähig-
keits-, Arbeitslosen- und Krankenversicherung.[97] Denn mit den Real-
lohnverlusten, den Massenentlassungen und Vorruhestandsverein-
barungen sanken die Beiträge und stiegen gleichzeitig die Lasten.
Umsatz (Mehrwert) und Kapitaleinkommen bleiben weitgehend[98]
von Beiträgen zum Sozialsektor ausgenommen. Verteuerung der
menschlichen gegenüber der Maschinenarbeit ist die notwendige Folge. So wird der technisch ohnehin programmierte Arbeitsplatzverlust
durch Automatisierung und Verlagerung der Industrien noch beschleunigt.

Dadurch, dass die Sozialabgaben nur auf Produktionen im Inland
anfallen, werden gleichzeitig die Konkurrenzprodukte aus Staaten, die
kein oder nur ein schwaches soziales Netz kennen, stark begünstigt. Im-

mer mehr werden so die aus Sozialstaaten stammenden Produkte verdrängt und in dieser Weise der weltweite Trend zum nicht-sozialen Staat verstärkt.

Sozialleistungen kürzen?

Für das Aufbringen der Sozialleistungen durch die historische Solidargemeinschaft von Arbeitgebern und Arbeitnehmern schien einst einiges zu sprechen. Soweit die Sozialleistungen als Versicherungsleistungen der Arbeitnehmer und Arbeitgeber organisiert wurden, schienen sie ein unantastbarer Besitzstand zu sein. Bei durch Steuern aufgebrachten staatlichen Mitteln besteht dagegen, wie man meinte, die Gefahr, dass der Staat gerade in Notzeiten an den Sozialleistungen spart. Es schien einmal, dass dies ein starkes Argument ist. Doch es war eine Illusion. Auch die rot-grüne Regierung Schröder hat Sozialleistungen gekürzt und plant mit der Agenda 2010 weitere Einschnitte.

Kürzen der Sozialleistungen ist der Weg des geringsten Widerstands und wird von Seiten der »Habenden« und ihrer Organisationen ständig als »Aufbrechen verkrusteter Strukturen« propagiert. Doch dieses Kürzen kommt an seine Grenzen. Von »Wohlstand für alle« ist schon heute nicht mehr die Rede. Die Mittel für die Ärmsten weiter zu beschneiden wird bald zur Verletzung der Menschenwürde.

Wenn Sozialleistungen nicht mehr – oder zumindest nicht mehr lange – gekürzt werden können, lassen sie sich anders aufbringen als durch eine Belastung des Faktors Arbeit?

Die Entlastung des Arbeitslohns von den sozialen Kosten

Ein Stück weit könnte die Entlastung des Arbeitslohns von den sozialen Kosten helfen. Wenn es möglich wäre, die gesamten Sozialabgaben von etwa 40 % (Arbeitgeber- und Arbeitnehmeranteil) auf den Bruttolohn wegfallen zu lassen und dem Arbeitnehmer die »Bruttolohnkosten des Arbeitgebers« voll auszuzahlen, hätten die Arbeitnehmer (vor Steuern) 40 % mehr in der Tasche. Damit könnten sie Kapital bilden, ohne durch Konsumverzicht wiederum die Konjunktur abzuwürgen. Sie wären dann sogar in der Lage, Arbeit an Unternehmen zu vergeben, statt sie selbst auszuführen, da ihr Lohn alsdann nicht mehr so tief unter dem Preis liegt, den ein Unternehmen für eine Arbeitsstunde berechnen muss.

Nur: Wie soll der Sozialetat aufgebracht werden, wem kann der Staat diese Lasten auferlegen, wenn es nicht mehr der Faktor Arbeit sein darf?

Sozialkosten auf den Konsum legen?

Wenn der Faktor Arbeit ganz oder teilweise von den Sozialleistungen befreit werden muss, die Sozialleistungen aber nach wie vor aufgebracht und verteilt werden sollen, dann steht man unausweichlich vor der Frage: Wo sollen diese enormen Summen herkommen?

Ein denkbarer Ansatz ist: Die Sozialleistungen werden nicht mehr vorwiegend über die Erwerbsarbeit, sondern über den Konsum, z.B. über die Mehrwertsteuer, finanziert. Dieser Weg ist gangbar, und er wird in manchen Ländern auch schon begangen. Allerdings stößt er an Grenzen. 1994 befürwortete ich in meinem Buch »Wohlstand für niemand?« dringend diesen Weg der Entlastung des Faktors Arbeit von den sozialen Kosten, musste aber einräumen:

> »Eine Mehrwertsteuererhöhung von weiteren 15 % würde heute knapp 200 Mrd. DM bringen und somit nur knapp 55 % des Arbeitgeberanteils an den sozialen Kosten (Gesamtdeutschland 1992 = ca. 370 Mrd. DM[99]) ersetzen. Insgesamt 30 % Mehrwertsteuer erscheinen aber als das Maximum des Machbaren.[100] Wobei natürlich sofort klar wird, daß auch diese Erhöhung nur noch nach Abstimmung in der EG möglich ist.«[101]

Steuerfinanzierung der Sozialleistungen

Ein anderer Vorschlag ist die Annäherung der Netto- an die Bruttoarbeitseinkommen durch Übertragung eines Teils der Gemeinlasten auf alle Bürger. Das bedeutet: steuerfinanzierte Sozialleistungen.

Diese Vorgehensweise wird zum Beispiel in den USA und der

Schweiz praktiziert. In Dänemark wird das Sozialsystem zu 80% aus Steuern finanziert. »Die Arbeitgeber tragen nur sieben Prozent bei gegenüber 41% im Durchschnitt der EG.«[102] Frankreich hat seit der sozialistischen Regierung Rocard Schritte zur gleichmäßigeren Verteilung der Sozialkosten mit der Einführung der CSG[103], der allgemeinen Sozialabgabe, die auf alle Einkommensarten erhoben wird, getan. Die folgenden konservativen und sozialistischen Regierungen sind auf diesem Wege weitergegangen.

Zum Beispiel die Schweiz:
> »Dort zahlt jeder Arbeitnehmer nur fünf Prozent seines Lohnes an die staatliche Rentenversicherung, der Arbeitgeber gibt dasselbe dazu. Derart niedrige Beiträge sind möglich, weil in der Schweiz auch Selbstständige in die staatliche Rentenkasse einzahlen. Und weil es keine Beitragsbemessungsgrenze nach oben gibt. Wer viel verdient, muss viel zahlen. Trotzdem erwirbt er nur einen Rentenanspruch auf maximal 2060 Franken, das sind 1410 € im Monat.«[104]

Miegel beschreibt die Folgen für die Gesellschaft so:
> »Die Erwerbstätigen zahlen im Vergleich zu Deutschland geringere Abgaben, müssen dafür aber individuell größere Rücklagen für die Wechselfälle des Lebens bilden, oft Schulgeld für ihre Kinder entrichten und das Dreifache für eine Theaterkarte oder einen Museumsbesuch aufwenden. Zwar werden dadurch die Arbeitskosten, wie gerade das Beispiel der Schweiz zeigt, nicht niedriger, [doch] … der vom Auftragnehmer verlangte Lohn ist nicht so sehr viel höher als das vom Auftraggeber erzielte Nettoeinkommen.«[105]

Weil der Auftraggeber für eine Arbeitsstunde des Handwerkers nicht mehr sehr viel mehr bezahlen muss, als er selbst in einer Stunde verdient, lohnt sich für ihn wieder der Ankauf von Arbeitsstunden eines Fachmanns. Das erleichtert dem Auftraggeber, so selbst zum Arbeit-Geber zu werden.

Diese Verlagerung der Sozialkosten auf die Steuer ist aus dem Katalog der hier betrachteten Maßnahmen wohl das effizienteste Mittel zugunsten des Mittelstands, insbesondere des Handwerks. Und da-

mit auch der zur Zeit effektivste Hebel zur Minderung der Arbeitslosigkeit.

Nur, je weiter man auf diesem Wege fortschreiten will, desto höher
erhebt sich drohend die Mauer: offener Weltmarkt. Michel Rocard, der
die allgemeine Sozialabgabe (CSG) einst einführte, warnt:

> »Das wichtigste hier zur Verfügung stehende Instrument ist die CSG.
> Ich habe sie eingeführt und ich kann deshalb daran erinnern,
> warum. Der senkrechte Anstieg der Ungleichheit, die das System,
> das uns besiegt hat, hervorruft, nennen wir es kurz den Kapitalis-
> mus der Aktionäre, forderte und fordert immer Korrekturen und
> Begrenzungen. Für die Finanzierung der Sozialausgaben müssen
> die Einkommen, die nicht aus Löhnen und Gehältern stammen,
> und vor allem die des Kapitals dazu gebracht werden, beizutragen.
> Aber … wir können das nicht mit nationaler Politik machen
> außer unter der absoluten Bedingung, unseren produktiven na-
> tionalen Apparat nicht im weltweiten wilden Wettbewerb zu
> schwächen. Das ist eine erlittene Bedingung, nicht eine gewählte.
> Diese Bedingung zu verletzen würde auf die Dauer zum Abwan-
> dern von Industrie und Arbeitslosigkeit führen.«[106]

Wieder begrenzt so die internationale Konkurrenz die Chancen der Entlastung der Arbeit und der Mitbelastung des Kapitals.

Andere Vorschläge

Auch andere Ansätze, die für Produktion und Beschäftigung schädlichen Auswirkungen der traditionellen Verankerung des Sozialsystems
an den Kosten menschlicher Arbeit abzuwenden, wurden diskutiert. Ein
Beispiel ist die »Maschinensteuer« (Sozialabgaben der Unternehmer
nicht nur für bezahlte Arbeitsstunden, sondern auch für Verkaufserlöse
oder Investitionen in Maschinen).[107]

Auch eine Besteuerung der *verbrauchten Energie* anstelle der Arbeitskraft wurde oft vorgeschlagen und von der rot-grünen Regierung
mit der Einführung der Ökosteuer zur Entlastung der Sozialabgaben ein
winziges Stück weit vorangetrieben. Aber schon dieser kleine Schritt ist

beim Transportgewerbe und den Autofahrern auf so heftige Proteste ge-
stoßen, dass sich wohl kaum noch ein Politiker findet, der diesen Weg
weitergehen will. Nun ist zwar einerseits richtig, dass Begrenzung des
Verkehrs durch Verteuerung aus umweltpolitischen Gründen dringend
nötig wäre. Doch ist andererseits nicht zu bestreiten, dass Verteuerung
des Verkehrs heute, in der Zeit der Auslagerung von Elementen der Produktion und ihrer Anlieferung »just in time«, eine Verteuerung der Produktion – und damit einen Nachteil in der internationalen Konkurrenz
bedeutet. Und wieder ist die Drohung mit dem Knüppel »Arbeitsplatzverlust« eine ernstzunehmende Abschreckung.

Denkbar wäre auch, die *Mehrwertsteuer* für denjenigen Anteil an einer verkauften Ware oder Dienstleistung ganz oder teilweise zu erlas-
sen, der auf *bezahlter Arbeit* beruht. Das könnte dadurch geschehen, dass
der Verkäufer der Leistung 16 % (derzeitiger Satz der MwSt) des von ihm
gezahlten Arbeitsentgelts (Lohn + Arbeitgeberanteil an der Sozialversicherung) als Vorsteuer von seinen Mehrwertsteuerzahlungen ab-
ziehen könnte – beziehungsweise von seinem Finanzamt erstattet
bekäme.

Die Befreiung des Faktors Arbeit von der Mehrwertsteuer ist im Effekt sicher nichts anderes als die Entlastung der Arbeitgeber von ihrem
Beitrag. Der Vorteil wäre jedoch, dass das (wenn auch schwache) Argument von der Solidargemeinschaft nicht verletzt würde und so
möglicherweise leichter eine Mehrheit für diesen Weg zu gewinnen
wäre.

Wie dem auch sei, klar ist, dass so ein Steuerausfall von wahrscheinlich ca. 40 Mrd. Euro einträte.[108] Ein Teil dieses Ausfalls könnte
durch eine Erhöhung des Mehrwertsteuersatzes von 16 auf einen europäischen Satz von z.B. 20 % hereingeholt werden (ca. zehn
Mrd. Euro). Das wäre gut tragbar. Denn der Fortfall der Mehrwertsteuer
auf Arbeit würde einen Preisrutsch um etwa sieben bis acht Prozent bedeuten (die Hälfte der Mehrwertsteuer von heute), so dass die Erhöhung
der allgemeinen Mehrwertsteuer um vier Prozent auf die Hälfte der
Produkte immer noch zu einer Verbilligung von Gütern und Dienstleistungen führen würde. Das wiederum öffnet Raum, eine weitere
Steuererhöhung – z.B. auf Energie – einzuführen, um die entstandene
Lücke zu stopfen, ohne einen inflationären Preisschub auszulösen.

Private Sicherung

Vorteile und Probleme

Warum hat man den Weg der solidarischen Versicherung durch Arbeitgeber- und Arbeitnehmerbeiträge gewählt? Geschichtliche Erfahrungen standen Pate: zwei Kriege, zwei Inflationen und eine schwere Wirtschaftskrise (1929-1932). Jedesmal gingen die privaten Vermögen verloren. Nur der Staat schien helfen zu können.

Miegel meint dagegen:
> »Richtig war diese Sichtweise nie ... Wieder war es Ludwig Erhard,
> der diese Zusammenhänge frühzeitig erkannte und es deshalb als
> ›geradezu verhängnisvoll‹ ansah, ›die künftige Sicherung gegen die
> Lebensrisiken auf einen derartigen, hoffentlich einmaligen, Zu-
> sammenbruch ... abzustellen‹.
> Ein Euro Privatvorsorge bringt mehr für die Alterssicherung als ein
> Euro Rentenbeitrag...«[109]

An dieser Stelle kann ich Miegel und auch Erhard nicht folgen. Richtig, eine DM Privatvorsorge *brachte* in den ersten 45 Jahren der Bundesrepublik mehr als eine DM Rentenbeitrag. Aber: Die Angst vor wirtschaftlichen Zusammenbrüchen in der Zukunft war 1948 keineswegs unbegründet.

Der Zusammenbruch der Weltwirtschaft 1930 war und blieb nicht einmalig. Schon Anfang der 1870er Jahre war die Weltwirtschaft mit verheerenden Folgen zusammengebrochen. Zudem: Nicht nur weltweite, sondern auch regional begrenzte Wirtschafts- oder Währungszusammenbrüche zerstören die private Altersversorgung der betroffenen Bürger. Argentinien war einst ein reiches Land. Heute ist es Pflegefall. In der Ostasienkrise verloren Millionen Menschen ihr Vermögen – und damit ihre private Altersversorgung.

Der Verfall der Aktienkurse, den wir vor kurzem erlebten, stellt ein weiteres Beispiel für die Unzuverlässigkeit privater Vorsorge zur Lebenssicherung dar: »So rasierte der Crash die Sparplan-Rendite von Aktienfonds mit Anlageschwerpunkt Deutschland bis auf minus vier Prozent im Zehnjahres-Zeitraum. Im Schnitt brachten 6000 € Einzahlung ein Ergebnis von nicht einmal 5000 €.«[110] Und auch amerikanische Rentner müssen um ihre Altersbezüge bangen.[111]

Zu den Verdiensten der Miegelschen Arbeit gehört zweifellos, dass Miegel die Illusion ewigen Wachstums als das bezeichnet, was sie ist: eine Fata Morgana. Aber damit ändern sich auch die Voraussetzungen für die private Altersvorsorge. Die Überlegenheit der privaten Altersvorsorge zeigte sich in der Zeit des Wachstums. Welche Rentabilität Kapitalanlagen haben können, wenn eine Wirtschaft nicht mehr wächst, ist dagegen völlig offen. Häufig wird Nullwachstum mit Null-Zinsen gleichgesetzt. Fraglich ist auch, ob selbst bei einer wachsenden Wirtschaft in Zukunft mit hinreichenden Renditen gerechnet werden kann, wenn überall Pensionsfonds nach Anlagemöglichkeiten für ihr enormes Kapital suchen.[112] So besteht ein hohes Risiko, dass Kapitalanlagen zur Alterssicherung sich in Zukunft nicht mehr rentieren.

Gelöst werden müsste auch ein weiteres Problem:

Wenn ein Teil der sozialen Sicherung, zum Beispiel die Differenz zwischen Grundsicherung und Lebensstandardsicherung, privat getragen werden soll, wie sind die Voraussetzungen hierfür zu schaffen? Genügt die Befreiung der Arbeitskosten von den Sozialleistungen, um genügend hohe Einkommen entstehen zu lassen, die den abhängig Beschäftigten eine hinreichende Kapitalbildung erlauben?

Und selbst wenn dieses Hindernis überwunden ist: Sehr lange geht diese Rechnung nicht auf. Schnell, wahrscheinlich sehr schnell werden die Lohnabhängigen ihren Gewinn durch den weiter sinkenden »Weltmarktlohn« wieder verloren haben. Und werden wieder vor der bekannten Situation stehen: Ihr Lohn ist gleichzeitig zu hoch (für den Weltmarkt) und zu niedrig zum Leben – und vor allem zur Altersvorsorge.

Doch so viel anders sieht Miegel die höheren Risiken privater Vorsorge letztlich auch nicht, wie sich an seinen im folgenden Kapitel vorgestellten Vorschlägen einer staatlichen, nicht aber einer privaten Mindestsicherung zeigt.

Staatlich organisierte Grundsicherung in Verbindung mit
einer vermögensfundierten privaten Vorsorge

Miegels Kernsätze sind: Jeder muss
    »…im Alter über eine auskömmliche Mindestsicherung verfügen,
    gleichgültig wie viel oder wenig er dazu aus eigener Kraft beitragen
    konnte oder beigetragen hat. Denn Sicherheit im Alter ist Ausdruck
    von menschlicher Würde und keine Funktion von Erwerbsarbeit
    und schon gar nicht von abhängiger Beschäftigung. Im Rahmen
    dieser Mindestsicherung findet der umfassende Ausgleich zwischen
    Starken und Schwachen in einer solidarischen Gesellschaft statt. Zu
    ihrer Finanzierung tragen die Starken viel und die Schwachen wenig
    bei, obwohl bei Erwerbsunfähigkeit oder im Alter alle das Gleiche
    erhalten. Diese Mindestsicherung zu organisieren ist der Kern-
    bereich staatlicher Alterssicherung.«

Miegel schlägt vor, diese Grundsicherung durch die Steuern zu finanzieren, damit sichergestellt ist, »dass sie von der Leistungskraft der gesamten Volkswirtschaft getragen wird«. Die Erwerbsarbeit würde so von
Abgaben entlastet und daher gegenüber dem Kapital wettbewerbsfähiger, Exporte würden billiger, Importe teurer. Miegel würde den Anspruch sogar gerne im Grundgesetz verankert sehen. Anspruchs-
berechtigt sollte jeder sein, »der lange seinen Lebensmittelpunkt in
Deutschland hatte und entweder erwerbsunfähig ist oder ein bestimmtes Lebensalter erreicht hat«.[113]
    Diesem Programm kann ich sofort zustimmen. Wenn es verwirk-
licht würde, könnte man mit sehr viel mehr Optimismus in die Zukunft
unserer Gesellschaft sehen. Die Frage ist nur, wie kann man es verwirklichen?

Befreiung der Arbeit von den Sozialkosten –
Chance oder Sackgasse?

Wie man sich auch dreht und wendet, die Verlagerung (aller oder eines Teiles) der Sozialkosten auf den Konsum (Mehrwertsteuer) bezie-

hungsweise auf die allgemeinen Steuereinnahmen ist eine neue, andere Umverteilung. Zwar nicht in der brutalen Form, Reichen zu nehmen und Armen zu geben, doch zumindest in der Form der Umlenkung zukünftiger Früchte der Volkswirtschaft. Im ersten Falle (Mehrwertsteuer) trifft es mehr die breite Masse, die für ihren täglichen Bedarf mehr bezahlen muss und oft am Gewinn, der Entlastung des Faktors Arbeit, nicht persönlich teilhat. Im zweiten Falle trifft es die, die die höheren allgemeinen Steuern zu zahlen haben – und das sind die oberen Einkommen der abhängig Beschäftigten und die Einkommen aus Unternehmen und Vermögen. Denn »unten« ist schon heute nichts mehr zu holen.

Doch dieser Weg führt unter den heutigen Bedingungen in eine Sackgasse. Denn der Einwand, dass höhere Steuern zur Abwanderung und Abschreckung von Kapital führen, ist im offenen Weltmarkt kein Scheinargument zur Vertuschung des Geizes der Habenden, sondern die Beschreibung einer Realität.

Die Verlagerung der Sozialkosten auf die allgemeinen Steuern setzt also voraus, dass die Kapitalflucht verhindert werden kann. Das Minimum hierfür ist, die Flucht in andere europäische Staaten zu verhindern. Das bedeutet aber eine einheitliche europäische Steuergesetzgebung.

Erreicht ist diese einheitliche europäische Steuergesetzgebung bis heute nicht. Die Hoffnung, sie zu erreichen, ist nicht ganz grundlos, doch vorläufig nur eine Hoffnung. Wird sie eines Tages erfüllt, könnten die Steuern ein Stück weit wieder in die Richtung verlagert werden, die der Steuerpolitik vor der neoliberalistischen Welle ähnelt: höhere Steuern für Vermögen, Unternehmen und obere Einkommen, niedrigere für mittlere und untere Einkommen aus abhängiger Arbeit. Doch wie weit man in dieser Richtung kommt, ist schwer vorauszusagen. Denn im offenen Weltmarkt ist diese europäische einheitliche Regelung nur eine notwendige, nicht jedoch eine hinreichende Bedingung. Hinreichend wäre erst eine weltweit gleiche Besteuerung – doch das dürfte eine Illusion sein. Wer darauf hofft, läuft in eine Sackgasse.

Ersatz für eine weltweite Steuerkonvention wäre aber im Fall einer europäischen Einigung über gemeinsame Steuergesetze auch ein Schutzzollwall um Europa, der dadurch das Interesse am Abwandern

von Kapital mindert, dass die Einfuhr in Europa durch Zölle deutlich
verteuert wird. Weltweit betrachtet wäre das ein Modell der wirtschaftlichen Regionen.

Abbau der staatlichen Leistungen für die Wirtschaft

Wenn immer weniger privater und öffentlicher Wohlstand bei der
großen Masse der Bevölkerung ankommt, liegt das keineswegs nur an
der aufgezeigten ungleichen Verteilung der Erträge. Es liegt vielmehr
auch daran, dass die immer komplizierteren technischen und organi-
satorischen Prozesse, die heute zu einer weltweit konkurrenzfähigen
Produktion nötig sind, selbst immer aufwändiger, teurer werden. Anders ausgedrückt: Die Maschine Wirtschaft verschlingt immer größere
Anteile von dem, was sie produziert. Die meisten dieser Reibungsver-
luste sind schwer einzeln dingfest zu machen. Bei größeren Unternehmen beschäftigen sich ganze Abteilungen damit, solche Verlustquellen
aufzudecken und zu beseitigen. Im volkswirtschaftlichen Bild werden
sie eigentlich nur sichtbar, wenn sie die Form von Subventionen oder
immer neuen Infrastrukturmaßnahmen annehmen.

   Staatliche Leistungen für die Wirtschaft können eine Vielzahl von
Formen annehmen, von offenen oder verdeckten Subventionszahlungen über billige Überlassung der Grundstücke, oft weit unter dem
Marktwert, bis zu Verzichten auf Steuern oder Abgaben. Dies ist ein weites Feld. Die EU versucht über ihren Wettbewerbskommissar, den
»Subventionswettlauf« einzudämmen. Wie weit ihr das gelingt, ist
noch offen. Besonders teuer für die Gesellschaft sind dabei an sich un-
nötige Infrastrukturmaßnahmen, die von einzelnen Unternehmen
oder Wirtschaftszweigen mit allen Mitteln durchgesetzt werden.

Beispiel Straßengüterverkehr

Nach einem Bericht des Bundesverkehrsministeriums aus dem Jahre
2001 wird die Transportleistung im Güterverkehr von 236 Milliarden
Tonnenkilometern 1997 auf 374 Milliarden im Jahr 2015 anwachsen. Damit würde der Güterverkehr auf Deutschlands Straßen in den nächsten

15 Jahren nach Schätzungen um etwa 58 % ansteigen. Bei dieser Kalkulation geht das Ministerium davon aus, dass die Bahn ihre Güterverkehrsleistungen um 100 % erhöht. Trifft das nicht zu, wird das Lkw-Aufkommen noch größer.[114] Doch bisher steigt die Transportleistung der Bahn nicht, sie sinkt. Und dem ADAC fiel dazu nichts Besseres ein, als zu erklären: »Der Lkw-Verkehr steigt kräftig an und muss bewältigt werden.«[115]

Damit wird eine wirtschaftliche Fehlentwicklung zum unveränderlichen Fixpunkt erklärt und von der Gesellschaft verlangt, hierfür immer aberwitzigere Summen aufzubringen. Die so für die Straßen aufgebrachten Summen verstärken dann wieder die Tendenz, den Straßenverkehr noch stärker auszuweiten. So werden dann eben Kartoffeln zum Waschen über die Alpen von München nach Süditalien gefahren – und sauber gewaschen in Plastik verpackt wieder zurück transportiert. Besteht daran aber ein gesellschaftliches Interesse? Natürlich nicht.

Selbstverständlich sind in einer modernen Wirtschaft Transporte, auch Straßentransporte, notwendig. Es ist aber nicht notwendig, Kraftfahrzeuge, Maschinen oder gar Flugzeuge an sechs verschiedenen Orten zu produzieren und dann zum Transport zusammenzubringen, wie es die DASA zum Beispiel bei dem Bau ihres neuen Airbus A 380 macht.[116]

Damit der Personen- und Güterverkehr den dringend nötigen Beitrag zum Klimaschutz leisten kann, müsste entschlossen umgesteuert werden. Eine Studie, die im Auftrag des Umweltbundesamtes (UBA) im Rahmen des Projekts »Nachhaltig umweltverträgliche Verkehrsentwicklung« der OECD entstand, kommt zu dem Resultat:

»In keinem anderen Bereich fährt der Klimaschutz derzeit so ungebremst ins Abseits wie beim Verkehr. Die Bundesregierung hat sich verpflichtet, den deutschen Ausstoß des Treibhausgases Kohlendioxid (CO_2) bis zum Jahr 2005 gegenüber 1990 um ein Viertel zu senken. Doch der Verkehrsbereich steuert in die Gegenrichtung: Heute setzt er etwa 18 % mehr CO_2 frei als 1990. Dabei ist ein Ende der ökologischen Geisterfahrt möglich. Und dabei kann sogar die Wirtschaft profitieren.«[117]

Die internationalen Umweltexperten, die an der Studie mitgearbeitet haben, fordern deshalb,

> »die Kraftstoffkosten zu verdoppeln, damit weniger Auto gefahren wird. Denn in den kommenden drei Jahrzehnten müsste sich die jährliche Fahrleistung – in Bezug zu 1990 – in etwa halbieren, um das gesteckte Klimaschutzziel zu erreichen. Das einfachste Instrument sei eine Erhöhung der Mineralölsteuer.
> Ähnliches gilt für den Straßengüterverkehr: Eine fahrleistungsabhängige Schwerverkehrsabgabe soll viele Fahrten unwirtschaftlich machen, denn die zurückgelegten Tonnenkilometer der Brummis liegen im Öko-Szenario bei einem Drittel des heutigen Wertes.«[118]

Eine politische Entscheidung, in Europa keine Zunahme des Straßengüterverkehrs mehr zu dulden und das vorhandene Verkehrsvolumen so drastisch zu senken, würde nicht nur den einzig effizienten Beitrag zur Senkung der Umweltbelastung durch CO_2 und Schadstoffe bedeuten, sondern außerdem zig Milliarden Euro für andere, wichtige Aufgaben der europäischen Staaten freimachen. Bewältigt man die Einschränkung des Verkehrs durch Verkehrsabgaben, kommen zu den gesparten Summen noch weitere Milliarden Euro Einnahmen hinzu.

Es ist nicht utopisch anzunehmen, dass so auf die Dauer wesentliche Teile der Arbeitgeberabgaben zur Sozialversicherung ersetzt werden können. Auch wenn, vom derzeitigen Stand der Dinge aus betrachtet, der minimale Schritt der rot-grünen Regierung in diese Richtung eher entmutigt.

Eine solche Reduzierung des Verkehrs und Beseitigung der heute fast totalen Blockierung der Autobahnen in Mitteleuropa würde zudem einen Gewinn an Lebensqualität bedeuten: Es würde endlich wirklich einmal »freie Fahrt für freie Bürger« geben. Eine Forderung, die man durchaus als unsinnig bezeichnen kann, wenn damit Freigabe der Höchstgeschwindigkeit gefordert wird. Denn die Geschwindigkeit, bei der eine Autostraße am meisten Verkehr fließen lässt, liegt etwa bei dem amerikanischen Maß von rund 90–110 Stundenkilometern.[119] Aber sie liegt eben nicht bei Null, der heute an immer mehr Orten zu immer häufigeren Tages- und Nachtzeiten realen Durchschnittsgeschwindigkeit.

Beispiel Seeverkehr

Noch grotesker ist die Lage im Seeverkehr. Der Hamburger Senat baggert und baggert seit Jahrzehnten die Elbe immer tiefer aus. Von vier Meter um 1850 ist man mittlerweile bei 15 Metern angelangt. Wann der Sandberg Blankenese nachrutscht, weiß niemand so ganz genau. Der Elbtunnel musste bereits mit großem Aufwand geschützt werden, weil das Flussbett darüber schon so weit abgetragen ist, dass der Anker eines größeren Schiffes die Tunneldecke hätte durchschlagen können.

Jetzt scheinen Schiffe mit 16,5 Meter Tiefgang auf Stapel gelegt zu werden. Und sofort fordert die Wirtschaft, selbstverständlich müsse die Elbe weiter ausgebaggert werden.[120] Ähnlich reagiert Frankreich und plant einen Ausbau der Seine.[121] Wieder werden europaweit Milliarden Steuergelder für einen einzigen Wirtschaftszweig, die Seeschifffahrt, ausgegeben. Statt allgemeinen Wettbaggerns in Europa könnte die EU beschließen, was ohnehin dringend erforderlich ist: dass aus Sicherheitsgründen Schiffe mit mehr als 12 oder 13 Meter Tiefgang europäische Häfen nicht mehr anlaufen dürfen. Das würde nicht nur der Schiffssicherheit im Ärmelkanal, in den Belten Dänemarks und der gefährlich flachen und engen Kadett-Rinne (südlich Gedser) dienen, sondern auch kaum etwas kosten. Von den gesamten Transportkosten bei Verschiffungen über den Atlantik entfallen etwa zehn Prozent auf den Seetransport. Die Transportkosten auf einem Containerschiff mit etwa 12 Meter Tiefgang könnten rund 10–20 % höher sein als auf einem Containerschiff mit 16,5 Meter Tiefgang. Für die gesamten Kosten des Transports errechnet sich so eine Preiserhöhung um ein bis zwei Prozent. Das ist nichts gegen die enormen Schwankungen der Transportraten mit der Transportkonjunktur.[122] Und für diesen minimalen Preisvorteil soll sich der Staat in die Magersucht sparen?

Zudem: Jede Reduktion dieses Schiffsverkehrs, die dennoch eintreten sollte, wäre aus Umweltgründen hoch zu begrüßen. Nach einer Untersuchung der Universität Hamburg-Harburg stoßen Frachtschiffe weltweit elf Prozent der CO_2-Emissionen aus und tragen damit zum Treibhauseffekt stärker bei als Flugzeuge. Hinzu kommt der hohe Schwefelanteil des Schweröls in Schiffsmotoren, der 4,5 % betragen darf.[123] Nach Untersuchungen des Umweltbundesamts sind in Hafenstädten wie Hamburg 80 % der verkehrsbedingten SO_2-Emissionen auf die Seeschiffe zurückzuführen.[124]

Zudem: Die so stark schwefelhaltigen Treibstoffe sind eigentlich für Motoren ungeeignet und müssen an Bord aufbereitet werden. Das Umweltbundesamt geht davon aus, dass diese Praxis für etwa 80% der Ölschäden auf der Nord- und Ostsee verantwortlich ist.

Was würden eigentlich die Steuerzahler sagen, wenn die Automobilindustrie anfinge, Lastkraftwagen mit fünf Meter Breite und 50 Meter Länge zu produzieren, und verlangte, dafür müssten selbstverständlich alle Straßen in Deutschland auf doppelte Breite gebracht werden?

Doch wieder schlägt die politische Falle »Handlungsunfähigkeit der EU« zu. Denn kein Staat alleine kann sich eine solche Beschränkung des Seeverkehrs erlauben. Seine Häfen würden veröden. Und der wirtschaftliche Schaden läge höher als die Ersparnis.

Teure Transporte –
der Königsweg vom falschen zum richtigen Wachstum?

Wer kauft, will seine Ware auch bekommen – aus Posemuckel, Berlin oder Peking. Wer verkauft, muss sie an den Kunden bringen, wo immer der auch sitzt. Explodierender Welthandel bedeutet also auch explodierender Verkehr. Heute überwuchern Handel und Verkehr Nationen und Wirtschaften. So, wie die Lehren des Liberalismus behaupten, verbilligen sich tatsächlich auch die für den weltweiten Warenaustausch notwendigen Kommunikationsmittel und Transporte.

Ist der Königsweg zu dauerhaftem, umweltverträglichem Wachstum vielleicht, die Transporte bewusst zu verteuern?

Dieser Weg hat viele Vorteile. Der Umweltvorteil ist evident, doch die wirtschaftlichen Vorteile sind noch wesentlich größer. Verteuerung der Transporte erlaubt mehr Produktion am Standort, weil die Konkurrenz, woher immer sie auch kommen mag, teurer wird. Verteuerung der Transporte mindert öffentliche Aufwendungen für Straßen, Flüsse, Flughäfen, Kanäle. Verminderung der Transporte auf der Straße erhöht die Lebensqualität der Autofahrer. Das ist einmal ein Wert an sich, ist aber zudem auch ein Faktor, der die politische Durchsetzbarkeit erleichtert.

Es ist aber auch ein Weg, bei dem wieder einmal nur eine Gruppe der Bevölkerung die Kosten des »wirtschaftlichen Fortschritts« zu tragen hat. Diesmal die Ferntransport-Unternehmen und ihre Mitarbeiter. Ohne Hilfe für die so Betroffenen, die sich an den derzeitigen Hilfsprogrammen für die Verkleinerung der EU-Fischereiflotte orientieren könnte, wird aus dem Unrecht für alle das Unrecht für eine Gruppe. Dabei darf diese Hilfe natürlich nicht, wie die rot-grüne Regierung plant, darin bestehen, sämtliche deutschen Spediteure künftig jährlich mit 300 Millionen Euro zu entlasten. Weil die Steuern auf Dieselkraftstoff in der BRD höher sind als in den Nachbarstaaten, fordert die CDU/CSU sogar einen Ausgleich von 600 Millionen Euro. Und die Spediteure verlangen noch mehr: Kompensation von bis zu einer Milliarde Euro.[125] Was wieder einmal zeigt, dass Umwelt im konkreten Fall keine Marktmacht hat.

Bürgergesellschaft

Philippe Labarde und Bernard Maris schrieben 1998 in ihrem Buch mit dem ironischen Titel: »Oh Gott, wie hübsch ist doch der Wirtschaftskrieg«:

> »Wenn man so weit ist, anzuerkennen, dass die große fordistische Fabrik, in der gleichzeitig Produktion und Verteilung des Reichtums stattfand, tot ist, muss man auch die Konsequenz daraus ziehen: Man muss darauf verzichten, die Unternehmen zu subventionieren und sich auf Hilfen für die Menschen konzentrieren.«[126]

In der Tat: Durch den technischen Fortschritt, der Arbeit durch Maschinen ersetzt, wandert der Ertrag der Volkswirtschaften letztlich unaufhaltsam mehr und mehr von der Arbeit weg zum Kapital. Weder eine Beteiligung am gesellschaftlichen Leben noch die Alterssicherung können so in Zukunft von allen ausschließlich durch Arbeit erreicht werden. Hält dieser Zustand an, finden sich keine anderen Wege zur Verteilung des Erwirtschafteten, muss die Gesellschaft früher oder später zerfallen. Das ist ein sehr anderes »Ende der Geschichte«, als noch vor zehn Jahren geglaubt wurde.

Doch das will niemand. Nur: Wo bleibt das Positive? Wo die Hilfe für die Menschen, die in dieser Krise unterzugehen drohen?

Immer öfter taucht in der Diskussion über zukünftige Chancen und Gefahren das Wort »Bürgergesellschaft« auf. Dabei kommen die Autoren von den unterschiedlichsten Ausgangspunkten, Problemstellungen und Interessen zu diesem Begriff. Entsprechend diffus ist das Bild, das dieser Ausdruck (den der Große Brockhaus von 2002 übrigens noch nicht einmal kennt) bietet.

Als gemeinsames Anliegen der Vorschläge darf man wohl den Wunsch ansehen, die Bürger wieder an den konkreten, für ihr Leben wichtigen Entscheidungen aktiv zu beteiligen. Das setzt aber voraus, dass trotz oder gerade wegen des technischen Fortschritts alle Bürger so am Volkseinkommen beteiligt werden, dass sie diese Rechte auch ausüben können.

Damit ist man auch beim zweiten Spezifikum der meisten Vorschläge für eine solche »Bürgergesellschaft«: Alle diese Ansätze unterstellen entweder eine neue Solidarität in der Gesellschaft oder fordern zur Wiederbelebung einer solchen Solidarität auf.

Strittig ist nur, wie macht man das? In den sehr unterschiedlichen Vorschlägen spiegeln sich die sehr unterschiedlichen Lebenserfahrungen der Autoren. Drei Beispiele seien hier genannt:

»Das Leitbild des republikanischen Liberalismus ist das einer voll entfalteten Bürgergesellschaft«, schreibt der Schweizer Wirtschaftsethiker Peter Ulrich und fährt fort:

> »Dazu gehören erstens … Bürgerrechte, die … einen … Anspruch auf die nötigen Voraussetzungen zur wirtschaftlichen Selbstbehauptung und zur Führung eines selbstbestimmten Lebens … gewährleisten; zweitens entsprechende Fähigkeiten, die es möglichst bei allen Bürgern von klein auf auszubilden gilt; und drittens der allgemeine Zugang zu Ressourcen und Grundgütern, ohne die weder im Markt noch im Leben überhaupt von Chancengleichheit die Rede sein kann.«[127]

Stand in der Satzung der UNO noch ein »Recht auf Arbeit« als Mittel der Lebensführung, sieht der Wirtschaftsethiker Ulrich in der Zukunft nur das Mittel, diese Bürgerrechte auch ohne das Mittel Arbeit zu gewähren, soweit es keine Arbeit mehr geben sollte. Konsequent schlägt er deshalb »ein Wirtschaftsbürgerrecht auf ein erwerbsunabhängiges Grundeinkommen für alle« (»Bürgergeld«) vor. Das hätte eine systematische Politik der teilweisen Entkoppelung von Einkommens- und Arbeitsverteilung zur Konsequenz, um das »tyrannische« Durchschlagen der Regeln des Arbeitsmarktes auf die gesamte Lebenslage einer Person zu verhindern.

Aber auch einen Weg zu einer Bürgergesellschaft aus der vom Kapital beherrschten Wirtschaft nach »kapitalistischen Regeln« kann sich Ulrich vorstellen. Er denkt dabei an »ein Wirtschaftsbürgerrecht auf Teilhabe am volkswirtschaftlichen Kapital für alle« (»Volkskapitalismus«). Als Kompensation »sollen alle Bürger angemessen am volkswirtschaftlich erzeugten Shareholder-Value partizipieren – nach dem Motto: Wenn schon Kapitalismus, dann gleich für alle«.[128]

Damit kommt Ulrich der Position Miegels näher, der ebenfalls davon ausgeht, dass die zukünftigen Einkommen wie auch die zukünftigen sozialen Sicherungssysteme auf Kapital basieren müssen. Miegel meint aber, hierzu sei es alternativlos, dass »breiteste Bevölkerungskreise« dazu »langfristig und mit System« sparen müssten.[129]

Aber auch Miegel betont, dass diese Gesellschaft nur eine Bürgergesellschaft werden kann, wenn sie »Bedürftige und gemeinwohlorientierte Institutionen am individuellen Wohlstand teilhaben« lässt. »Diese Kultur freiwilligen Teilens und großzügigen Mäzenatentums … muss … wieder geweckt und gepflegt werden.«[130]

Wolfgang Englers Erfahrungshorizont ist vom Zerfall der DDR-Wirtschaft nach 1989 geprägt. In seinem Buch »Die Ostdeutschen als Avantgarde« fragt er: »Kann man wirklich ausschließen, dass die dem Osten Deutschlands aufgezwungene Deindustrialisierung … die Zukunft der postindustriellen Gesellschaften des Westens erhellt?«[131] Doch »die Vorstellung eines eigenen, würdevollen Lebens ohne Arbeit ist der Mehrheit ebenso fremd wie den Regierenden Ansprüche an das Gemeinwesen verdächtig sind, die sich nicht durch vorherige Arbeitsleistung empfehlen«.[132]

Und wo sieht Engler das Positive? In der Ursache der Krise der Arbeitsgesellschaft, der Arbeitslosigkeit. »Immerhin verfügen alle

Arbeitslosen über eine preiswerte Sache: Zeit. Das könnte ein historisches Glück sein, die Möglichkeit, ein vernünftiges, sinn- und freudvolles Leben zu führen. Man kann unser Ziel als eine Zurückeroberung der Zeit kennzeichnen.«[133]

Um dieses Glück ausschöpfen zu können, müsste aber ein Bürgergeld gewährleistet sein. »Seine Einführung würde mit einem Schlag sämtliche Probleme lösen … Jede und jeder hätte ein gesichertes Auskommen, materiell und kulturell; da es sich um einen Anspruch ohne Begründung handelte, müsste niemand um die Mittel, ein eigenes Leben führen zu können, buhlen; Verteilungs- und Überwachungsinstanzen, die Bedürftigen wie Kontrolleuren das Leben vergällen, könnten aufgelöst werden … die gesellschaftliche Distributionsweise hätte sich radikal verändert, der Paradigmenwechsel wäre im Prinzip vollzogen.«[134]

Die Mittel für dieses Bürgergeld sieht Engler in den bisher für Arbeitslosigkeit, Kontrolle der Sozialhilfe, sinnlose Beschäftigungs- und »Fortbildungsprogramme, die nirgendwoher kommen und nirgendwohin führen«[135] versunkenen Milliarden.

Miegel setzt dagegen auf einen sehr viel höher entwickelten Bürgersinn, setzt verstärkt auf die Wiederbelebung der gesellschaftlichen Solidarität zwischen oben und unten, wenn er schreibt:

> »Die Chancen für eine solche Bürgergesellschaft (sind) so gut wie nie zuvor. Zwei besonders wichtige Voraussetzungen sind erfüllt: ein historisch einzigartiger Massenwohlstand und viel erwerbsarbeitsfreie, individuell verfügbare Zeit … Das kann in unterschiedlichen Formen geschehen. Eine von ihnen ist die Stiftung. Entscheidend für eine Bürgergesellschaft ist, dass bereits durchschnittlich Wohlhabende so weit wie möglich auf Obhut und Fürsorge des Staates verzichten und sich bewusst auf eigene Füße stellen.«[136]

Soweit die drei herausgegriffenen, wohl typischen Beispiele für einen »positiven Blick in die Zukunft« unserer Industriegesellschaften. Solche positive Utopien sind überlebenswichtige Leitsterne in der allgemeinen Skepsis und Perspektivlosigkeit. Aber wie könnte man sich diesen Idealen in der politischen Realität annähern? Die Antwort scheint zwingend: indem man die drei notwendigen Elemente einer Bürgergesellschaft vorbereitet und dazu

1. die Verfahren zur echten Beteiligung der Bürger an den sie betreffenden politischen Entscheidungen verstärkt und ausweitet;
2. die Verteilung des Wirtschaftsertrags schrittweise so ändert, dass wieder hinreichend große Anteile in den öffentlichen Wohlstand und die Mittel zum Leben der unteren Schichten fließen – mit oder auch ohne Arbeitsleistung;
3. die Solidarität der Wohlhabenden mit den anderen Teilen der Gesellschaft wiederbelebt und fördert.

Aber wie macht man das? Lassen sich einzelne Elemente der verschiedenen positiven Utopien kombinieren?

Umverteilung?

Wenn es stimmt, dass breiteste Teile der Bevölkerung anfangen müssen, Kapital zu bilden – und es spricht alles dafür, dass es stimmt –, dann kann man nicht übersehen, dass der Weg zu breitgestreutem Kapitalbesitz verschlossen bleibt, solange die Nettoeinkommen der abhängig Beschäftigten nicht deutlich angehoben werden. Und das ist ohne wesentliche Veränderungen in Wirtschaft und Gesellschaft nicht möglich, da Marktmacht und Marktwert der abhängigen Beschäftigung im offenen Weltmarkt aller Voraussicht noch weiter sinken.

Also braucht man Umverteilung. Doch was bedeutet »Umverteilung«? Das hängt zunächst einmal davon ab, von welcher Stufe der Verteilung des Volksvermögens man spricht: Denn die Mittel und Effekte der Verteilung sind sehr unterschiedlich.

1. *Verteilung* des Volkseinkommens auf dem *Markt*;
2. Verteilung der auf dem Markt *erzielten Einkünfte* (von den Bruttoeinkünften zu den Nettoeinkünften);
3. Verteilung des *erworbenen Vermögens* (enteignende Umverteilung).

Umverteilung erworbenen Vermögens

Die dritte Stufe, die Umverteilung der vorhandenen Vermögen oder aber die Erhebung von Vermögenssteuern, die so hoch sind, dass sie in die Substanz der Vermögen eingreifen, wäre eine echte Umverteilung von oben nach unten. Eine derartige Umverteilung würde von den Betroffenen als besonders ungerechte und brutale »Sozialisierung« empfunden und erbittert bekämpft. Diese Umverteilung kann das Ziel, den Aufbau einer breiten Vermögensstreuung, auch nicht erreichen. Solche Umverteilungsmaßnahmen führen nicht nur zu der bei offenen Weltmärkten leichten Kapitalflucht. Sie stoßen sich zudem an der Eigentumsgarantie des Grundgesetzes. Sie sind deshalb auszuschließen.

Verteilung und Umverteilung der auf dem Markt erzielten Einkünfte

Steuern und Abgaben auf die am Markt und Arbeitsmarkt erzielten Gewinne und Einkommen bestimmen entscheidend mit, was dem Einzelnen letztlich netto verbleibt. Auf dieser zweiten Stufe, der Verteilung des erarbeiteten Sozialprodukts, wurden seit mehr als 20 Jahren die Hebel immer stärker so gelegt, dass die *Netto*einkommen aus abhängiger Tätigkeit stagnieren oder sinken, während die Nettoeinkommen aus Unternehmen und Vermögen immer schneller steigen. Dieses Resultat entsteht durch eine »Umverteilung der erzielten Bruttoeinkünfte« durch die Belastung nur der Brutto*löhne* mit den Kosten des Sozialstaats und dem Löwenanteil an den Steuern.

Wer die Kosten des Sozialstaats anders verteilen will, wer die Einkommen aus Unternehmen und Vermögen wieder stärker an den Lasten beteiligen will, wer gar die Steuern wieder so ausgestalten will, wie sie in der BRD in den Wachstumsjahren von 1950–1975 erhoben wurden, steuert ebenfalls auf dieser zweiten Stufe um. Wer so handelt, will also nicht Umverteilung einführen, sondern nur eine »andere Steuerung der Verteilung von Lasten und Gewinnen«, eine *andere* Umverteilung also. Dennoch werden die, die von der seit nun einem Vierteljahrhundert anhaltenden (angebotsorientierten[137]) Steuerung profitieren, »Umverteilung« von oben nach unten und »Neidsteuer« rufen. Denn die von der bisherigen Umverteilung begünstigten Besitzer von Kapital und Unternehmen betrachten diese Vorzugssituation mittlerweile als ihr gutes Recht und fordern weitere Begünstigungen: weitere Einschnitte ins soziale Netz und Senkung des Spitzensteuersatzes auf 30 % zum Beispiel.

Unter den Bedingungen des offenen Kapitalmarkts wird der Zwang zur immer weiteren Steuerentlastung der oberen Einkommen auch noch immer stärker. Die Drohung, die Reichen würden sich durch Flucht der Besteuerung entziehen, ist ernst zu nehmen. Die bestehende ungleiche Verteilung des Nutzens der Wirtschaft würde sich so aber noch verstärken.

Wer ohne Absinken der Wirtschaft, ohne »Armut für alle« die Verteilung der Früchte der Volkswirtschaft wieder gleichmäßiger gestalten will, hat auf dieser Verteilungsstufe der Nettoeinkommen nur eine Chance, wenn er den weltweiten Druck des Kapitals zum »Suppenkaspar-Staat« und zur Abwälzung der Lasten auf die abhängig Beschäftigten beseitigen kann. Damit steht man aber wieder vor dem Erfordernis einer anderen Wirtschaft als der derzeitigen »neoliberalistischen«. Einer Wirtschaft, in der Kapital und Produktion auch bei höherer Besteuerung nicht abwandern. Zum Beispiel, weil der europäische Markt Zollschwellen gegen Importe aufbaut, die hoch genug sind, um Steuernachteile beim Verbleiben in diesem Raum durch die besseren Absatzchancen für »Europa-heimische« Industrien wieder auszugleichen.

Verteilung der Einkommen am Markt

Die Verteilung des Volkseinkommens in der ersten Stufe hängt in einer Marktgesellschaft zunächst einmal von der Marktmacht der einzelnen Faktoren ab. Die Marktmacht des Faktors Arbeit, sprich Macht der gewerkschaftlich organisierten Arbeitnehmer, hielt auch bis in die 70er Jahre die Bruttoeinkommen in der Nähe des (steigenden) Sozialprodukts, wie die Grafik C (vgl. Lesezeichen und S. 32) zeigt. Da die Marktmacht des Faktors Arbeit aber seit 30 Jahren sinkt und – wie sich zeigte – immer weiter sinken wird, ist vorprogrammiert, dass sich die Wohlstandsschere weiter öffnen wird.

Eine Korrektur dieser gegenwärtigen Umverteilung zu Lasten der Arbeit in eine gleichmäßigere Verteilung setzt voraus, die Gewichte der einzelnen Marktfaktoren zu verschieben. Das alte Mittel der Arbeit, Streik, ist in einer weltoffenen Marktgesellschaft aber fast wirkungslos geworden. Denn durch Streik erkämpfte verteilungsrelevante Lohnerhöhungen vergrößern zwar den Anteil der Arbeitnehmer am Volkseinkommen, überdies würden solche Lohnerhöhungen den Binnenabsatz der Volkswirtschaft verstärken (die »Konjunktur ankurbeln«). Doch die Freude wäre von kurzer Dauer, denn der offene Weltmarkt lässt derartige Lohnerhöhungen nicht zu, ohne die Streikenden selbst zu bestrafen: Die ausländische Konkurrenz würde die teurer gewordene eigene Ware vom Markt verdrängen. Die Arbeitsplätze wären verloren.

Es sei denn, dieser europäische Markt würde gleichzeitig gegen die billigeren Importe mit Einfuhrzöllen von zum Beispiel 20 oder 30 % abgesichert. Womit man wieder vor dem jetzt schon hinlänglich bekannten Hindernis steht.

Die »Kapital-Gesellschaft« – eine Falle?

Hinreichende Kapitalbildung bei der großen Masse, wie vielfach gefordert, könnte ein Ausweg aus dem Dilemma sein. Aber keine Organisationsform hat nur Vorteile. So muss man auch prüfen: Welche Probleme entstehen, wenn eine ganze Gesellschaft bei Einkünften, Vermögensbildung und Altersversorgung zu einem großen Teil, überwiegend oder fast vollständig von Kapitalbesitz abhängt (hier Kapital-Gesellschaft genannt)?

Joseph Stiglitz, Nobelpreisträger der Ökonomie und ehemals Chefökonom der Weltbank, beschrieb in »Schatten der Globalisierung« die wachsende Dominanz des Kapitalinteresses:

> »Die Milliarden von Dollar, die er [der IWF] bereitstellt, dienen dazu, den Wechselkurs für kurze Zeit auf einem langfristig nicht haltbaren Niveau abzustützen; unterdessen können die Ausländer und die Reichen ihr Geld (durch die offenen Kapitalmärkte, die der IWF den Ländern aufoktroyiert hat) zu günstigeren Bedingungen außer Landes schaffen ... Private Verbindlichkeiten werden so faktisch in öffentliche Verbindlichkeiten überführt.«[138]

Der amerikanische Präsident George W. Bush hatte eine Reform des Internationalen Währungsfonds angekündigt, die diese von Stiglitz kritisierte Hilfe des IWF für die Interessen der Wall Street beenden sollte. Hilfskredite, um die von den Bankhäusern an der Wall Street finanzierten milliardenschweren Investitionen westlicher Firmen zu retten, sollte es nicht mehr geben.

Doch daraus wurde nichts. Die Regierung Bush initiierte den größten Milliardenkredit in der Geschichte des IWF: 30 Milliarden Dollar für Brasilien.

In seinem Artikel »Die Macht der Wall Street« in der Süddeutschen Zeitung stellt Marc Hujer dazu fest:

> »Wahlen lassen sich nicht gegen die Wall Street gewinnen. Die amerikanische Regierung war 2002 deshalb bemüht, die bereits angeschlagenen Aktienmärkte nicht weiter zu belasten … Opportun sind Rekordkredite, die teure Auslandsengagements der heimischen Banken sichern.«[139]

Das Brasilien-Beispiel beleuchtet das Problem der Verbreitung des Aktienbesitzes. An die Stelle einer für Brasilien und die Weltwirtschaft optimalen Lösung tritt eine Lösung im Interesse einer, gemessen an den Millionen von Menschen, die zum Beispiel allein in Brasilien leben, kleinen Minderheit von Kapitalbesitzern – unabhängig davon, ob die Maßnahme der Masse der Brasilianer dient oder nicht. Doch so wird die von der Marktwirtschaft (meist zu Recht) in Anspruch genommene »optimale Allokation der Ressourcen« in vielen Fällen in ihr Gegenteil verkehrt.

Schon kleine Schritte in Richtung auf die mit guten Gründen geforderte Verbreitung des Besitzes von Kapital – wie zum Beispiel die so genannte Riester-Rente – haben zwangsläufig neben ihrer positiven Wirkung auch den Effekt, den Trend in die Sackgasse einer ausschließlich kapitalorientierten Wirtschaft zu verstärken. Denn sie schaffen so immer mehr Interessenten am Aktienkurs. Und selbst wenn diese Interessenten nur lächerliche Aktienwerte besitzen, oder gerade dann, wenn sie für ihre Altersversorgung nur wenig Kapital ansammeln konnten, wird der Börsenwert für sie lebenswichtig und damit politikentscheidend.

Die langsame Durchdringung der Wirtschaftswelt mit dem bald alles beherrschenden Kriterium des »Shareholder-Value« beleuchtet die negativen Effekte. Unter diesem Leitstern wurden die Unternehmen verschlankt, Arbeitskräfte entlassen oder frühpensioniert, Produktionen ausgelagert und mit billigeren Arbeitskräften fortgeführt. Und das nicht aus bösem Willen oder aus Habgier der »Besserverdienenden«, sondern weil die internationale Konkurrenz am Markt den Entscheidungsträgern gar keine andere Chance ließ.

Börsenfähigkeit wird das Ziel von Post und Bahn. Durch das verwirrende neue Preissystem und die nicht abreißende Kette von Pech und Pannen haben, so die Süddeutsche Zeitung, die »Menschen nun plötzlich lernen müssen, dass ihre Bahn nicht mehr die alte ist. Dass sie nicht mehr einen ›Beförderungsauftrag‹ erfüllt, sondern Profite machen will. Dass Wettbewerb jetzt ihr Lieblingswort ist, nicht Daseinsvorsorge.« »Ich halte das für einen der wichtigsten Punkte«, sagt Hans Koch, einer der Väter des neuen Fahrpreissystems der Bahn. »Im Hinterkopf steckt bei vielen noch der Beförderungsauftrag. Aber den haben wir nicht«[140] – nicht mehr.

Die sehr negativen liberalistischen Erfahrungen, wie z.B. das Fiasko der Privatisierung der britischen und niederländischen Eisenbahnen, blendet man gerne aus. In den Niederlanden hat der Glaube an die Überlegenheit privater Unternehmen in allen Situationen durch die privatisierte Bahn einen »Dämpfer erhalten«. Hans Dijkstal, Parteichef der regierenden Wirtschaftspartei VVD und überzeugt von den Vorzügen der Privatisierungspolitik, fordert, dass »Hollands Eisenbahn wieder staatlich geführt werden solle«.[141] Und:

»Die britischen Behörden und verantwortlichen Unternehmen sind nach dem Zugunglück von Hatfield in der Nähe von London, bei dem vier Menschen starben, von dem Zustand der Eisenbahnen im Land aufgeschreckt worden. Im Gefolge des jüngsten Unglücks, dem zweiten nach dem von Paddington 1999, ist bekannt geworden, dass die für das nationale Schienennetz zuständige Gesellschaft Railtrack von insgesamt 81 defekten Stellen im Streckennetz gewusst hat, welche der Reparatur harrten und bis dahin nicht hätten befahren werden dürfen. Ein solches defektes Schienenstück war der Grund der Entgleisung des Schnellzugs Leeds bei Hatfield in der Grafschaft Hertfordshire.«[142]

Sind so die bisherigen Erfahrungen mit der Privatisierung der Deutschen Bahn wenig begeisternd, trifft das erst recht für die Post zu. Die Postbeamten-Post war einst ein Unternehmen, das so zuverlässig zustellte, dass vor Gericht der Nachweis des Absendens eines Briefes als Beweis für seinen Zugang akzeptiert wurde. Heute entlässt die Post ihre bewährten »Beamten« in die Frühpensionierung. Das Filialnetz dünnt mehr und mehr aus. Briefe mit Schecks oder Sendungen von und an Juweliere verschwinden. Zustellungen sind oft Glückssache, gehen mit dem Vermerk »Empfänger unbekannt« oder »unbekannt verzogen« zurück.

»Da hat das bayerische Umweltministerium am 6. Februar mit der Deutschen Post wichtige Unterlagen zur Genehmigung des Forschungsreaktors der TU in Garching an das Bundesumweltministerium in Bonn geschickt. Das Express-Paket (Gebühren: 18,40 €) sollte am 7. Februar in Bonn ausgeliefert werden ... Zehn Tage später fragt Schnappauf seinen Kollegen Trittin eher beiläufig, ob die Unterlagen aus München auch ›zügig‹ bearbeitet werden ... Einen Tag später stellt Trittin in einem kurzen Brief an Schnappauf süffisant fest, es gebe keine Unterlagen aus München, also könne auch nichts genehmigt werden ... Gestern hat endlich mal jemand bei der Post gefragt, wo das Express-Päckchen aus München geblieben ist. Antwort der Post: Empfänger nicht auffindbar.«[143]

Und wenn dann »endlich« auch die Briefzustellung voll liberalisiert wird, sollten Sie lieber nicht mehr verreisen, wenn Sie auf wichtige Nachrichten warten. Ein Nachsendeantrag bei Ihrer Poststelle – sofern es die noch gibt – kostet jetzt Geld: (für 6 Monate) 14,80 €. Und ist darüber hinaus nutzlos, wenn der Absender einen vielleicht einige Cents billigeren privaten Zusteller gewählt hat.

Während ich an diesem Buch schrieb, verschwanden alle drei Briefkästen am Strandweg in Blankenese. Wer gut zu Fuß ist, braucht jetzt für den Hin- und Rückweg zum nächsten Briefkasten statt zehn

Minuten eine halbe Stunde. Und das ist mittlerweile überall so in Deutschland. Millionen Menschen verlieren so Viertelstunden oder mehr Zeit im Auto, zu Rad oder zu Fuß. Aber vier Millionen so einen Briefkasten suchende Bürger bedeutet eine Million verlorene Freizeitstunden, ein kräftiger Verlust an Lebensqualität. Bei der Rentabilitätsrechnung für die Magnetschnellbahn wurde der Zeitgewinn durch Fahrzeitverkürzung als volkswirtschaftlicher Gewinn an Arbeitszeit dagegen mitberechnet! Doch das kümmert die Ideologen der Privatisierung nicht. An die Stelle der ursprünglichen Zielsetzung, Bevölkerung und Wirtschaft optimal zu dienen, trat längst das Wohl der Aktionäre. Die abhängig Beschäftigten bekommen wie zum Hohn die Soziallasten der in die Arbeitslosigkeit Entlassenen und Frühpensionäre der alten Post aufgehalst.

> »Beamte von Telekom, Post und Postbank werden immer früher in Pension geschickt und belasten zunehmend die Bundeskasse. Laut Antwort der Bundesregierung auf eine kleine Anfrage der FDP-Fraktion im Bundestag hat sich die Zahl der Frühpensionäre unter 45 Jahren zwischen 1993 und 2001 mehr als verdreifacht … Nach jüngsten Berechnungen des Bundesrechnungshofes aber werden sich diese jährlichen Vorsorgezahlungen bis 2020 auf neun Milliarden Euro erhöhen.«[144]

Nicht einmal die Vereinigten Staaten haben ihre Post privatisiert. Mit 887 000 Beschäftigten ist sie »der größte Arbeitgeber der Welt. 1995 lag der Gewinn bei 1,77 Milliarden Dollar. Gleichzeitig ist Amerikas Post kundenfreundlicher, pünktlicher und schneller geworden – und dabei billiger geblieben als alle anderen Postunternehmen in den Industrienationen: Ein einfacher Brief kostet in den Vereinigten Staaten 32 Cent Porto, kaum halb soviel wie in Deutschland. Wer nach Übersee schreibt, zahlt nur 60 Cent – gut zwei Drittel weniger als bei der deutschen Bundespost.«[145]

Niemand hat unsere Bürger gefragt, ob sie die bewährten Staatsbetriebe mit ihren allen dienenden Beförderungsaufträgen gegen zwangsläufig auf Kosten der Allgemeinheit profitorientierte Aktiengesellschaften eintauschen wollen. Für die These, dass die Malaise der heutigen Wirtschaft jedenfalls teilweise aus dem Würgegriff der so (zwangs)orientierten Unternehmensführungen stammt, spricht offensichtlich mehr als für die oft gehörte These, der Würgegriff des Staates sei die Ursache.

Wenn wir die wachsende Ungleichheit von Einkommen und Vermögen durch eine breitere Kapitalstreuung erreichen wollen, wenn letztlich gar die Sicherung des Lebensstandards für das Alter – über die staatliche Sicherung der Existenz hinaus – auf Kapitalbesitz gestellt werden soll – wofür vieles spricht –, müssen Wege gesucht werden, die nicht in die hier beschriebene Sackgasse führen. Sonst wird der Gewinn an Stabilität auf der einen Seite durch die Verstärkung des die Volkswirtschaft destabilisierenden Faktors »Shareholder-Value als oberstes Kriterium der Unternehmensführung« wieder aufgehoben.

Selbstständigkeit: Arbeitgeber statt Arbeitnehmer?

Noch ist Arbeit für alle vorhanden – warum wird sie nicht gegeben und genommen?

Meinhard Miegel:
> »Wer mit offenen Augen durch Städte und Dörfer geht, Straßen und Schienen befährt, sich in Laboratorien umtut oder auch nur durch Felder und Wälder streift, wird eine Unmenge von Aufgaben entdecken, deren Erledigung den Lebensstandard und das Wohlergehen von Menschen heben würde. Arbeit gibt es reichlich. … Die im Überfluss vorhandene Arbeit wird nicht ausreichend in Arbeitsplätze transformiert. Warum?«[146]

Wer vor einem geschlossenen Bahnhof einer kleineren aufgegebenen Bahnlinie steht, wer einen Briefkasten sucht, der gestern noch da war, oder vor einem völlig unverständlichen Fahrkartenautomaten neben einem geschlossenen Fahrkartenschalter verzweifelt oder sein öffentliches Bad geschlossen findet, weiß die erste Antwort: Rationalisierung aufgrund staatlicher Finanzprobleme.

Aber ist das alles? Kommt nicht auch noch eine falsche Organisa-

tion der Arbeit hinzu? Ist vielleicht die Zahl der Menschen in unserem
Lande zu gering, die die Initiative zum Arbeitgeberdasein zu ergreifen
wagen? Ist, wie Miegel meint, »ohne die gesellschaftliche Umbewertung
von Arbeitgebern und Arbeitnehmern ... Arbeitslosigkeit nicht zu
überwinden«?[147]

Daran ist sehr viel richtig. Doch wie soll man zu diesem Ziel kommen?

Meinhard Miegel:
> »... jeder, der ein Produkt kauft und eine Dienstleistung in Anspruch
> nimmt, betätigt sich als Arbeitgeber. Das ist banal und trotzdem im
> allgemeinen Bewusstsein kaum verankert. Wäre es anders, wäre Ar-
> beitslosigkeit hierzulande kaum ein Thema. Aber die meisten be-
> greifen nicht, dass sie als Arbeitgeber versagen, wenn sie sich die
> Wohnung von einem Schwarzarbeiter tapezieren und das Auto vom
> Arbeitskollegen reparieren lassen. Ebenso versagen sie, wenn sie
> eine Dienstleistung, die sie nachfragen könnten, selber erbringen
> oder aus anderen Gründen nicht in Anspruch nehmen. Das alles
> verengt den Arbeitsmarkt millionenfach.«[148]

Ich muss gestehen: Ich war verblüfft, als ich diese Zeilen las. Auch ein
Schuldgefühl stellte sich ein. Hatte ich doch als junger Anwalt mit wenig Klienten und viel Zeit unser Penthouse an der Elbe mit meiner Frau
zu mehr als 50 % selbst gebaut, hatten wir im Laufe der Jahre zweimal
Hochseeyachten entworfen, mitgebaut und ausgebaut. Und also Arbeit,
statt sie zu geben, jedenfalls zum Teil selbst genommen!

Über diese Frage nachzudenken, ist sicher der erste Schritt zur Besserung. Nur: Hätten wir es nicht getan, könnten wir heute, im Alter,
nicht beim Frühstück auf die Elbe sehen und im Sommer in einer schönen Yacht zu den Azoren segeln. Und zudem hätten viele Handwerker
ihre Arbeit an diesen Objekten nicht bekommen, weil wir nie genug
Geld hatten, alles in Auftrag zu geben.

Miegel hat dieses Problem natürlich auch gesehen. Und es ist ein
Grund für ihn, die Entlastung des Faktors Arbeit von Nebenkosten zu
fordern, damit zukünftig Arbeit leichter vergeben statt selbst genommen
wird. Stimmt man (wie ich das tue) der These zu, dass an sich genügend

Arbeit vorhanden ist, dass sie aber zumindest zum großen Teil von neuen Selbstständigen organisiert werden muss, stellt sich die Frage:

Ist es möglich, die Zahl der Selbstständigen in der Bundesrepublik so zu erhöhen, dass wieder jeder Erwerbsfähige in der Bundesrepublik seinen Lebensunterhalt durch seine Berufstätigkeit erarbeiten kann?

Eine positive Antwort fällt schwer. Denn warum ist die Zahl der Selbstständigen in der Bundesrepublik so zurückgegangen? War es wirklich nur mangelnde Initiative, »Arbeitnehmermentalität«?

Zuerst traf es die selbstständigen Landwirte. Hof um Hof musste und muss heute noch aufgegeben werden. Unzählige kleine Unternehmen, Schuhgeschäfte, Tabakläden, Tante-Emma-Lebensmittelläden, Zeitungsverkäufer, Uhrmacher, Fotohändler, Radiohändler, größere und kleinere Computerhändler haben über Jahre einen verzweifelten Kampf um ihre selbstständige Existenz geführt, zwölf und mehr Stunden am Tag gearbeitet – und schließlich doch aufgeben müssen. Es ist nicht zu sehen, wie sich an dieser Tendenz etwas ändern sollte. Im Gegenteil: Die immer weitergehende Beseitigung der Schranken für Ladenöffnungszeiten dürfte den Trend zur Zerstörung der kleineren selbstständigen Existenzen im Handel noch verstärken.

Kleinere, mittlere und selbst groß gewordene »ehemalige Start-ups« wie Grundig machten nach jahrelangem Widerstand entweder Pleite oder wurden – als letzte Rettung – von den großen Weltfirmen aufgekauft. So verschwand eine Fabrikation nach der anderen in den Mägen der »am Weltmarkt Handelnden«. Besonders hart wird es jetzt die Zulieferer treffen. Unter dem internationalen Kostendruck lagerte Phoenix in den vergangenen sechs Jahren Zug um Zug Produktionen in osteuropäische Länder und nach Indien aus und reduzierte damit den in Deutschland erzielten Wertschöpfungsanteil von 90 auf 40 %. Ähnlich verfuhr sein Konkurrent Continental.[149] Letztlich wird bei den Zulieferern bis 2010 »jede dritte Firma auf der Strecke bleiben«[150]. So wird man sich kaum der Folgerung entziehen können, dass nicht innere Gebundenheit an die Arbeitnehmergesellschaft, sondern die Erfahrung der liberalistischen wirtschaftlichen Realität die wichtigste Ursache für den vielfältigen Verlust der Selbstständigkeit ist.

Zudem handelt die der Freihandelsideologie verhaftete EU-Kommission immer wieder gegen die kleinen Existenzen. »Nach der von der

EU-Kommission im vergangenen Jahr beschlossenen Reform des Autohandels würden insbesondere Kleinbetriebe, die weniger als 200 Neuwagen im Jahr verkaufen, Opfer eines harten Verdrängungswettbewerbs«, meldete z.b. die Süddeutsche Zeitung.[151]

Aber auch die weitverbreitete Schwarzarbeit spricht eigentlich eher gegen die Interpretation »mangelnde Initiative«. Der höhere Anteil von Selbstständigen in Ländern wie Griechenland und Portugal schließlich erklärt sich aus der dort sehr viel weniger weit fortgeschrittenen »Modernisierung«: Die liberalistische Welle hat diese Länder ja erst sehr viel später erreicht als die Bundesrepublik. Gerade in kleineren Städten und auf dem Lande ähnelt Portugal zum Beispiel mehr der Bundesrepublik der 50er und 60er Jahre. Und die hatte einen sehr viel höheren Anteil von Selbstständigen als die BRD heute. Und wer vor 30 Jahren nach Indien reiste, fand fast nur »Selbstständige« vor, die ihre Dienste oder minimalen Warensortimente überall und nirgendwo anboten.

Hemmend wird sich in der Zukunft sicher auch das Platzen der Seifenblase der »new economy« auswirken. Die Pleitewelle in der Bundesrepublik erreichte im Jahre 2002 einen neuen Höhepunkt. Ein erheblicher Teil dieser Pleiten betrifft die Neugründungen der »dynamischen jungen Unternehmer«. Diese Spuren schrecken nicht nur Menschen, die zur Selbstständigkeit bereit sind, sie schrecken auch Banken. Und damit wird in vielen Fällen die Gründung eines neuen Unternehmens unmöglich, weil kein Kapital mehr aufzutreiben ist.[152] Andererseits ist dies ein Faktor, der politisch beeinflusst werden kann. Die rot-grüne Regierung ist bei diesem Problem auch schon tätig geworden.[153]

So ist zu fragen, wo politische Gestaltungsmöglichkeiten liegen, die diesen Trend umkehren könnten. Dazu wäre zu untersuchen, inwieweit dieses Zusammenbrechen kleinster, kleiner und mittlerer Unternehmen der Mentalität der Bevölkerung, der derzeitigen ökonomische Realität im Neoliberalismus oder schlicht der technischen Entwicklung zuzuschreiben ist.

Denn auch hier gilt: ohne richtige Analyse der Gründe keine wirksame Therapie.

Lebensstandard für alle – ein Produktionsziel?

Wirtschaft produziert Güter und Dienstleistungen. Über Löhne und Einkommen soll so der Lebensstandard der Bevölkerung steigen. Und das tat er ja auch 25 Jahre lang, von 1950 bis 1975. Danach stieg er nur noch für einen Teil der Gesellschaft und heute schließlich nur noch für wenige. Das ist der Grund für die Forderung der Vereinten Nationen nach Wachstum »pro poor«, Wachstum für die Armen. Doch das ist nicht einfach. Der Weg, Einkommen und Vermögen in der Gesellschaft wieder gleichmäßiger zu verteilen, erwies sich als sehr schwierig. Fast jeder Weg aus dem Dilemma droht in einer Sackgasse zu enden. Die Bedingungen, diese Sackgassen zu öffnen, erwiesen sich als schwer erfüllbar.

Der Versuch, die gesellschaftlichen Probleme durch Wachstum zu lösen, zeigte sich als ein untaugliches Mittel. Wer »Warten auf Godot« durch Politik ersetzen will, muss deshalb versuchen, die einzelnen Probleme direkt, ohne Investition in Wachstum also, zu lösen. Dass sich als Ergebnis erfolgreicher Versuche dieser Art auch das alte lineare Wachstum wieder einstellt, ist nicht einmal unwahrscheinlich.

Wenn aber das Wachstum kein Mittel zur Beseitigung der Arbeitslosigkeit ist, wenn Wachstum auch kaum beschleunigt werden kann und andererseits immer mehr Wohlstand für wenige statt für alle produziert und darüber hinaus mehr und mehr Umweltschäden verursacht – dann sind all die Programme von Regierung und Opposition »für den Aufschwung« Makulatur, die durch Steuersenkungen, Öffnung des Arbeitsmarkts und Einschnitte in das soziale Netz dieses Wachstum herbeizwingen wollen. Dann muss man aber auch fragen, wo die Rechtfertigung für die Aufwendungen, Subventionen und Steuerverzichte »für Wachstum« liegt. Warum fließen zum Beispiel jährlich 150 Milliarden Euro als Subventionen an die Industrie?[154] Wie viele dieser Subventionen dienen nur dem frommen Glauben an die Entstehung von Arbeitsplätzen durch Wachstum?

Warum dann nicht diese Mittel direkt in Arbeitsplätze, zum Beispiel für öffentliche Aufgaben, in die Vermögensbildung der unteren Schichten oder Investitionen in die Zukunft umlenken?[155] Warum sollte man nicht sogar prüfen, ob sich nicht mit dem Einsatz derselben, bisher vergeblich für Wachstum eingesetzten Mittel Lebensstandard direkt produzieren lässt? Lebensstandard, der nicht über den dornigen Umweg Wirtschaftswachstum angesteuert wird. An dem man nicht erst über Lohn oder andere Einkommen teilhat, sondern auch ohne Geld, als Bürger.

Dass es einen »öffentlichen Lebensstandard« gibt, ist evident. Sicherheit auf den Straßen, saubere Luft, Freiheit von Verkehrslärm, saubere Flüsse sind solche Güter für alle, für die man nicht im Einzelfall stets neu bezahlen muss. Andere Bürger genießen diese Güter zwar ebenfalls, doch sind für sie ausreichendes Essen, ausreichender Wohnraum, Kindertagesstätten, gute Schulen, billige öffentliche Verkehrsmittel – oder bezahlbare Theaterkarten, gute Fernsehprogramme oder ganz andere Dinge wichtiger.

Lebensstandard und Lebenschancen sind also nicht ausschließlich vom privaten Einkommen abhängig. Dass das so ist, wird gerade heute deutlich, wo die allgemein zugänglichen Nutzungen des wirtschaftlichen und technischen Fortschritts teurer und teurer werden, seltener zu finden sind oder ganz verschwinden. Aber es sind gerade die unteren Schichten der Bevölkerung, die darunter leiden. Wer ein privates Schwimmbad hat, leidet nicht darunter, dass die ohnehin meist überbevölkerten öffentlichen Schwimmbäder geschlossen werden, so dass der Rest der Bäder mehr Schwimmer als Wasser zeigt. Wer sich von seinem Chauffeur zum Einkaufen fahren lassen kann, leidet nicht unter überfüllten öffentlichen Verkehrsmitteln und immer schneller steigenden Preisen für den öffentlichen Transport. Er leidet auch nicht darunter, dass die Fenster der Busse mit Werbung zugeklebt werden müssen, weil die auf Gewinn ausgerichtete privatisierte Verkehrsgesellschaft sonst keine positive Bilanz aufweisen kann. Wer einen privaten Tennisplatz hat oder Mitglied in einem exklusiven Verein ist, braucht keine billigen öffentlichen Tennisplätze. Wer sich Kindermädchen und andere Hausangestellte leisten kann, leidet nicht unter dem Mangel an Kindertagesstätten. Nicht jeder Großstadtbewohner müsste die hohen Aufwendungen für ein Kraftfahrzeug tragen, wenn jederzeit öffentlich Kraftfahrzeuge zum zeitweisen individuellen Gebrauch zu günstigen Preisen abgeholt oder gar bestellt werden können. In vielen Fällen würde es sogar genügen, wieder auf die Forderung der

Studenten von 1968 zurückzukommen und die öffentlichen Verkehrsmittel in den Städten fast oder ganz kostenfrei fahren zu lassen. Das würde gleichzeitig einen großen Beitrag zum Umweltschutz bedeuten, da so der innerstädtische Straßenverkehr reduziert werden könnte. Es wäre zudem eine Steigerung der Lebensqualität auch für diejenigen, die auf das Auto nicht verzichten wollen oder können. Sie wären durch die Entlastung des Straßenverkehrs sogar die größten Profiteure einer solchen Maßnahme.

Fernreisen wären auch für niedrige Einkommen möglich, wenn das öffentliche Verkehrsmittel Bahn wieder flexibel (»jede Stunde eine Abfahrt«), ohne zeit- und geldaufwändige Vorbestellung billig auch für Familien zur Verfügung stehen würde. Auto im Reisezug zu sagen wir 50 € von Hamburg bis München entlastet die Umwelt, die Krankenhäuser und Unfallversicherungen.

Ebenso würde eine billige Versorgung der Haushalte mit Trinkwasser, eine billige Entsorgung des Mülls oder eine billige Versorgung mit Heizenergie aus Fernwärme oder anderen umweltfreundlichen Energien den Lebensstandard und die Lebenschancen der unteren Schichten auch ohne Erhöhung des Einkommens deutlich verbessern.

So würde sich auch die schon heute in allen Gemeinden abzeichnende Tendenz auffangen lassen, die »schönen und reichen« Gemeinden in Richtung der hässlichen und verkommenen Städte des »real existierenden Sozialismus« der ehemaligen DDR zu »entwickeln«. Das alles wären auch nützliche Schritte in Richtung auf eine Bürgergesellschaft. Dass dabei gleichzeitig eine Vielzahl von Arbeitsplätzen entstehen würde, wäre ein zusätzlicher Nutzen. Und vielleicht nicht der geringste.

Doch solche öffentlichen Leistungen für die Umwelt und die unteren Schichten sind nur möglich, wenn die Staaten Europas endlich aus dem Standort- und Steuerwettbewerb aussteigen.[156] Das setzt voraus, dass sie realisieren, dass Steuerwettbewerb keinen Wert darstellt, weil er Steuern senkt.[157] Dass er vielmehr ein Unwert, ja eine große Gefahr ist, weil er die notwendige Ausweitung der Staatsinvestitionen und des Staatsverbrauchs zugunsten der Lebensqualität der Bevölkerung und insbesondere der unteren Schichten verhindert.

Nur: Wie soll dieses Ziel der Steigerung der öffentlichen Lebens-

qualität erreicht werden? Zunächst wäre die Frage zu entscheiden, wieweit staatliche Einrichtungen, wieweit private Unternehmen diese
Rolle übernehmen sollen. Bei der Diskussion dieser Frage werden
grundsätzliche Präferenzen und Erfahrungen eine wesentliche Rolle
spielen.

Die noch verbreitete Akzeptanz der Privatisierung staatlicher Ausgaben ist relativ hoch, weil man schlechte Erfahrungen mit Missma-
nagement und Geldverschwendung, bürokratischem Wasserkopf etc.
staatlicher Stellen gemacht hat oder zu haben glaubt. Und das sicher
nicht ohne realen Hintergrund. Wirtschaftlich managen können die privaten Unternehmer meist wirklich besser. Nur, dass wirtschaftlich für
das Unternehmen eben sehr oft heißt: schlecht für den Kunden, den
Bürger, das müssen die Menschen in diesem Lande heute schmerzhaft
lernen.

Staatlich

Die einfachste Organisationsform für all diese Leistungen ist seit hundert Jahren die Organisation durch die öffentliche Hand: Bund, Länder und Gemeinden also. Doch das bedeutet Steuererhöhungen. Damit
drohen auf diesem Weg die schon bekannten Sackgassen: Konkurrenz-
unfähigkeit im offenen Weltmarkt, Kapitalflucht und, unter der falschen
Flagge »Neiddiskussion!«, erbitterter Widerstand der »Besserverdienenden«.

Dass freie Gesellschaften sich sehr wohl mit hohen Steuersätzen entwickeln können, zeigt die Geschichte der USA. Wie oben beschrieben,
erhöhte Roosevelt den Spitzensteuersatz auf 79 % und führte gleichzeitig eine Erbschaftssteuer ein.[158] Zumindest auf dem Hintergrund der
Pleite des Liberalismus Anfang der 30er Jahre wurden diese Maßnahmen
akzeptiert. Ob es einer ähnlichen Katastrophe bedarf, um heute eine derartige Politik durchzusetzen, oder ob eine solche Katastrophe durch eine
vorausschauende Politik abgewendet werden kann, ist offen.

Selbst wenn sie weit unter den Sätzen Roosevelts blieben, würden
solche Steuererhöhungen dem Staat Mittel für Investitionen in öffentliche Aufgaben geben und auch unmittelbar Arbeitsplätze schaffen.
Denn im Gegensatz zu der Situation in der Industrie besteht auf dem

Gebiet der öffentlichen Leistungen ein großer Bedarf an Arbeitsplätzen, die heute fehlen. Polizei, Eisenbahn, Gesundheitswesen, Schulen, Universitäten haben dringenden Bedarf an Arbeitskräften – aber auch der Bau und Ausbau von kulturellen Einrichtungen, Schwimmbädern, Sportplätzen und Kindergärten bietet ein weites Feld für dringend notwendige öffentliche Investitionen, die viele Arbeitsplätze schaffen. Hier führen »Modernisierung« und Rationalisierung nicht dazu, dass der größte Teil der bereitgestellten Mittel ohne Schaffung neuer Arbeitsplätze in der Wirtschaft versickert. Auch die heute viel diskutierte öffentliche Bezuschussung schlecht bezahlter Arbeit ist ohne eine solche Steuererhöhung auf die Dauer nicht möglich.

Wichtig ist natürlich, dass diese Steuersätze nicht »Luft-Steuersätze« bleiben dürfen. Das heißt, sie müssen auch erhoben werden. Ob eine Kapitalkontrolle, die für diesen Zweck ausreicht, durchführbar ist, wäre zu untersuchen. Solange es weltweit zahllose Steueroasen gibt, besteht allerdings wenig Hoffnung, dieses Mittel anwenden zu können. Doch ohne Kapitalkontrolle, ohne Zäune, flieht das berühmte »scheue Reh« Kapital tatsächlich bei der geringsten Störung.

Privat

Zunächst klingt es paradox, dass private, nicht gewinnorientierte Unternehmen ein Netz öffentlicher Leistungen, die kostenfrei oder zumindest billig abgegeben werden, betreiben sollen. Doch ein Blick auf das Stiftungswesen in den westlichen Industrienationen zeigt, dass das durchaus möglich ist.

Dass die weltgrößten Stiftungen in den Vereinigten Staaten zur Zeit einer Hochsteuerpolitik entstanden sind, dürfte dabei kein Zufall sein. Denn eine Politik hoher Steuern mit hohen Abzugsmöglichkeiten für Spenden im öffentlichen Interesse ist der optimale Nährboden für solche Stiftungen. Die positive Seite kräftiger Steuererhöhungen nach Roosevelt könnte einen Weg zu mehr »Wohlstand für alle durch öffentliche Leistungen« öffnen. Die Steuererhöhungen für sehr hohe Einkommen müssten nur – wie damals in den USA – mit weitgehenden Abschreibungsmöglichkeiten für Spenden für öffentliche Aufgaben verbunden werden.

Oskar Lafontaine berichtet:

>»Das US-Steuergesetz senkte vom 1. Januar 2002 an die Erbschafts-
steuer für Millionäre … Nach dem 31. Dezember 2009 (soll sie) ganz
abgeschafft werden … Doch … 500 Milliardäre und Millionäre
wandten sich gegen die Pläne von Präsident Bush … Ihrer Ansicht
nach würde die Streichung dieser Steuer auch die hohen jährlichen
Zuwendungen reicher Amerikaner an gemeinnützige Organisationen und Universitäten gefährden.«[159]

Schon heute dienen zahlreiche Stiftungen in aller Welt erfolgreich dem
öffentlichen Wohlstand, dem Wohlstand also auch und gerade der ärmeren Bürger. Teils den Bürgern im eigenen Land, teils auch den Menschen in ärmeren Ländern. Diese Bürgersolidarität verbreitet sich zur
Zeit erfreulich schnell. Nur ein Beispiel von vielen: Der Hamburger Bür-
germeister Ole von Beust lud zu einer Dampferfahrt auf der Alster alle
Spender ein, die sich maßgeblich an der Neugestaltung des Hamburger
Stadtzentrums am Alsterufer, dem Jungfernstieg, beteiligt hatten.[160]

Warum sollte man also nicht so die oft zitierte »überlegene Privat-
initiative« zugunsten der Allgemeinheit mobilisieren? Die Motivation
hierzu kann groß sein. Ich denke zum Beispiel an den Bergedorfer Unternehmer Körber, der mit seiner Hauni-Stiftung viele der Allgemeinheit sehr nützliche Stiftungen hervorrief. Ähnliches wird von Bill
Gates gemeldet, der fast sein halbes Vermögen in eine Stiftung für die
Weltgesundheit einbrachte – und erklärte, das mache ihm große
Freude.

Der Spiegel:

>»So haben es die amerikanischen Tycoons, die Rockefellers und Car-
negies, die Fords und Gettys, von jeher gehalten: der Gemeinschaft
zum Nutzen, sich selbst zum bleibenden Ruhm.«[161]

Hier würde sich auch ein neues Feld für eine Mitgestaltung aller Bürger an ihrer Umwelt öffnen. Denn zwar ist es nicht möglich, durch
Volksabstimmungen Aufgaben auf die Gemeinde zu übertragen, für die
sie kein Geld hat. Aber man kann sich sehr wohl Volksabstimmungen
vorstellen, bei denen darüber abgestimmt wird, für welche Aufgaben in

einer bestimmte Zeitperiode Stiftungsabschreibungen zulässig sein sollen und für welche nicht.

Nur: Der Einwand, dass im offenen Weltmarkt trotz günstiger Abschreibungsmöglichkeiten für Stiftungen das Kapital fliehen würde, ist sicher nicht falsch, wenn die Steuersätze deutlich erhöht würden. Aber gerade dann hat das Konzept ja seine besten Chancen.

Voraussetzung ist letztlich auch hier, einen Marktraum, für uns also Europa, bis zu einem gewissen Grade gegen Kapitalabflüsse abzugrenzen, wenn dieses Konzept einen substantiellen Beitrag zum öffentlichem Wohlstand bringen soll.

Haben wir zu viel Staat oder zu wenig?

Suchen wir Schlupflöcher aus der unzweifelhaft bestehenden Misere der öffentlichen Hände, müssen wir die einer Besserung entgegenstehenden Elemente benennen:

1. Wieweit können Mindeststeuer-Abkommen der EU Staaten helfen?
2. Wieweit sind solche Abkommen im offenen Weltmarkt überhaupt möglich, ohne den Volkswirtschaften der EU zu schaden?
3. Wieweit müsste die europäische Union sich deshalb vom Weltmarkt abgrenzen, wenn die Aufgabe, das neu entstehende Kapital zumindest in Zukunft gerechter zu verteilen, ernst genommen werden sollte?

Doch wer hier einen Ausweg sucht, stärkt den Staat. Er muss deshalb auch auf die Frage eine Antwort geben: Haben wir nicht schon zu viel Staat?

Der Trend zu mehr Staat und weniger Freiheit für die Bürger habe ein verhängnisvolles Ausmaß angenommen, das nicht länger tolerierbar sei, meint – so die Süddeutsche Zeitung – der saarländische Ministerpräsident Müller, nur eine Stimme im Chor von Politikern, Wirtschaftsführern und Journalisten.[162]

Doch in derselben Zeitung erfährt man dann, dass die Stadt München Personal abbaut, Sozialhilfe beschränkt, Schulklassen schließt, Geld für Jugendprojekte und Bibliotheken kürzt. Das Sozialreferat stockt den Regelsatz der Sozialhilfe weniger auf als bisher. Es wird versuchen, teure Heimunterbringung von Pflegebedürftigen durch ambulante Dienste zu ersetzen, und wird in den Freizeitangeboten für Kinder und Jugendliche kräftig streichen. Geplant ist darüber hinaus, die Gebühren für Obdachlosenunterkünfte, für die Vermittlung von Sozialwohnungen und für Kinderkrippen zu erhöhen. Im Herbst soll es an den beruflichen Schulen 17 Klassen weniger geben und an den städtischen Gymnasien sechs weniger. Die Kindertagesstätten werden ihre Preise zum Teil deutlich anheben. Das Baureferat baut Personal ab, das Referat für Gesundheit und Umwelt das Wegegeld für Pfleger in städtischen Krankenhäusern.

Zur gleichen Zeit beschließt der Bundestag schärfere Gesetze zur »Bekämpfung des Terrors«. Und ein gigantisches Steuersenkungs- und Konjunkturprogramm über 600 Mrd. Dollar greift in den USA tief in das Geschehen am »freien Markt« ein.[163]

Zu viel – oder zu wenig Staat? Bei jeder einzelnen dieser Maßnahmen wird es Anhänger des »zu viel« oder des »zu wenig« geben. Doch wird man sich von Reich bis Arm zumindest darauf einigen können, dass eine Gesellschaft mit zerfallender öffentlicher Ordnung nicht unsere Zukunft sein darf.

Miegel:

> »Ein Staat, der dieses zunehmende Sicherheitsbedürfnis nicht zu befriedigen vermag, wird schonungsloser als bisher als Versager gebrandmarkt werden … Früher oder später werden die Bürger sein Gewaltmonopol in Frage stellen und ihre Sicherheit selbst organisieren. Die Deutschen sind wie viele andere Völker auf dem besten Weg dazu. Historisch gesehen ist das ein Rückschritt. Soll dieser Weg nicht weiter begangen werden, muss die Politik auch hier umsteuern.«[164]

Es geht deshalb nicht um zu viel oder weniger Staat, sondern darum, welche Aufgaben der Staat erledigen und wie er das machen soll – und woher er für diese Tätigkeit ausreichende Mittel nehmen kann.

Dabei wird man zwischen zwei Positionen hindurchsteuern müs-

sen. Auf der einen Seite steht Miegels Position: »In der ihm eigenen Nei-
gung zu Hochstapelei und Großmannssucht hat der Staat auch die Wie-
dervereinigung zu einem primär staatlichen Ereignis umfunktioniert
… Noch nicht einmal bei Symbolen wie dem Regierungssitz oder der
Hymne durften die Bürger ihre Meinung äußern. Die Politik entschied alles.«[165]

Diese Missachtung der Bürger durch die Politik ist evident. Die Liste
könnte man lange fortsetzen. Da soll ein Europa gebildet werden, mit
dem sich die Bürger identifizieren können – und man fragt sie in der
Bundesrepublik, anders als in anderen Ländern der EU, nicht einmal,
mit wem zusammen sie dieses Europa bilden wollen. Mit der Türkei –
zum Beispiel? Oder mit Polen, einem ureuropäischen Staat, der sich aber
in der Spaltung der EU über die Zukunft Europas (vorläufig?) klar auf
die amerikanische Seite und gegen ein unabhängiges Europa gestellt
hat?[166] Niemand hat sie auch gefragt, ob der Binnenmarkt weltweiter
Konkurrenz ausgesetzt werden soll oder nicht. Ob die Häfen Europas
weiter den »Zeitbomben« gefährlicher, miserabel bemannter Groß-
schiffe ausgesetzt werden sollen. Ob sie akzeptieren wollen, dass ihre
teuer gekauften Autos immer öfter in den unendlichen Schlangen von
Schwertransportern stecken bleiben, die Gemüse, Kartoffeln und
Schrott, Milch und Rindviecher kreuz und quer durch Europa karren
und »just in time« Zulieferteile für die Produktion anliefern müssen,
koste es, was es wolle.

Auf diese sehr unbefriedigende Situation von heute kann man auf
zwei Weisen reagieren: Man kann einmal dem Staat möglichst viele
Kompetenzen entwinden. Man kann umgekehrt aber auch versuchen,
den Einfluss der Bürger auf die Entscheidungen des Staates zu verstärken. Beide Wege haben ihre Vor- und Nachteile.

Auch für den zweiten Weg, die Redemokratisierung des Staates, sprechen Gründe. Einmal ist die Organisationsform Staat ein organisato-
rischer Fortschritt gegenüber dem freien Spiel der Mächte in der Region. Unzweifelhaft wird der Staat gebraucht. Er soll als Sozialstaat
handeln können, wenn auch in anderer und beschränkterer Weise als
bisher. Ihn weiter zu schwächen, als er schon durch die EU, die Zwänge
des Weltmarkts, denen er sich unterworfen hat, und die finanzielle Pleite
durch Steuerausfälle geschwächt worden ist, ist gefährlich. Ich bin des-

halb für diesen zweiten Weg: die Redemokratisierung des Staates, die Erweiterung der Mitwirkungsmöglichkeiten der Bürger und ihrer Organisationen bei den politischen Entscheidungen. Mehr direkte Demokratie also. Das bedeutet insbesondere, mehr Kompetenzen für Volksbegehren und Volksentscheide, mehr Einfluss auf die Wahl der Volksvertreter und ihre Wahllisten.

Doch wieder sind die hier abweichenden Positionen über die Rolle des Staates politische Positionen. Und über die soll nicht von Wissenschaftlern oder Kommissionen, sondern demokratisch von den Bürgern entschieden werden.

Politik in Ketten

Viele Vorschläge für eine reformierte Gesellschaft wurden skizziert. Alle haben ihre Probleme, Vor- und Nachteile. Viele, wenn nicht die meisten können miteinander kombiniert werden und so die Wirkung und das Tempo des Reformprozesses steigern. Keiner dieser Wege ist für die Politik leicht zu gehen. Alle die Situation grundlegend verbessernden Strategien treffen letztlich auf dieselben Blockaden. Denn sie erfordern ein Ende des Umverteilungsprozesses, der seit dem Sieg des Neoliberalismus in den 70er Jahren die Einkommensschichten der Gesellschaft auseinander treibt (Grafik C, Lesezeichen und S. 32) und die Unterschicht zu marginalisieren droht. Sie werden deshalb auf den erbitterten Widerstand der Besserverdienenden stoßen, die nach 30 Jahren Bevorzugung ganz verständlicherweise diese und nur diese Verteilung des Sozialprodukts als gerecht und verdient ansehen.

Dieser Widerstand wird nach all den Jahren täglicher Propaganda unter dem Motto »Leistung muss sich lohnen« oft selbst von den Benachteiligten als berechtigt angesehen. Versuche, im Finanzdesaster jedenfalls die Vermögenssteuer wieder einzuführen, um auch die oberen Einkommen etwas an den »jetzt von allen zu erbringenden Opfern« zu beteiligen, wurden mit Beschimpfungen wie Neidsteuer zurückgewiesen, ohne dass die große Masse der Bevölkerung protestierte. Und so spart man denn an allem. Vom Theater bis zu den Beamten.

Diese grundsätzliche Tendenz ist noch einmal abgesichert, denn alle

Änderungsversuche treffen früher oder später auf die Zwänge des offenen Weltmarkts.

Doch all das entschuldigt nicht, nichts zu tun – oder gar auf der »Westerwelle« der einst sich »Partei der Besserverdienenden« nennenden Partei[167] weiter zu reiten. Wie oft wird übrigens gerügt, dass die deutschen Parteien ihre Wähler immer dreister belügen. Und da sagte einmal eine Partei »die Wahrheit und nichts als die Wahrheit«, und die Wähler liefen ihr in Scharen davon. Politiker haben's wirklich schwer.

Manche der vorgeschlagenen Methoden lassen sich durchaus auch heute schon ein Stück weit verfolgen. Und wo das möglich ist, sollte man es auch tun. Aber irgendwann wird man doch auf die Bremswirkung des ungeregelten offenen Weltmarkts stoßen und sich mit dem Problem auseinandersetzen müssen, ob und inwieweit man diese Form der Weltwirtschaft noch will – und was man tun könnte, um entweder dieses System den Bedürfnissen auch der »reifen Industrieländer« wie der Bundesrepublik anzupassen oder es durch ein anderes System zu ersetzen. Eine Frage, zu deren Beantwortung die Stärken und Schwächen des gegenwärtigen Systems mit denen alternativer Formen verglichen werden müssen. Es ist dann eine Aufgabe der »großen« Politik, zu prüfen, ob und wie auf solche Hindernisse eingewirkt werden kann, soll oder muss.

Was geschieht, wenn nichts geschieht?

Niemals geschieht nichts. Wenn nichts geschieht, bedeutet dies lediglich, dass die Bedingungen, die Parameter, die Wirtschaft und Gesellschaft bestimmen, unverändert fortwirken. Und dafür, dass sie unverändert bleiben, spricht sehr vieles:

1. Die Öffnung der Grenzen für Waren und Kapital ist vertraglich »festgezurrt«. Die WTO-Verträge nehmen den politischen Entscheidungsträgern mehr und mehr die Mittel, diese Öffnung auch nur teilweise rückgängig zu machen.
   Maria Mies weist zu Recht darauf hin, dass sich die politisch Verantwortlichen selbst die Hände binden, wenn sie Verträge abschlie-

ßen, mit denen sie ihre Handlungsfähigkeit an den Markt abtreten.
Und wäre vor Jahren das Multilaterale Abkommen über Investitionen (MAI) unterzeichnet worden, hätten die Signatarstaaten heute
keinerlei rechtliche Möglichkeit mehr, dem Begehren der Global
Players Grenzen zu setzen.[168] Das Abkommen hätte die Staaten bei
Schadensersatzdrohung verpflichtet, jede Störung der Geschäftstä-
tigkeit ausländischer Unternehmen zu verhindern – selbst bei Be-
einträchtigungen des verfassungsrechtlich gesicherten Streikrechts
der Arbeitnehmer.

Das MAI-Abkommen, das diese Unfähigkeit endgültig festschreiben
sollte, scheiterte zum Glück an Frankreich. Der französische Premierminister Lionel Jospin entschied am 10. Oktober 1998, die
französische Mitarbeit am Multilateralen Abkommen über Investitionen aufzukündigen, da der Vertragsentwurf als »nicht refor-
mierbar« und als Angriff auf die staatliche Souveränität beurteilt
wurde.[169] Doch es kann jeden Tag wieder neu auftauchen.

2. Die Durchlässigkeit für Zuwanderung in die Sozialsysteme ist
praktisch nicht zu verhindern, solange um uns herum Elend und
Verzweiflung herrschen. Doch daran wird sich kaum etwas ändern,
weil das festgeschriebene Wirtschaftssystem weltweit zu wenig
Wachstum »für die Armen« bietet.

3. Der gnadenlose Kampf der großen internationalen Unternehmen
um einen möglichst hohen »Shareholder-Value«[170] zwingt diese Unternehmen zur Mobilität. Der dadurch ausgelöste Konkurrenzkampf der »Standorte« zwingt die nationalen oder regionalen bzw.
lokalen politischen Autoritäten in einen noch gnadenloseren Wett-
kampf um die Ansiedlung von Industrien. Wurden – wie gezeigt –[171]
die Belastungen der Unternehmen schon Stück für Stück abgebaut,
fließt gleichzeitig eine Vielzahl von Geldströmen von den immer
stärker geschröpften abhängig Beschäftigten und kleineren Unter-
nehmern in die Taschen der größten und allergrößten. Und dies ist
keineswegs nur ein aus Subventionen stammendes Problem. Wurden 2001 allein an Subventionen 300 Milliarden DM an die Industrie
gezahlt, dürfte die Summe aus Subventionen und Zuwendungen, die
z. B. als Aufwendungen für Verkehr oder Hochwasserschutz im
Haushalt stehen oder überhaupt nicht offen in Erscheinung treten,

schon heute deutlich höher liegen und von Jahr zu Jahr zunehmen. So kommt trotz des weiter steigenden Sozialprodukts nicht nur immer weniger aus dieser Wirtschaft in der breiten Masse an. Diese Masse muss vielmehr heute mit immer mehr Opfern und Verzicht der Wirtschaft auf die Sprünge helfen.

Eine Unzahl offener und verschwiegener Leistungen der öffentlichen Hand, die den Unternehmen zugute kommen, wird von den großen Unternehmen immer unverschämter gefordert und von den um jedes Unternehmen ringenden Gemeinden und Ländern gewährt. Dafür gibt es die vielfältigsten Beispiele.

Ein bis zwei Milliarden DM »investiert« die Stadt Hamburg in den Airbus A380, der durch Prestigedenken der einzelnen Zentren der DASA unnötig verteuert wurde. Doch die in Hamburg vorgenommenen Arbeiten an dem Flugzeug machen nur fünf Prozent seines Wertes aus. Vor allem die Tatsache, dass die Stadt bis zu 1,3 Milliarden DM für die Erweiterung der Airbus-Produktionsflächen, für Deiche, Kaianlagen und ökologische Ausgleichsflächen aufbringen muss, wirft eine Frage auf, die inzwischen auch den Rechnungshof interessiert: Macht sich diese Investition je bezahlt?[172] Dass dabei auch noch ein wertvolles Naturschutzgebiet zerstört wird, zählt ohnehin nicht mehr als der Papst im Kriegspoker. Denn wie viele Milliarden Euro bringt das Naturschutzgebiet? Wie viele Divisionen hat der Papst?

Und die nur als Folge der Vernichtung eines Teils des »Auffangbeckens Mühlenberger Loch« (und der andauernden Elbvertiefungen) entstehenden Milliardenkosten für verbesserten Hochwasserschutz werden ohnehin nicht der Wirtschaft, sondern dem »Moloch Staat« zugerechnet.

Kann man sich da noch wundern, dass ein internationaler Vergleich der Bundesrepublik vor einigen Monaten einen recht prominenten Platz in der Skala der korrupten Staaten zubilligte? Doch wer besticht hier eigentlich wen? »Normal« ist: Der, der Geld, aber keine Macht hat, besticht den, der Macht hat, aber meint, nicht genug Geld zu haben. So funktioniert das Muster in sehr vielen sich entwickelnden armen Staaten. Internationale Firmen bezahlen korrupte Politiker – und konnten die Bestechungsgelder bis vor nicht allzu langer Zeit auch noch von der Steuer absetzen.

Die Globalisierung des Weltmarkts hat auch hier zu einem bemer-
kenswerten Fortschritt geführt: Bei uns besticht jetzt der Staat, der kein
Geld mehr hat, die größten internationalen Firmen, die einzeln mehr
Geld haben als viele Staaten dieser Erde zusammen: »Hamburgs Wirtschaftsbehörde hat der koreanischen Reederei Hanjin im vergangenen
Jahr 50 000 € überwiesen, damit diese ihre Hamburger Zweigstelle nicht
schließt und Arbeitsplätze abbaut.« Einem Spiegel-Bericht zufolge
hatte der Geschäftsführer von Hanjin, Chan-Hee Won, Wirtschaftssenator Gunnar Uldall gedroht, »die Hamburger Zweigniederlassung mit
der Konsequenz von Arbeitsplatz-Verlusten aufzugeben«. Zur »Abwen-
dung der von Hanjin erwogenen Maßnahmen« sei Won »ein ›office sup-
port‹ in Höhe von 100 000 DM« zugesagt worden, heißt es in einem
internen Schreiben der Wirtschaftsbehörde, aus dem das Magazin zitiert. Ein Verwendungsnachweis sei von der Behörde nicht gefordert und
die Zahlung ohne weitere Bedingungen angewiesen worden.«[173]
    In der Wirtschaftsbehörde sollen mehrere Wege für die Geldüber-
weisung vorgeschlagen worden sein: Zum einen direkt an den Hanjin-
Geschäftsführer, zum anderen auf ein Geschäftskonto der Reederei. In
beiden Fällen sei jedoch dieselbe Kontonummer bei der Dresdner
Bank Hamburg angegeben worden.
    Die Hanjin Shipping Corporation gilt als eine der größten Reede-
reien der Welt. Mit rund 140 Schiffen befährt sie 70 große Häfen in 35
Staaten der Erde.
    »Bei der umstrittenen Zahlung von 50 000 € Subventionen an die
koreanische Reederei Hanjin handelte es sich nicht um einen Einzelfall.
Nach Abendblatt-Informationen hat die Wirtschaftsbehörde im vergangenen Jahr 100 000 € Investitionszuschuss an EuropCar überwiesen.
Der Autovermieter (Jahresumsatz: rund 430 Millionen Euro), eine
hundertprozentige Tochter des VW-Konzerns (Jahresumsatz: 88,5 Milliarden Euro), hat seinen Sitz an der Tangstedter Landstraße. Offenbar
hatte EuropCar gedroht, nach Norderstedt umzuziehen – daraufhin
wurde das Geld zum Ausbau der Firmenzentrale überwiesen.«[174]
    »Die Hamburger Wirtschaftsbehörde hat nach Informationen der
Welt in jüngerer Zeit vermehrt Handgelder an Unternehmen gezahlt,
um deren Wegzug zu verhindern oder sie zu einem Umzug in die Han-
sestadt zu bewegen. Entgegen eigener Äußerungen, keinen Subven-

tionswettlauf betreiben zu wollen, nutze Wirtschaftssenator Gunnar Uldall verstärkt dieses Instrument, war am Montag zu erfahren. So sei die Kreditkommission der Bürgerschaft in den vergangenen beiden Sitzungen über insgesamt fünf entsprechende Fälle von der Wirtschaftsbehörde informiert worden, deutlich mehr als früher üblich.«[175]

Drohungen von Unternehmen, ihren Standort zu verlagern, seien allerdings nicht unüblich, heißt es aus Wirtschaftskreisen. »Da geht es manchmal ziemlich unverblümt zu«, meinte ein Insider. So frage manches Unternehmen: »Was gebt ihr uns, damit wir bleiben?«[176]

Ein großartiger zivilisatorischer »Fortschritt«. Endlich lässt sich der Staat nicht mehr bestechen, er besticht selbst. Allerdings, im Streit um die Frage »zu viel oder zu wenig Staat« gewinnen hier die »Staatsfeinde«: Das ist eindeutig zu viel Staat!

Nur: Das sagt nicht, dass alle diese Handlungen, Zahlungen und Investitionen des Staates für die Unternehmen »falsch« sind. Vom Standpunkt der so »zahlenden« Gemeinde oder des Landes werden sie meist sogar »richtig« sein, weil der Schaden, der der Gemeinde entsteht, wenn das Unternehmen seine Drohung wahrmacht und z. B. fortzieht, größer ist als die geforderten »Beihilfen«. Zumindest werden die Entscheidungsträger das befürchtet haben, sonst hätte sie sich bei den knappen Kassen sicher nicht das Geld aus der Tasche ziehen lassen. Aber auch und gerade wenn die Zahlung in der Bilanz für die Gemeinde, die sich den Vorteil erkaufte, als »richtig« herausstellt, war und ist sie »Aufwand zur Erzielung des real produzierten Sozialprodukts«. Aufwand, der aus den sonst für öffentlichen Wohlstand zur Verfügung stehenden Mitteln getragen werden muss. Je höher dieser Aufwand, desto weniger bleibt für den »öffentlichen Wohlstand«. Der Wirkungsgrad des Wachstums der so erzielten Sozialprodukte für den Wohlstand der Gesellschaft sinkt, vom steigenden Sozialprodukt kommt immer weniger bei der Gesellschaft an.

Eine »Volkswirtschaft«, bei der für das Volk immer weniger herauskommt, verdient diesen Namen nicht mehr. Eine Maschine, die steigende Anteile ihrer Leistung dafür verbraucht, sich selbst zu schmieren, tritt mit den »Volkswirtschaften« des real existierenden Sozialismus in eine erfolgversprechende Konkurrenz.

Stagnation der Masseneinkommen, hohe Subventionszahlungen,

Steuerverzichte gegenüber Unternehmen und Senkung der Steuer für die oberen Einkommen, wachsende soziale Kosten durch Arbeitslosigkeit und Einwanderung in die Sozialsysteme – der »schlanke« Staat verliert jede Handlungsfreiheit zur Lösung sozialer Probleme. Der ehemalige Arbeitsminister Herbert Ehrenberg spricht statt vom schlanken Staat von Magersucht, »einer schwer zu behandelnden, die Leistungsfähigkeit herabsetzenden Krankheit«[177].

Das ist nicht neu. Doch je länger es dauert, desto schwerer sind die Auswirkungen. Politik, Diskussionsrunden und Talkshows drehen sich stets in diesem engen Kreis, ohne von den begrenzenden Mauern zu reden. Doch in dem mittlerweile sehr fest verankerten neoliberalen System gibt es objektiv keine Lösung für die Erhaltung einer Gesellschaft nach europäischen Vorstellungen. Dass aber jemals ein Parteipolitiker in der Bundesrepublik gewagt hat, das zu sagen, ist mir jedenfalls nicht bekannt.

Und doch ist es so. Und das entschuldigt auch wieder diejenigen, die als Manager, Gewerkschaftsführer oder Politiker, eingesperrt in dieses »Gefängnis«, Entscheidungen treffen müssen. Sie können bestenfalls Entscheidungen treffen, die im System, wie es nun einmal ist, mehr oder weniger kurzfristige kleine Vorteile bringen. Lohnsenkungen für das Unternehmen durchsetzen, den Betrieb oder jedenfalls Teile der Produktion in Niedriglohnländer verlagern, Sozialleistungen herabsetzen zum Beispiel. Denn Entscheidungen, die aus den errichteten Mauern herausführen sollen, dies aber letztlich doch nicht bewirken können, nützen niemandem und schaden nur dem Unternehmen, der Partei, den vertretenen Arbeitnehmern oder dem ganzen Land. Und herausführen aus dem von der neoliberalistischen Wirtschaftsform produzierten Schlamassel, das könnte nur »die große Politik«. Ein Bismarck, ein Roosevelt – aber keine zu politischem Handeln außerhalb des Abnickens »neoliberaler Politik« unfähige EU. Doch davon wagt niemand zu sprechen. Oder doch?

Die Verwirtschaftung der Gesellschaft

Steuererklärung, Abschreibungsmöglichkeiten, welches ist das billigste Telefongespräch von A nach B um 11:00 Uhr? Welches um 14:00 Uhr? Wo sind Ortsgespräche am Wochenende frei? Ist das Ortsgespräch bei »Tele-X« billiger – oder wird es vielleicht dadurch teurer, dass hier das Gespräch zur Oma in der Vorstadt als Ferngespräch abgerechnet wird?[178] Wo bekomme ich das Kilo Rindfleisch am günstigsten? Ist es günstiger, das Kilo Rindfleisch bei A zu kaufen, wo es drei Prozent billiger ist, oder bei B, wo ich mit der American-Express-Karte Vergünstigungen habe? Wann soll ich von Hamburg nach Bonn fahren? Wie ist der Tarif am kommenden Montag? Wie am Dienstagabend? Welche Art Zug soll ich nehmen? ICE? Regionalzug? Bringt es was, wenn ich 14 Tage vorher extra zum Bahnhof fahre – oder gibt es den Rabatt, mit dem die Bahn laut wirbt, aus irgendwelchen klein gedruckten Gründen sowieso nicht? Wie soll ich herausfinden, wie ich am billigsten von München nach La Rochelle im Südwesten Frankreichs komme? Lohnt eine deutsche Bahncard? Eine französische? Welchen Strom soll ich in München beziehen? Lohnt es noch, mit den öffentlichen Verkehrsmitteln zu fahren, weil sie jetzt seltener fahren und teurer werden? Oder soll ich wieder das Auto nehmen? Wenn ja, welches Auto? Dazu muss ich prüfen: Wie viel Beiträge muss ich für Haftpflicht, wie viel für Kasko bezahlen? Bei welcher der Gesellschaften bekomme ich den größten Rabatt auf Kasko oder auf Haftpflicht? Lohnt es, ein steuerbefreites Auto zu nehmen, obgleich die Steuerbefreiung ja auch wieder abläuft? Oder die Steuer ganz beseitigt und stattdessen eine Autobahngebühr verlangt wird? Ist es günstiger, mein Konto von meiner Sparkasse um die Ecke auf eine Bank zu verlegen, die ich nur über das Internet erreiche? Was spare ich dabei? Wie viel Zeit brauche ich für Reklamationen? Sollen wir unsere ADAC-Visa-Karte, die Routenplanung und Pannenhilfe bietet, gegen eine Payback-Visa-Karte, die Bonuspunkte beim Einkauf in allen Geschäften des Händlernetzes verspricht, tauschen? Was sind die jährlichen Kosten? Was die Zusatzkosten bei Käufen im Ausland? Oder soll's doch die BMW-Visa-Karte sein, die Auslandskrankenschutz bietet und ein Prozent der Benzinkosten zurückvergütet? Oder ist eine Diners Club Golfing Card rentabler?[179] Lohnt es, das auslaufende

Modell eines Notebooks zu kaufen, oder ist es besser, auf das neue Modell zu warten? Was kostet das neue Modell im Versandhandel? Was im Internet? Was beim Händler um die Ecke? Was im ProMarkt? Was im Media Markt – und was bei Aldi?

Einst hieß es: von der Wiege bis zur Bahre Formulare, Formulare. Leider ist dieser Satz nicht falsch geworden. Aber ihn überlagert jetzt ein »Von Mitternacht bis Mitternacht Angebote vergleichen und berechnen«.

Ganz zu schweigen von der Anlage des erworbenen Kapitals. Genau genommen reichen zwölf Stunden Informationsarbeit pro Tag nicht einmal hin, sich über die Risiken einer begrenzten Zahl bestimmter Anlagen rechtzeitig zu informieren. Das kann sich aber niemand zeitlich erlauben. Deshalb überließ man diese Aufgabe den »Fachleuten«, den Banken und Fondsmanagern. Und wurde so das mühsam erarbeitete Kapital mühelos los.

Verglichen mit dem Bild einer solchen Gesellschaft, die von morgens früh bis abends spät nichts anderes tun kann, tun soll, tun wird, ist der biblische Tanz um das goldene Kalb geradezu eine Fronleichnamsprozession.

Es muss wieder und wieder gesagt werden: Wirtschaft findet in der Gesellschaft statt und hat dem Wohlergehen dieser Gesellschaft zu dienen. Doch das ist leider heute ein frommer Wunsch. Die Wirtschaft von heute verlangt, für den Wettbewerb alle anderen Werte zurückzustellen. Nur der besteht, der »seinen Lebensrhythmus radikal verändert, wer ausgerüstet mit Handy und Laptop zum Nomaden wird. Wer seinen Partner nur am Wochenende sieht. Wer, sofern weiblich, auf Kinder verzichtet. Wer bereit ist zum Free-Lancing, Patchworking und Jobhopping.«[180] Doch selbst das reicht sehr oft nicht.

Der ehemalige Arbeitsminister Norbert Blüm schildert den traurigen Zustand treffend so:

> »Wir leben im Zeitalter der totalen Mobilmachung. Diesmal werden nicht Waffen und Soldaten in Bewegung gesetzt, sondern Arbeitskräfte. Wir sahnen die Qualifizierten der ärmeren Länder ab. Die Armen und Elenden dürfen bleiben, wo sie sind, die Alten und Kranken auch. Wir sind gierig auf die Ausgebildeten … Ein 40-jäh-

riger arbeitsloser Informatiker findet in Deutschland keinen Arbeitgeber. Dieser holt sich junge Arbeitskräfte aus Indien. So sparen wir Ausbildung und Löhne. Die 30 000 arbeitlosen Informatiker lassen die Arbeitgeber in der Obhut des Arbeitsamtes und beschweren sich anschließend über die hohen Lohnzusatzkosten, die durch die Arbeitslosigkeit ausgelöst werden. Heilige Schizophrenia! ...

Die Kapital- und Finanzströme umkreisen den Erdball auf der Datenautobahn – und die Menschen hetzen hinterher ... Mal nimmt das Kapital da Platz, mal dort; und die Menschen hopsen im Gefolge des Kapitals atemlos von Job zu Job: ... Eine solche flexibel-mobile Welt muss jedoch auf einiges verzichten. Heimat, Nachbarschaft, Ehe und Freundschaft haben eingebaute Mobilitätshemmnisse. Ein Ehepartner setzt sich mobil nach Nord in Bewegung, der andere nach Süd. Ein Kind nach West, ein Kind nach Ost, die Großeltern bleiben zu Hause. Diese Windrose führt nach Nirwana ... Das ist der letzte Schrei der Verwirtschaftung der Gesellschaft, die nicht weniger menschenfeindlich ist als die alte Vergesellschaftung der Wirtschaft, gegen die wir im Westen erfolgreich angekämpft haben ... Vor Tausenden von Jahren ›erfanden‹ die Menschen die Sesshaftigkeit. Jetzt wird der Arbeitsmarkt-Nomade zur Leitfigur des flexiblen Arbeitnehmers ...«[181]

Moral und Recht

Zweckmäßigkeit für die Horde, den Stamm, war die Wurzel der Moral. Was lange von allen als moralisch angesehen wurde, wurde schließlich »Recht«. Zweckmäßigkeit für die Gemeinschaft ist so die Wurzel allen Rechts. Doch eine Wirtschaft, die die Menschen entwurzelt, ist für die Gesellschaft mehr als unzweckmäßig. Wo bleibt dann aber noch Raum für das Recht? Aus Zweckmäßigkeit für diese Wirtschaft, aber gegen die Gesellschaft kann sich kein neues Rechtsgefühl entwickeln – und das alte Rechtsgefühl, das sich gegen diese Wirtschaft nicht mehr durchsetzen kann, ist zum Verkümmern verurteilt.

George Soros:

> »Kollektive Werte bringen die Sorge um andere zum Ausdruck. Sie
> implizieren, daß der einzelne einer Gemeinschaft angehört – sei es
> eine Familie, ein Stamm, eine Nation oder die Menschheit –, deren
> Interessen vor den Eigeninteressen des Individuums rangieren.«[182]
> »Um sich an einen Moralkodex zu halten, muss man das Gemein-
> wohl über das Eigeninteresse stellen. In einer Gesellschaft, in der
> stabile Beziehungen vorherrschen, ist das kein großes Problem, weil
> Erfolg nicht leicht fällt, wenn man dabei die herrschenden Normen
> verletzt. Wenn man aber kaum in Beziehungen eingebunden ist,
> verlieren gesellschaftliche Normen ihre bindende Kraft, und
> wenn Zweckmäßigkeit zur gesellschaftlichen Norm wird, verliert
> das Gemeinwesen seine Stabilität.«[183]

Diese Aussichten müssten doch eigentlich besonders bürgerlich-kon-
servative Kreise auf den Plan rufen. Das aber ist kaum der Fall. Wiederholen die Konservativen hier den Fehler, den die CDU machte, als
sie Herbert Gruhls Versuche, das doch genuin konservative Anliegen der
Erhaltung der Umwelt zu übernehmen, beiseite schob? Das beklagt jedenfalls Alexander Gauland, der Herausgeber der Märkischen Allgemeinen Zeitung. Er schreibt in Die Welt:

> »›Kennen Sie einen Armen?‹, hat Hans-Olaf Henkel kürzlich in ei-
> nem Interview zurückgefragt und natürlich für sich keinen gefun-
> den, weshalb er auch gleich Lohnkürzungen von 20 % anmahnte.
> Wirtschaft und politischer Konservativismus marschieren offenbar
> nicht länger im Gleichschritt. Schon bei Multikulturalität und
> Zuwanderung wurde deutlich, dass die Interessen der Wirtschaft
> andere sind: genügend billige Arbeitskräfte, woher auch immer. Die
> kulturelle ›Verdauungsfähigkeit‹ der Gesellschaft, die sozialen
> Folgeprobleme werden ausgeblendet, die Krisenbewältigung der
> Politik überlassen. Zu lange haben die Konservativen die neuen
> Götter Privatisierung, Flexibilisierung, Globalisierung und Indi-
> vidualisierung angebetet und das Bewahren, Erhalten und Ver-
> langsamen, das Anpassen an menschliches Fassungsvermögen
> den Resten der Traditionslinken überlassen.

Die Ergebnisse können sich sehen lassen. In Amerika driften nicht nur Arm und Reich immer weiter auseinander, auch die Mittelschichten verlieren an sozialem Halt und sinken ab ... Auch in Deutschland wächst die verschämte Armut. Ein Blick auf die Weihnachtsaktionen vieler Tageszeitungen hätte Herrn Henkel eines Besseren belehren können. Aber nicht nur die soziale Entsolidarisierung, auch die kulturellen Folgen der Globalisierung schaffen politischen Raum für einen genuinen Konservativismus.«[184]

Dem ist zuzustimmen. Wird ein solcher »Neo-Konservativismus« kommen? Wie viel kann er zu einer Lösung der gesellschaftlichen Probleme beitragen? Wie weit wird er mit den Strömungen zusammenarbeiten, die, wie z.B. ATTAC, von grünen oder linken Positionen dieselben oder fast dieselben Ziele verfolgen? Was kann geschehen, um eine solche Zusammenarbeit zu fördern?

Unwirtschaftlichkeit: Das Pyramidenprinzip

Betrachten Sie bitte noch einmal in Ruhe die Grafik C:

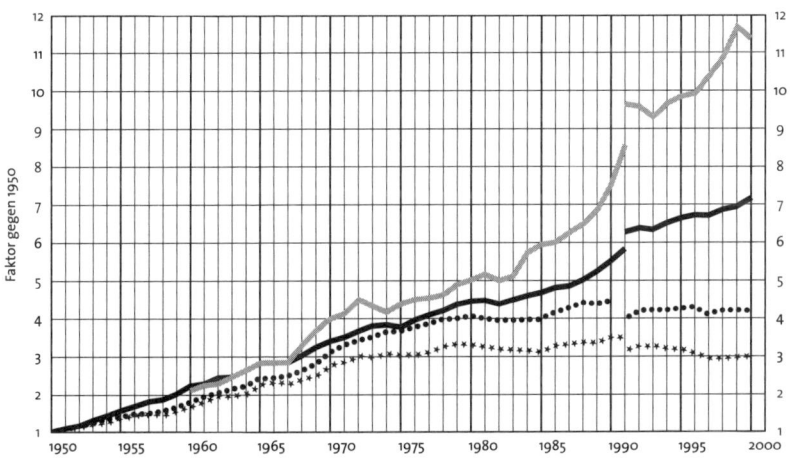

Grafik C Die Spaltung der Gesellschaft der Bundesrepublik
Summe Nettoeinkommen aus Unternehmen und Vermögen
Inlandsprodukt (real) BIP
•••••• monatl. **BRUTTO**-Einkommen je abhängig Beschäftigten (Durchschnitt)
✶✶✶✶✶ monatl. **NETTO**-Einkommen je abhängig Beschäftigten (Durchschnitt)

30 Jahre Wirtschaftswachstum »wie gehabt« und nichts, aber auch gar nichts ist bei den abhängig Beschäftigten – und das sind immer noch fast 90 % aller Erwerbstätigen[185] – angekommen.

Ota Šik beschrieb am Beispiel der tschechischen Zentralverwaltungswirtschaft der 60er Jahre, welch groteske Missverhältnisse zwischen Investition, Produktion und Wohlstandserfolg möglich sind:

> »Es kommt … zu einem Circulus vitiosus zwischen menschlicher Arbeit und Produkt, zu einer unbegreiflichen Produktion um der Produktion willen … Der Schwermaschinenbau benötigt immer größere Mengen von Stahl für seine Entwicklung und zwingt also die Hüttenbetriebe zur Vergrößerung ihrer Produktion. Der wachsende Bedarf an Hüttenkonstruktion führt jedoch zu einem Wachstum des Schwermaschinenbaus, was wiederum nicht ohne zusätzlichen Stahl möglich ist, und so geht es dann immer im endlosen Kreislauf weiter …«[186]

Diese Beobachtung deckt sich vollständig mit der Schilderung der sowjetrussischen Wirtschaft von George Soros:

> »Die beste Analogie hierzu ist vermutlich der Pyramidenbau der Pharaonen: Der Anteil der Ressourcen, der in die Investitionen floß, wurde maximiert, während der daraus resultierende ökonomische Nutzen gleich Null war. Und die Investitionen in der Sowjetunion nahmen, eine weitere Ähnlichkeit, die Form monumentaler Projekte an. Die gigantischen Staudämme, die Stahlwerke, die Marmorhallen der Moskauer Untergrundbahn und die Wolkenkratzer – alles Produkte der stalinistischen Architektur – können wir auch als Pyramiden eines modernen Pharaos begreifen. Wasserkraftwerke produzieren Energie, und Stahlwerke produzieren Stahl, aber wenn der Stahl und die Energie lediglich zur Produktion weiterer Staudämme und Stahlwerke verwendet werden, dann unterscheiden sich die Folgen für die Wirtschaft nicht sehr von den Auswirkungen des Pyramidenbaus.«[187]

Die Sozialprodukte dieser Länder wuchsen und wuchsen. Ihr Wachstum konnte mit dem der westlichen Staaten durchaus mithalten, wie die Grafik XV im Anhang dieses Buches zeigt. Doch heraus kam aus dieser Wirtschaft (fast) nichts mehr. 40 Jahre hat die Bevölkerung der ehemals »sozialistischen« Länder diesem ineffizienten Wirtschaften zugesehen. Dann war Schluss. Heute hat diese Krankheit auch die liberalistische Wirtschaft erfasst. Wirtschaft findet ihre Bezugspunkte tatsächlich immer mehr nur »in Wirtschaft« (so der ehemalige deutsche Wirtschaftsminister Rexrodt). Und mit dieser Optik wird aus »Wirtschaft in der Gesellschaft« schließlich wirklich »Wirtschaft für Wirtschaft« – und für nichts als Wirtschaft.

Stellen Sie sich bitte vor, die Verteilung des Sozialprodukts in der BRD werde noch einmal 10, 20 oder 30 Jahre so weitergehen, wie die Kurven der Grafik C anzeigen. Ist es sehr schwer, sich auszumalen, wie es dann in der Bundesrepublik aussehen wird?

Auf dem Weg zur gespaltenen Gesellschaft

Aber frei sein ha'ßt a, was ma leicht vergißt,
daß der Stark' den Schwachen frisst.
                                          Reinhard Fendrich

Schon heute zeigen sich an den Rändern der deutschen Großstädte – ähnlich wie in Frankreich und anderen Ländern der EU, »Vorbilder« für das, was eine zerfallende Gesellschaft bedeuten würde. Nehmen wir zum Beispiel Billbrook.

>»Billbrook, im Südosten des Bezirks Hamburg-Mitte gelegen, ist das flächenmäßig größte Industriegebiet Hamburgs … Billbrook ist zugleich auch einer der ärmsten Stadtteile Hamburgs … Der Ausländeranteil liegt bei 77,2 %. 265 von 1000 Menschen sind Sozialhilfeempfänger (viermal mehr Sozialhilfeempfänger als im Bundesdurchschnitt und mehr als in anderen Stadtteilen) … 448 Straftaten kommen dort auf 1000 Einwohner.
>Müll, Kakerlaken, still sterbende Menschen – unfassbare Zustände am Rande der Wohlstandsgesellschaft. Nicht im Mittelalter, son-

dern heutzutage. Nicht in der Dritten Welt, sondern in Hamburg, im Stadtteil Billbrook, in der Berzeliusstraße ... links rein in die Berzeliusstraße ... eine Szene tat sich auf, die irreal wirkte, die auf den ersten Blick eher an Rumänien oder Russland erinnerte: Sechs heruntergekommene Plattenbauten, vier links, zwei rechts, flankieren die löchrige Straße, die abrupt im Nichts endet. Davor Hütten aus Holz und Plastikplanen, dazwischen wie hingestreut jede Menge Müll: Hausmüll, Sperrmüll, Glasscherben. Überall brannten kleine und größere Feuer, um die sich Menschen versammelt hatten. Der Taxifahrer stoppte, weiter wollte er nicht fahren ...«[188]

Heute sind Elendsbezirke wie Billbrook zum Glück noch relativ kleine Inseln in einer noch nicht durch Armut charakterisierten Republik. Aber was wird geschehen, wenn die unteren Schichten noch 10 oder 20 Jahre weiter absinken, wenn große Teile des Mittelstands wie in Amerika folgen? Wenn der Staat dann auch vom Mittelstand immer weniger Steuern auftreiben kann? Ein Problem, das schon heute beginnt, die Städte zu beunruhigen.[189] Wenn sich infolgedessen die Armutszonen ausbreiten und die Wohlstandszonen schrumpfen, die Wohlstandszonen schließlich zu Inseln werden?

Sind nicht bei einer solchen Wirtschaftstendenz in Zukunft Verhältnisse wie diese wahrscheinlich?

»Ringsum dehnt sich die urbane Steppe bis zum Horizont. Sie reicht bis ans Meer. Wahrscheinlich leben vierzehn Millionen Menschen im Großraum der wuchernden Megalopolis und drei oder vier Millionen im unmittelbaren Stadtgebiet: Stars und Streuner, Millionäre, Obdachlose, Traumtänzer, kühle Rechner, verzweifelte Hoffnungssucher, unbekümmerte Biedermänner, Entrechtete, Glücksritter und Desperados – Großstadtindianer sind sie alle, Angehörige rivalisierender Clans und Stämme, angeführt von Schamanen des Fortschritts und Propheten nahender Katastrophen; Ameisenarmeen auf dem Raubzug oder Rückzug, unentwegt in Bewegung. Sie horten, schleppen, raffen und wühlen in den Eingeweiden einer aus Klassen und Rassen planlos zusammengemischten Gesellschaft, die längst keine gemeinsame Sprache mehr spricht und die kein gemeinsamer Sinn mehr verbindet. 150 Meter über diesem babylonischen Labyrinth fliegt Polizei Streife. Langsam schwirrt Polizei über dem Bahnhofsviertel, dem Sozialgetto, wo die Armut wohnt, wo Gewalt, Drogen und schnelles Sterben den Alltag bestimmen. Lose Lichterketten entlang finsterer Gräben; die meisten Häuser sind abgedunkelt, denn ihre Bewohner wollen kein erkennbares Ziel bieten, wenn die schießwütigen Überfallkommandos der Jugendbanden durch das Viertel kreuzen und nach Beute Ausschau halten. Schwammige Dunkelheit liegt auf dem Getto, die Konturen verschwimmen im schwarzen Nebel anonymer Gefahr. ›Was dort unten liegt, nennen wir Dschungel‹, erklärt die Besatzung des Polizeihubschraubers, ›weil dort unten die Dschungelaffen leben.‹.

Überall befindet sich heute die weiße Minderheit der Stadt auf dem Rückzug. Sie hat sich hinter Mauern, Gitter und Stacheldraht in ihren Wohnbezirken verbarrikadiert. Warnschilder schmücken die Vorgärten. Privatpolizei patrouilliert durch die saturierten Viertel, Kontrollposten überwachen die Zufahrten dieser geschlossenen Kleinkommunen. Der Wert eines Grundstücks steigt mit seiner Entfernung von den Wohngebieten der Farbigen. Über die Gettos wissen die meisten Weißen nur, dass sie links und rechts der Stadtautobahnen liegen, über die sie sich täglich in ihre Refugien retten.«

Für Amerika ist das keine Zukunftsvision. Es ist nur ein (angepasstes) Plagiat eines Berichts aus dem Los Angeles von 1992.[190]

Hält diese Entwicklung noch eine weitere Generation lang an, kann man für 2030 selbst afrikanische Verhältnisse nicht mehr ausschließen.

Nairobi zum Beispiel: Vom Leben auf einer Luxusinsel in einem Ozean des Elends.

»Uns ist auf dem Grundstück noch nichts gestohlen worden, denn wir leben in einer Festung. Wir schützen uns vor den Gefahren und Zumutungen der Dritten Welt. Mit zwei Wachmännern, mit

Hecken voller Stacheldraht, mit zwei Hunden und einer Alarm-
anlage. Und wenn man den Begriff Festung mit Zitadelle gleich-
setzt, so wie es der Kunsthistoriker Otto Karl Werckmeister in seinem Buch ›Zitadellenkultur‹ getan hat, dann leben wir in Nairobi
in einer Zitadellengesellschaft, in einer Welt, in der eine wachsende
Mehrheit ›vom optimalen Lebensstandard ausgeschlossen, unter-
bezahlt, arbeitslos, verelendet, deklassiert, politisch fest- und ab-
geschrieben‹ bleibt und sich die Minderheit der Privilegierten in
ihren Festungen vor dem Neid und den Angriffen der Habenichtse schützt … Nairobi ist nur ein Beispiel für das Entstehen von
Zitadellengesellschaften. Vor allem in den Megastädten der Dritten Welt, wo die Kluft zwischen Arm und Reich am größten ist, wu-
chern sie – in Sao Paulo, in Manila, in Lagos, in Johannesburg. Aber
auch in den USA, in Chicago, Miami oder Los Angeles leben
schon mehrere Millionen Menschen in solchen abgeriegelten
Luxusgettos. Der Entwicklungsbericht der Vereinten Nationen
warnte vor zwei Jahren, dass die Welt im Begriff sei, ein ›gefährlich
ungleicher Ort‹ zu werden. Ein durch die Globalisierung ent-
hemmter Kapitalismus schließe inzwischen Milliarden von erwerbsfähigen Menschen vom Wirtschaftsleben aus. Die Minderheit
der wohlhabenden Bürger ziehe sich hingegen in hermetisch ab-
geschirmte Wohngegenden zurück.
… dass unsere Sicherheitsvorkehrungen nicht übertrieben sind,
weiß ich, seit vor unserem Tor der erste Tote lag. Er wurde er-
schossen, am helllichten Tag, von wem, weiß ich nicht. In der Zwischenzeit wurden noch mehr Menschen in unserer Nachbarschaft
umgebracht. Es gibt Phasen, in der wir jede Nacht wachliegen, weil
draußen wieder geschossen wird … In solchen Nächten sehnen wir
uns natürlich nach einer besseren Festung … Aber wann immer wir
Freunde dort besuchen, spüren wir: Je höher die Menschen ihre
Mauern bauen, desto größer wird die Angst – vor den Massen der
Arbeitslosen, vor dem Neid der Habenichtse, vor dem Verbrechen,
vor der Rache der Armut.«[191]

Möchten Sie in einer solchen Gesellschaft leben? Natürlich nicht bei den
Armen – aber bei den »Privilegierten«, den »Festungsbewohnern«? Wie

viel Lebensqualität bietet dieser immer teurer erkaufte Getto-Luxus wirklich, wenn das für uns selbstverständliche »Dazwischen« fehlt: dass man einfach über die Straße gehen, öffentliche Einrichtungen benutzen kann. Hier zeigt sich, wie teuer und schwierig bis unmöglich es für den Einzelnen (auch den Begüterten) ist, die klassischen Staatsaufgaben privat zu leisten: für Sicherheit und saubere Umwelt zu sorgen, öffentliche Räume zu schaffen und zu unterhalten, in denen man sich angstfrei bewegen kann.

Wollen wir eine solche zerfallende Gesellschaft, dann brauchen wir nur so weiterzumachen wie bisher. Diese Aufgabe ist leicht zu lösen. Weiteres Öffnen der Märkte, finanzielle Austrocknung der Staatshaushalte, Wachstum als einziges Ziel der Wirtschaftspolitik, Deregulierung der Finanzmärkte, Aushebelung des Arbeitsrechts, Steuersenkungen für höhere und höchste Einkommen[192] und Unternehmen.

Die Politiker könnten wie gewohnt und geübt fortfahren. Mit oder ohne Bestechlichkeit, mit oder ohne Prinzipien, mit oder ohne »Bangemann-Versorgung« in der Industrie nach dem Ausscheiden aus politischen Entscheidungszentren. Sie können weiter ein bis zwei Milliarden Euro Steuergelder für das Prestigedenken der Hamburger Airbus-Filiale verwenden und dafür Schwimmbäder, Tagesstätten oder Theater schließen und die Sozialleistungen einschränken. Sie können bei der Polizei Stellen einsparen und gleichzeitig von dem Problem der Sicherheit reden. Sie können ihre Entscheidungen mit oder ohne Rücksicht auf persönliche Vorteile treffen. Es kommt in dem so festgezurrten neoliberalen Kontext bald schlicht nicht mehr darauf an. 1968 hieß es: »Wenn Wahlen etwas verändern würden, wären sie längst verboten.«

Aber will man diese Gesellschaft nicht, muss nicht nur etwas, sondern sehr viel verändert werden. Nun ist keiner der den Wohlstand hemmenden oder fördernden Faktoren vom Himmel gefallen. Jeder dieser Faktoren ist historisch entstanden. Sei es aus freien politischen Entscheidungen, sei es aus Entscheidungen, die die Umstände erzwangen.

Wer hier nach Faktoren sucht, die es zu fördern gilt, um »Wohlstand für alle überall in der Welt« zu erreichen, muss sich deshalb in einer zweiten Stufe auch fragen, ob diese Faktoren durch (politische) Entscheidungen überhaupt noch geschaffen werden können – und wenn ja, wie. Dabei wird sich dann meist herausstellen, dass ein einzelner Faktor in dem entstandenen Gewebe gegen Veränderungsversuche weitgehend resistent ist. Was dazu führt, dass das aus diesen Faktoren zusammengesetzte System sich wie eine Killeralge gegen alle anderen Funktionsweisen behauptet. Denn je mehr Faktoren gleichzeitig geändert werden müssen, damit sich überhaupt ein Faktor ändern kann, desto geringer wird die Wahrscheinlichkeit, dass sich überhaupt etwas bewegt. Und so ist es wohl die sicherste Wette auf die Zukunft, davon auszugehen, dass sich nichts ändert.

Wollen wir diese »schöne neue Welt« nicht, so wird es deshalb sehr, sehr schwierig. Denn wir müssen politische Veränderungen durchsetzen – und möglicherweise sogar sehr viele. Offen ist, ob das möglich ist. Offen ist, wo die Macht herkommen soll, die die bestehende Un-Ordnung beiseite schiebt. Doch um das zu entscheiden, müssen wir vor allem wissen: Welche Veränderungen wollen wir? Was ist falsch an dieser Art von Weltwirtschaft – oder ist die Verschlechterung der Lebensbedingungen in Europa – und ebenso in Amerika (Nord und Süd) – der Preis, den wir in den entwickelten Ländern für die Entwicklung ehemals unterentwickelter Länder zahlen müssen?

TEIL II

UNWIRTSCHAFTLICHE WELTWIRTSCHAFT: BRAUCHEN WIR EINE ANDERE WELTWIRTSCHAFTSORDNUNG?

4 Die Bundesrepublik im offenen Weltmarkt

Wir haben im ersten Teil die Entwicklung der Wirtschaft der Bundesrepublik aus den Trümmern des Zweiten Weltkriegs bis in den relativen Wohlstand der 70er Jahre verfolgt. Wir mussten feststellen, dass trotz des Wachstums des Sozialprodukts auf seinem alten Pfade sich seit der Mitte der 70er Jahre des vorigen Jahrhunderts mehr und mehr Ungleichheit und persönliche und öffentliche Armut ausbreiteten. So stark ausbreiten, dass heute darüber Einigkeit besteht, dass die Gesellschaft reformiert werden muss.

Nur: Wie?

Die dominierende und weithin fast unbestritten vorgebrachte Forderung nach Kürzung von Sozialleistungen, Steuersenkungen, Senkung der Staatsausgaben, Senkung der Löhne, insbesondere der niedrigen Einkommen, würde, wie wir gesehen haben, noch schneller in die Katastrophe führen. Natürlich will das niemand. Aber da sich die Politik angesichts der ständig verschlechternden Lebensbedingungen durch »Reformen« legitimieren muss, braucht sie Betätigungsfelder. Die stellt ihr der vielstimmige Chor der neoliberalistischen »Wirtschaftsfachleute« bereitwillig zur Verfügung. Der singt unverdrossen, trotz konstanten Versagens dieser Rezepte: Nur weiter so! Überall dort aber, wo Reformen der Gesellschaft wirklich aus dem Tal heraushelfen könnten, zeigten sich die Auswege blockiert. Und der blockierende Fels hatte jedes Mal denselben Namen: offener Weltmarkt. Das galt für Nettolohnerhöhungen, um dem unteren Teil der Gesellschaft wieder mehr vom Wachstum zukommen zu lassen. Das galt für die Verlagerung der Soziallasten auf die allgemeinen Steuern und damit auch auf Unternehmen und obere Einkommensschichten, das galt für den Versuch, Produktionen im Lande zu halten, ebenso wie für die Sanierung unserer Kommunen, die eine Dienstleistung nach der anderen einstellen müssen. Und das galt ebenso für andere notwendige staatliche Leistungen wie die allgemeine Versorgungssicherheit bei Wasser und Strom und die Sicherheit auf den Straßen.

Vorschläge, wie man aus diesem unsichtbaren Käfig ausbrechen könnte, hört man in der innerdeutschen Diskussion um »Reformen« nicht. Der offene Weltmarkt ist tabu. Und wer könnte auch an diesem Faktum wirklich etwas ändern? Doch in dem neoliberalen Käfig gibt es keine Lösungen. Nicht für die Beseitigung der Arbeitslosigkeit, nicht gegen die andauernde Verlagerung von Produktionen an »billigere Standorte« und andere Formen des Abbaus von Arbeitsplätzen – allein im produzierenden Gewerbe ohne Bauindustrie sank die Zahl der Beschäftigten von 1991 bis 2001 um 2,8 Millionen auf 8,5 Millionen. Jede Maßnahme dagegen, die durchführbar erschien, hatte mindestens so viele Nachteile wie Vorteile. Fast immer war die kaufkräftige und kaufwillige Nachfrage, an der es ohnehin nach 30 Jahren Ungleichverteilung bei der großen Masse fehlt, noch weiter gefährdet.

Wieso aber zeigt sich der doch stets in den höchsten Lobestönen gefeierte weltweit offene Markt bei allen Reformversuchen jetzt als Hindernis? Stimmt hier irgend etwas nicht? Sind freier Handel und Demokratie doch nicht das »Ende der Geschichte«, die höchste Entwicklungsstufe des Zusammenlebens auf der Erde, wie Francis Fukuyama nach dem verlorenen Versuch der »sozialistischen Globalisierung« und dem Ende des Kalten Krieges vor etwa zehn Jahren verkündete?[193]

Wenn immer wieder Reformen der Gesellschaft an der Schranke »Halt! Offener Weltmarkt« scheitern, wenn zudem in allen Teilen der Welt der lange unantastbare Glaube an dieses »Ende der Geschichte« als Ursache von wirtschaftlichen Fehlentwicklungen und Katastrophen angeklagt wird, kommt man um die Frage nicht mehr länger herum: Ist an dieser Lehre vielleicht etwas falsch? Und wenn ja, was und warum?

Der offene Weltmarkt – Chance oder Irrweg?

Es ist also nötig, das liberalistische Dogma zu hinterfragen. Es ist zu fragen, inwieweit der liberalistische offene Weltmarkt, so wie er heute besteht, wirklich Segen, inwieweit er Fluch ist, es ist zu fragen, ob er anders organisiert oder teilweise eingeschränkt werden kann und soll, damit der Segen Segen bleibt und der Fluch verschwindet. Wenn man hierzu die Stärken und Schwächen des neoliberalen Weges suchen und Lösungen für bestehende Probleme finden will, muss man die Stufen der liberalen These einzeln analysieren. Zu klären ist deshalb:

1. Führt der Neoliberalismus zu einem Wachstum des Welthandels?
2. Ist freier Welthandel das beste Mittel zur Steigerung des Wachstums der Weltwirtschaft, zur Steigerung des Weltsozialprodukts?
3. Führt Wachstum der Volkswirtschaften der Welt zu »Wohlstand für alle überall?«

Was das Wachstum des Welthandels angeht, sind die statistischen Daten eindeutig: Die neoliberale Periode führte wirklich zu einer förmlichen Explosion des Welthandels.

Verglichen mit dem Jahre 1950 hatte sich der Welthandel 1997 um den Faktor 20 vermehrt (graue Kurve). Der weitaus größte Zuwachs fällt in die Periode des sich ausbreitenden Liberalismus (1973–2000).

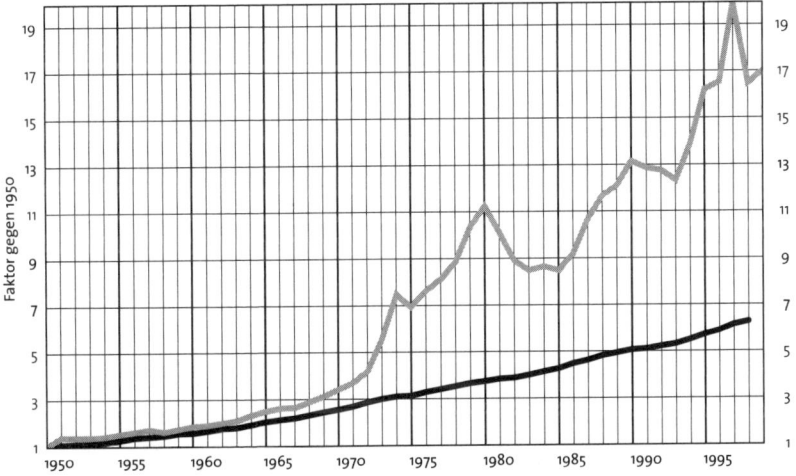

Grafik E¹⁹⁴ Viel Welthandel – wenig Weltwirtschafterfolg
Weltsozialprodukt und Welthandel, preisbereinigt dargestellt
━━━ Welthandel | ━━━ Weltsozialprodukt

Dass Liberalismus den Welthandel fördert, trifft also voll und ganz
zu. Doch Handel ist kein Selbstzweck. Handel dient der Wirtschaft, soll
sich in Wirtschaftserfolg niederschlagen. Den misst man gemeinhin im
Sozialprodukt.

Doch erstaunlicherweise führte wachsender Handel nicht zu
wachsendem Weltsozialprodukt, der Summe aller Nationaleinkommen.
Das Wachstum des Weltsozialprodukts, dargestellt durch die schwarze
Linie, zeigt vielmehr eine fast ideale Gerade, ist also »lineares Wachstum«. Die Kurve steigt mit der Liberalisierung des Welthandels kein biss-
chen steiler an als vorher.

Das bedeutet zunächst einmal: Die These von der Beschleunigung
des Wachstums der Wirtschaft in der Welt durch Freihandel findet in
den statistischen Daten keinerlei Bestätigung, sie wird durch die Realität vielmehr falsifiziert. Die mit jeder neue Runde des Freihandels pro-
phezeite neue Welle des Wachstums der Weltwirtschaft und des Reichtums in der Welt ist eine Schimäre.

Aber selbst wenn das Sozialprodukt der Weltwirtschaft durch den
offenen Weltmarkt gewachsen wäre: Steigendes Weltsozialprodukt ist
kein Selbstzweck, ist allenfalls ein Mittel. Wirtschaft findet nicht nur »in
Wirtschaft« statt, wie einmal ein Wirtschaftsminister der Bundesrepublik glaubte, sondern in der Gesellschaft.[195] Weltwirtschaft in der
Weltgesellschaft. Dieser Weltgesellschaft soll die Wirtschaft dienen.
Das Ziel lässt sich nicht besser beschreiben als mit den klassischen Worten Ludwig Erhards: Weltwirtschaft soll »Wohlstand für alle« schaffen.
An diesem Ziel ist auch die derzeitige neoliberale Weltwirtschaft zu mes-
sen, zumal sie es sich ausdrücklich selbst gesetzt hat:

Unter dem Titel »10 Vorteile des WTO-Handelssystems«[196] preist die
WTO ihren Kurs auf ihrer Internet Homepage an. »WTO-Vorteil 6« lautet: Handel steigert die Einkommen.

> »Die Handelsbarrieren zu senken, erlaubt dem Handel, zuzuneh-
> men – was zu erhöhtem Einkommen führt. Das gilt für National-
> einkommen und persönliche Einkommen …
> Der Umstand, dass … hier zusätzliche Einkommen entstanden
> sind, bedeutet, dass Ressourcen vorhanden sind, mit denen die Re-
> gierungen die Gewinne von denen, die am meisten gewinnen, um-

verteilen können – zum Beispiel um Gesellschaften und Arbeitern zu helfen, sich anzupassen, produktiver zu werden und wettbewerbsfähiger. Sei es in dem, was sie bereits tun, oder in neuen Aktivitäten.«

Doch wachsender Handel führte, wie wir sahen, nicht einmal zu wachsendem Weltsozialprodukt, der Summe aller Nationaleinkommen. Im Gegenteil sinken die jährlichen Wachstumsraten des Weltsozialprodukts. Denn, wie oben am ebenfalls linear wachsenden Sozialprodukt der Bundesrepublik vorgerechnet wurde[197], bedeutet lineares Wachstum ja Zunahme der Produktion um dieselbe Menge je Jahr – und damit, gemessen am gewachsenen Sozialprodukt, um einen immer kleineren Prozentsatz.

Die persönlichen Einkommen in den Industrienationen schließlich, repräsentiert durch die Nettorealeinkommen, lösten sich mit der Liberalisierung des Welthandels völlig von dem weiteren Anstieg des Sozialprodukts. Nachdem sie zunächst stagnierten, sanken sie seit einigen Jahren, wie die auf dem Lesezeichen und S. 32 wiedergegebene Grafik C zeigt.

Grotesk ist schließlich die Behauptung, Regierungen erhielten durch freien Handel mehr Geld zur Umverteilung. Regierungen haben heute allenthalben nicht mehr, sondern, wegen der internationalen Konkurrenz um »Standorte«, weniger oder überhaupt kein Geld mehr zur Umverteilung. Jedenfalls dann, wenn es um eine andere Umverteilung als die derzeitige zugunsten von großen Vermögen, hohen Einkommen und Unternehmen ging, stießen wir im ersten Teil ja stets auf das Hindernis: offener Weltmarkt mit seinem Konkurrenzkampf der »Standorte« um Kapital.

Effizienz oder Wirkungsgrad einer Maschine bzw. eines Systems bezeichnet das Verhältnis von Aufwand (zum Beispiel Ölverbrauch eines Elektrizitätswerks in Kalorien) zum erzielten Erfolg (im Beispiel: elektrische Energie in Kalorien gemessen). Wenn man in rein wirtschaftlichen Kategorien rechnet, den Wohlstandseffekt also beiseite lässt, kann man die Effizienz des Systems Welthandel so definieren als das Verhältnis des Umfangs des benötigten Welthandels zum jeweils erzielten Weltsozialprodukt. Wenn der Umfang des Handels steil ansteigt, das

Weltsozialprodukt aber dabei zurückbleibt, immer mehr Handel so zu
immer geringerem Wachstum des Weltsozialprodukts[198] führt, heißt das
dann, dass die Effizienz des Mittels Handel für den Anstieg des Weltsozialprodukts stetig zurückgeht.

Nachdem sich lineares Wachstum der Weltwirtschaft empirisch
über 50 Jahre bestätigt hat, ist es auch nicht mehr zu vertreten, mit einer Besserung dieses Faktums zu rechnen. Wirtschaft und Politik sollten also davon ausgehen, dass das Weltsozialprodukt höchstens linear
und damit mit sinkenden jährlichen Wachstumsraten weiter wächst –
wie bisher. Man kann nur hoffen, dass irgendwann einmal auch die offenbar nach ihrem liberalen Glaubensbekenntnis selektionierten
Wirtschaftsredakteure der großen Presse aufhören, durch nichts begründete »frohe Botschaften« zu verkünden.[199]

Freier Handel beschleunigt also nicht, wie seine Anhänger behaupten, das Weltwirtschaftswachstum. Aber er hat es andererseits auch nicht
verlangsamt. Mit oder ohne Freihandel, es wuchs linear, ging und geht
also stetig zurück. Was das Wachstum des Weltsozialprodukts angeht,
präsentiert sich der Freihandel so zunächst einmal als eine Welthan-
delsform unter anderen, die sich grundsätzlich weder positiv noch
negativ auszeichnet.

Doch auch dieses vergleichsweise neutrale Ergebnis kann sich die
Lehre des Liberalismus nicht als Verdienst zurechnen. 40 % des
Wachstums des Weltsozialprodukts kamen nämlich aus den ostasiatischen Staaten. Wie sehr das bisherige Wachstum der Weltwirtschaft
vom Beitrag Asiens getragen wird, zeigt die Grafik F.

Aber die asiatischen Drachen und Tiger wurden in der »asiatischen
Krise« als heimliche Klassenfeinde des Liberalismus enttarnt, als ver-
kappte Planwirtschaften, denen es auch in der modernen Wirtschaftswelt gelang, mitzuhalten, ja die Spitze zu erreichen.[201] Und dass das
kommunistische China der Spitzenreiter der wirschaftlichen Entwicklung ist, passt ebenfalls schlecht in eine Propagandabroschüre der
WTO.

Weisbrot u.a.:

> »[Weltbank und Währungsfonds] zögern verständlicherweise, sich
> den chinesischen Erfolg zuzuschreiben, weil China eine nicht

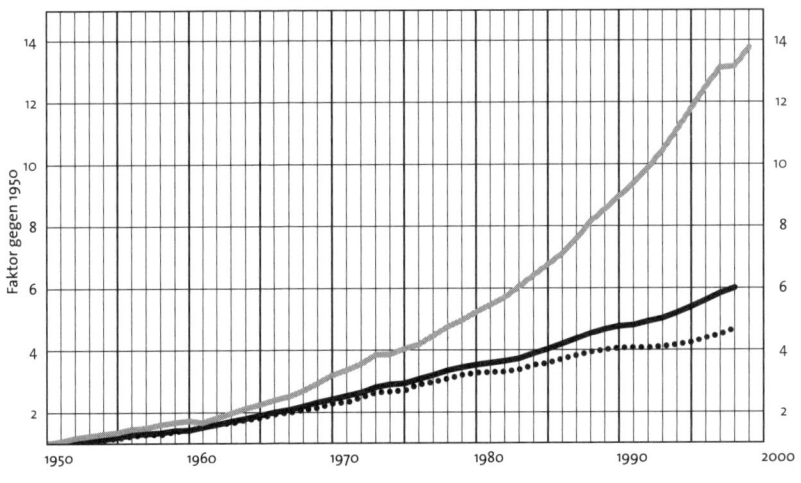

Grafik F[200] **Sozialprodukt der Welt und Ostasien**
    ▬▬▬ Ostasien
    ▬▬▬ Welt GDP
    ●●●●● Welt ohne Ostasien

konvertible Währung[202] und Staatskontrolle über sein Bankensystem bewahrt und andere grobe Verletzungen der IWF/Weltbank-Vorschriften begeht.«

Zudem wurden beide Länder (China und Taiwan) erst eine Dekade nach der Zunahme des Wirtschaftswachstums für den Handel geöffnet.[203]

Und der Nobelpreisträger Joseph Stiglitz erklärt:
»IWF und Weltbank hatten es geradezu absichtlich vermieden, die Region genauer unter die Lupe zu nehmen, während es doch aufgrund ihres Erfolgs nahe gelegen hätte, dort nach Lektionen für andere zu suchen. Erst unter dem Druck der Japaner hatte die Weltbank eine Studie über das Wirtschaftswachstum in Ostasien durchgeführt (der Abschlussbericht trug den Titel ›Das Wirtschaftswunder in Ostasien‹), und auch erst nachdem sich die Japaner bereit erklärt hatten, die Studie zu finanzieren. Der Grund lag auf der Hand: Die Länder waren nicht nur *trotz* der Tatsache, dass sie die meisten Diktate des ›Washington Consensus‹[204] nicht

befolgt hatten, sondern *weil* sie es nicht getan hatten, erfolgreich gewesen. Obgleich die Feststellungen der Experten in dem veröffentlichten Abschlussbericht abgeschwächt wurden, unterstrich die Weltbank-Studie über das asiatische Wirtschaftswunder die wichtige Rolle, die der Staat gespielt hatte. Dies war meilenweit von dem minimalistischen Staatsmodell entfernt, das dem ›Washington Consensus‹ so teuer war.«[205]

Fazit:

Alle Prognosen von dem ungeheuren weltweiten Wachstumsschub, den die jeweiligen Zollsenkungsrunden hervorbringen sollten, waren das Papier nicht wert, auf das sie geschrieben wurden. Profitiert haben stets nur einige wenige – und die anderen verloren, was die jeweils Begünstigten gewonnen hatten. Die Forderung nach einem weiteren Abbau von Handelshemmnissen oder weiteren Deregulierungen und Privatisierungen kann man deshalb nicht mehr mit dem Argument begründen, die damit verbundenen Opfer würden durch das besonders schnelle Wachstum von Wirtschaft und Wohlstand mehr als ausgeglichen.

Mit dem wachsenden Handelsverkehr und mit seinen hohen Kosten für die Infrastruktur (Straßenbau, Häfen, Flughäfen und Flussausbau) und seinen schweren negativen Folgen für die Umwelt steigen zudem die gesellschaftlichen Kosten des wirtschaftlichen Mittels Handel steil an. Weitere »Freihandelsrunden« können dieses Debakel nur vergrößern.

Nimmt man nun noch den ausgebliebenen Wohlstandseffekt für die Mehrzahl der Bürger, die Aufspaltung der Gesellschaften und den Verlust an öffentlichem Wohlstand durch das Aushungern des Staates hinzu, kommt man unausweichlich zu der Feststellung:

Das »neoliberale System« ist eine ineffiziente, unwirtschaftliche Wirtschaft.

Die Aussagekraft des Sozialprodukts für die Bestimmung des Wohlstands einer Gesellschaft ist begrenzt. Sehr niedriges Sozialprodukt ist zwar ein eindeutiges Zeichen für Armut einer Gesellschaft. Relativ hohe Sozialprodukte deuten auf Wohlstand hin, können aber auch entstehen, ohne dass das Erwirtschaftete der Bevölkerung Wohlstand be-

schert. Ein Beispiel hierfür waren die sozialistischen Länder Ende der
80er Jahre des vorigen Jahrhunderts, deren Sozialprodukte stiegen, ohne
dass sich Wohlstand einstellte.

Eine Betrachtung der Entwicklung des Sozialprodukts ohne Berücksichtigung der Bevölkerungsentwicklung enthält zudem stets einen groben Fehler. Nehmen wir an, in einem armen Lande produziere jeder
Bewohner im Jahr einen Sack Reis. Dreißig Jahre später hat sich die Bevölkerung verdoppelt. Immer noch produziert jeder Bewohner einen
Sack Reis. Das Sozialprodukt hat sich verdoppelt – obgleich die Bewohner so arm sind wie zuvor.

Ein schon etwas besseres Kriterium für den Erfolg der Weltwirtschaft
als Mittel zum Wohlstand als das Wachstum des Weltsozialprodukts ist
deshalb die Zunahme des Weltsozialprodukts *pro Kopf* der Weltbevölkerung. Dieses jährliche Wachstum des Sozialprodukts pro Kopf folgte
nun in der »neoliberalen Phase« der Weltwirtschaft von 1973 bis zum Jahr
2000 nicht einmal mehr der linearen Wachstumskurve, sondern nahm
drastisch ab, es halbierte sich sogar (obwohl das Wachstum der Weltbevölkerung im Vergleich zur vorhergehenden Periode schon deutlich
zurückgegangen war). Die Grafik G belegt das klar und deutlich.

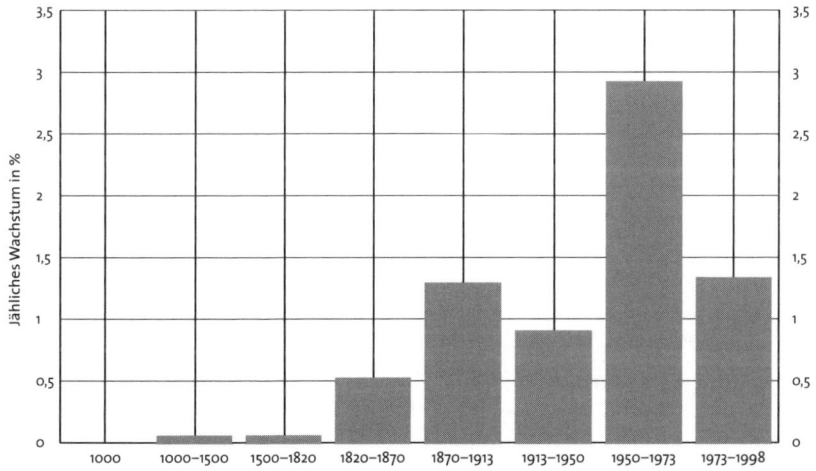

**Grafik G[206] Das jährliche Wachstum des Weltsozialprodukts (pro Kopf der Bevölkerung)
hat sich in der neoliberalen Epoche seit Mitte der 1970er Jahre halbiert.**

Weisbrot und andere folgern deshalb daraus:

>>Man kann nicht überbetonen, wie die Politik von Weltbank und
Weltwährungsfond versagt hat, wenn sie am Maßstab des ökonomischen Wachstums gemessen wird – selbst wenn man die Ein-
kommensverteilung einmal ganz beiseite lässt.<<[207]

Wie ungleich sich dieses Wachstum des Sozialprodukts pro Kopf zudem
in den verschiedenen Regionen der Welt ausgewirkt hat, zeigt Grafik H
(farbig auch auf dem Lesezeichen).

Die Gewinner des neoliberalen Spiels sind die Vereinigten Staaten
(rote bzw. Sternchenlinie). Zwar weicht das exponentielle Wachstum der
gesamten Wirtschaftsleistung der USA bei der Pro-Kopf-Berechnung
offensichtlich linearem, also stetig abnehmendem Wachstum, wie der
Vergleich beider Berechnungen in der Grafik XIV im Anhang zeigt. Immerhin aber hat sich das Sozialprodukt pro Kopf seit der Mitte der 70er
Jahre um gut 50% erhöht. Westeuropa (grüne bzw. Karolinie) ver-
zeichnet denselben prozentualen Zuwachs, wenn auch auf einem
niedrigeren Niveau. Der Verlierer ist Afrika (braune bzw. gepunktete

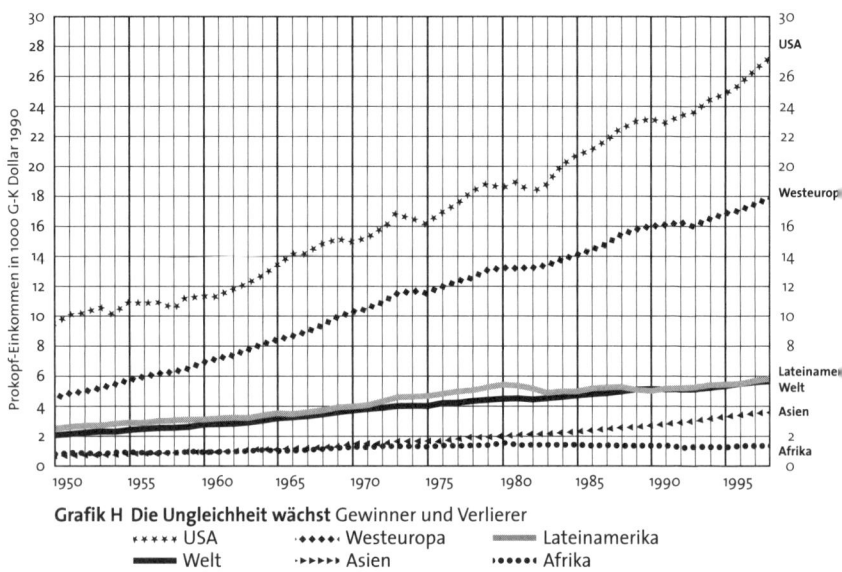

Grafik H Die Ungleichheit wächst Gewinner und Verlierer
······ USA   ·◆◆◆◆· Westeuropa   ▬▬▬ Lateinamerika
▬▬▬ Welt   ·▶▶▶▶· Asien   ·●●●●· Afrika

Linie). Hier sind die Pro-Kopf-Einkommen seit der Mitte der 70er Jahre gesunken. Den mittel- und südamerikanischen Staaten (graue Linie in beiden Versionen der Grafik) geht es kaum besser. Der Anstieg bis in die 70er Jahre brach 1980 ab. Der Subkontinent wurde zu einer der wirtschaftlich, politisch und sozial instabilsten Regionen der Welt. Die Zahl der Menschen, die in Südamerika unterhalb der Armutsgrenze leben, stieg von 1980 – 2001 von 120 auf 214 Millionen (43 % der Bevölkerung). Von ihnen leben 92,8 Millionen Menschen in absoluter Armut (18,6 %).[208]

Dabei sind die Werte der obigen Kurven Durchschnittszahlen. Da sich in allen Gesellschaften in der neoliberalen Periode die Unterschiede zwischen Arm und Reich immer schneller vergrößert haben und vergrößern, schönen die oben wiedergegebenen Kurven noch die Lebensverhältnisse der Ärmeren. Viele Regionen wurden eine Generation lang mit dem stereotypen neoliberalen Versprechen, das Elend sei nur ein notwendiger Zwischenschritt zum allgemeinen Wohl, eingelullt – ohne dass sich irgendeine positive Änderung abzeichnete. Wen wundert's, dass die von den wirtschaftlichen Fakten widerlegte Heilslehre in den betroffenen Ländern nur noch als Lug und Trug angesehen wird. Hoffnungslosigkeit, Verzweiflung, Gewalt und Terrorismus sind die unvermeidlichen Folgen.

Neoliberalismus als Mittel zur schnelleren Steigerung des Weltsozialprodukts ist also nichts als »Opium für das Volk«. Die Frage drängt sich auf: Warum ist das so? Warum ist das wirtschaftlich so optimal aussehende System selbst für das Wirtschaftswachstum so ineffizient?

Warum ist Freihandel so ineffizient?

Dieses Resultat überrascht. Denn man sollte doch annehmen, dass sich die ausschließliche Ausrichtung des Lebens und der Politik auf Wirtschaftsinteressen zumindest wirtschaftlich als Vorteil erweist!

Es gibt in so komplizierten Systemen wie der Weltwirtschaft immer viele Gründe für ein bestimmtes Resultat. Doch vier Gründe haben offensichtlich das negative Resultat weitgehend bestimmt:

Erster Grund:

Weil das System weltweit auf Minimierung der Kosten optimiert, minimiert es gleichzeitig die in der Welt als Lohn anfallende Kaufkraft. Doch nur eine *wachsende* Kaufkraft ist Basis für Wirtschaftswachstum.

Dieses Phänomen wurde bereits oben beleuchtet: Heute bestraft der weltweit offene Markt deutliche Lohnsteigerungen. Gerade so optimiert er ja auf »die preisgünstigste Produktion«. Doch dass sich Lohnsteigerungen im Gleichtakt mit dem Wachstum des Sozialprodukts nicht mehr wie von 1950 bis in die Mitte der 70er Jahre *durchsetzen* lassen, ändert, wie oben besprochen, eben nichts an dem Faktum, dass Angebot *und* Nachfrage für das Wachstum des Sozialprodukts ungefähr im gleichen Maße wachsen *müssten*.

Zweiter Grund:

Der Kampf um die Export-Weltmeisterschaft.

Weil die Nachfrage im Inland nicht mehr so schnell wie das Sozialprodukt stieg, legte die Wirtschaft seit den 70er Jahren logischerweise den Akzent zunehmend auf den Export. Doch damit kam man vom Regen in die Traufe. Denn auf diesem Weg lief man in die Exportfalle. Norbert Reuter spricht treffend vom »Export als Droge«:

> »Je mehr die deutsche Wirtschaft auf den Export von Waren und Dienstleistungen setzt, desto stärker muss sie sich den auf dem Weltmarkt herrschenden Bedingungen anpassen, und je mehr Industrien sich auf den Export von Gütern strukturell umstellen, desto stärker drücken Weltmarktbedingungen so auf Löhne und Sozialleistungen.«[209]

Und nicht nur auf die. Sie drücken auch auf die Gewinnmargen der kleinen und mittleren Unternehmen, die als Zulieferer oder Lieferer ergänzender Produkte diesem Kostendruck oft hilflos ausgesetzt sind.

> »Nie zuvor haben vereinzelte Hersteller und Großeinkäufer wie Ignazio Lopez ihre Marktmacht so rücksichtslos ausgenutzt. Dass

die Kosteneinsparungen in Höhe von teilweise zweistelligen Millionenbeträgen pro Jahr in manchem Fall auch die Qualität reduzierten, merken die Autofahrer noch heute«,

schreibt einer, der es wissen muss, Dr. Dieter Hundt, Präsident der Bundesvereinigung der Deutschen Arbeitgeberverbände (BDA) in Berlin und Geschäftsführender Gesellschafter der Firmengruppe Allgaier-Werke mit rund 1600 Mitarbeitern.[210]

Und je mehr die Masseneinkommen im Inland zurückgehen, desto abhängiger wird man vom Export – und damit von niedrigen Löhnen und niedrigeren anderen Produktionskosten. Kein Wunder deshalb, dass die Bundesrepublik in der Rezession des Jahres 2001/2002 zum europäischen Wirtschaftsschlusslicht wurde. Denn die Bundesrepublik ist der Junkie, der 1998 mit einem Exportanteil von fast 39 % des Bruttosozialprodukts mehr als alle anderen größeren europäischen Staaten der modischen[211] Exportdrogen-Abhängigkeit verfiel[212]. Aber statt nach einer Heilung der Krankheit »Export-Junkie« zu suchen, plapperte man nur die üblichen Forderungen nach weiterer Flexibilisierung des Arbeitsmarkts und noch tieferen Einschnitten in das soziale Netz nach. Und alles bleibt wie gehabt: Wir ändern nicht die Fehlentwicklung, wir geben sie nur an die Schwächsten der Gesellschaft weiter, denn die können sich am wenigsten wehren.

Da der Binnenabsatz so in immer mehr Ländern zugleich stockte, begann der Kampf aller gegen alle um die Export-Weltmeisterschaft. Der aber kennt letztlich keinen Sieger. Denn zwar ist es richtig, wenn der »Bericht über die Menschliche Entwicklung« 1997 schreibt:

»Die armen Länder haben durchaus die Möglichkeit, mehrere Entwicklungsdekaden zu überspringen, wenn sie ihre niedrigen Löhne mit Investitionen in Schulbildung, technische Fähigkeiten und exportorientiertes Wachstum verbinden und so die Vorteile sich rasch öffnender globaler Märkte nutzen.«[213]

Auch die einst arme Bundesrepublik der Nachkriegszeit nutzte diese Chance für ihr »Wirtschaftswunder«. Aber das können immer nur einige wenige zur gleichen Zeit. Ein Tiger, der eine Weide mit vielen

Kühen und Schafen findet, wird satt. Sieben Tiger ohne Kühe oder
Schafe auf der Weide leiden Hunger.

Mehr exportieren, als man importiert, kann nun einmal kein globaler Imperativ sein. Denn leider können nach den Gesetzen der Logik nicht alle gleichzeitig mehr exportieren, als sie importieren. Wenn
einige gewinnen, müssen andere verlieren.

Doch das ist nicht nur ein Problem der entwickelten Industrienationen. Die Vorstellung, alle noch nicht entwickelten Nationen könnten durch Freihandel und den Export von lohnintensiven Produkten wie
Textilien die Basis ihres Wohlstands legen, ist ebenfalls eine Illusion.
Zwar ist dieses Rezept für manche Volkswirtschaften zu gewissen Zeiten durchaus geeignet. Einzelne junge Tiger konnten sich sehr wohl
ihren Anteil in den Industrienationen holen, deren Textilwirtschaften
z.B. so weltweit Stück für Stück verschwanden. Aber auch hier gilt: Für
alle reicht das Futter nicht. So viele Textilwaren werden in den Industrienationen überhaupt nicht gekauft, dass alle sich entwickelnden Länder ihre Textilien irgendwo loswerden könnten.

Dabei steht der Kampf um die Exportmärkte erst am Anfang.
Heute ist China Mitglied der Welthandelsorganisation. WTO-Mit-
gliedsstaaten können deshalb gegen Chinas Exporte keine Schutzzölle
oder andere »Handelshemmnisse« mehr errichten.

> »Die Konsequenzen, so erwarten Fachleute aller politischen Rich-
> tungen, werden die Weltökonomie ebenso tief erschüttern wie
> China selbst. In kaum zwanzig Jahren hat das Riesenreich zuvor mit
> einer Mischung aus interner Liberalisierung und staatlicher Inves-
> titionslenkung seine Wirtschaftsleistung vervierfacht. All das ge-
> schah unter strikter Abschottung gegen die globalen Finanz-
> märkte und mit harten Auflagen für ausländische Investoren …
> Bei Monatslöhnen zwischen 100 und 200 Dollar sind Chinas Ar-
> beiter unschlagbar effizient und stellen schon 3,5 % der weltweiten
> Exporte her. Jetzt, mit der Befreiung von Zöllen und Regeln, er-
> warten die Wirtschaftslenker einen Ausbau dieses Anteils auf
> 20 %. China wird die verlängerte Werkbank der Welt.
> … Von den Fertigungsbetrieben in den Staaten Mittelamerikas über
> die Eisenhütten in Südafrika bis in die vielen tausend Nähereien

von Indien und Bangladesch reicht der Bogen der Angst vor dem
Preisdruck aus China...«[214]

Besonders nach dem für 2005 geplanten Auslaufen des alten Welttex-
tilabkommens (Multifiber Agreement/WA)[215] dürfte der Weltmarkt mit
Produkten asiatischer Billiganbieter überschwemmt werden.

Aber auch für China selbst sieht der Chefvolkswirt der UN-Konferenz für Handel und Entwicklung (Unctad), Heiner Flassbeck, große
Gefahren in der Unterwerfung unter die Regeln der WTO:

> »Eine vorschnelle Öffnung der Märkte werde vor allem für die
> Staatsbetriebe verheerende Auswirkungen haben. Angesichts der
> Tatsache, dass Ende der neunziger Jahre diese Unternehmen 47 %
> aller chinesischen Arbeitnehmer in der verarbeitenden Industrie
> beschäftigen, werde sich eine schnelle Öffnung der Märkte sehr ne-
> gativ auf die Beschäftigung auswirken.
> Vor allem die Textil- und die Automobilindustrie hätten von einem
> entsprechenden Schritt nicht viel Positives zu erwarten, wird in der
> Unctad-Studie betont. China dürfe nicht aus dem Gleichge-
> wicht[216] geraten, sonst drohe eine Krise ähnlich wie in Korea, sagte
> Flassbeck. ›Das hätte katastrophale Auswirkungen für die Welt-
> wirtschaft.‹«[217]

Für die Binnenmärkte ist die Kostenminderungsdevise fatal. Denn hier
kann die Wirtschaft nur funktionieren, wenn die produzierten Waren
auch nachgefragt werden. Wer Wachstum für seine Volkswirtschaft will,
muss deshalb dafür sorgen, dass die Binnennachfrage der steigenden
Produktion entspricht. Dazu braucht man bei wachsender Wirtschaft
auch wachsende Masseneinkommen.[218] Das aber bedeutet genau umgekehrt: hinreichend hohe Löhne, notfalls Steigerung der öffentlichen
Nachfrage – also Keynes.[219] Und es bedeutet gleichzeitig: Verschlechterung der »Standortbedingungen« im »Tiger-Konzept«. Je mehr und je
länger die Export-Orientierung bei großen und kleinen Tigern anhält,
desto schwerer der Rückschlag, wenn diese Exporte nachlassen und die
Wirtschaft mehr und mehr auf den inzwischen ruinierten Binnenabsatz zurückgeworfen wird.

Sorge um die Binnennachfrage ist daher schon seit Jahren einer der Hauptpunkte der chinesischen Wirtschaftsplanung:

»Die Hauptaufgabe der Makro-Steuerung: Steigerung der inländischen Nachfrage: Im Jahr 2000 wird die chinesische Regierung die Steigerung der inländischen Nachfrage weiter als die Hauptaufgabe ihrer makroökonomischen Steuerung betrachten. Dies wurde von Zeng Peiyan, Vorsitzender der Staatlichen Entwicklungs- und Planungskommission … auf einer Pressekonferenz des Staatsrats verkündet.«[220]

Je mehr alle Nationen den Weltmarkt für den Export liberalisieren, desto mehr nähern wir uns wieder genau der Situation der klassischen geschlossenen nationalen Volkswirtschaften: eine Wirtschaft, ein Markt. In diesen klassischen geschlossenen nationalen Volkswirtschaften aber gab es nicht den geringsten Streit darüber, dass Warenangebot und Nachfrage im Gleichgewicht sein müssen, damit sich die Wirtschaft entwickelt.

So entsteht das im ersten Teil betrachtete Phänomen, dass die Löhne gleichzeitig zu hoch (als Teil der Arbeitskosten) und zu niedrig (als Nachfrageelement) sind.

Wie im ersten Teil beschrieben, versuchte Reichskanzler Brüning in der Weltwirtschaftskrise 1930 die Staatsfinanzen zu sichern. Er senkte dazu durch Notverordnungen die Gehälter der Staatsbeamten und Angestellten. Diesen Maßnahmen wird heute eine Mitschuld an der Verschärfung der Krise gegeben.[221] Aber was ist das Senken der Einkommen eines kleinen Teils der Bevölkerung in einem Land gegen die im liberalen System fest verankerte »Verordnung zum Senken der Masseneinkommen« in allen Ländern der Welt und die weltweite Durchsetzung der »fiskalischen Austerität«?

Dritter Grund:
Freihandel entwertet weltweit Arbeitsplätze.

Wir mussten feststellen: Schon heute ist die Arbeitslosigkeit in den OECD-Ländern parallel zum Wachstum des Welthandels gestiegen.[222]

Aber was bewirkt der Welthandel weltweit? Stimmt nicht auch, was Carl Christian von Weizsäcker schreibt, dass

»die Verlagerung von Arbeitsplätzen etwa in der Textil- und Beklei-dungsindustrie von Deutschland in die Dritte Welt in der Regel den Übergang von kapitalintensiver zu weniger kapitalintensiver Pro-duktion (bedeutet). So werden durch diese Verlagerung mehr Ar-beitsplätze geschaffen, als verloren gehen, da die erforderliche Kapitalausstattung der Arbeitsplätze zurückgeht. Für das Weltbe-schäftigungsproblem ist diese Verlagerung eine gute Sache.«[223]

Die Antwort ist: Im Prinzip ja! Aber einmal hilft das den durch die Ver-lagerung arbeitslos gewordenen Textilarbeitern in der BRD nichts, de-nen von Weizsäcker im selben Artikel erzählen will, dass »niemand …
in Deutschland durch die Globalisierung zu Schaden gekommen (ist)«. Und zum anderen ist leider die Bezeichnung »Arbeitsplätze« für das, was in den Entwicklungsländern tatsächlich (zum Beispiel in der von Weizsäcker genannten Textil- und Bekleidungsindustrie) entsteht, ein Euphemismus, eine Umschreibung einer unangenehmen Sache durch einen beschönigenden Ausdruck.

Naomi Klein beschreibt in ihrem Buch »No Logo«[224] die so entste-henden Billiglohn-Jobs in den armen Ländern. Sie zeigt, wie sich die großen internationalen Unternehmen der undankbaren Aufgabe ent-ziehen, selbst mit Arbeitern, die von ihren Löhnen leben können, zu produzieren. Sie delegieren die Produktion an den billigsten Subun-ternehmer im billigsten Billiglohnland. So entstehen unsichere Hun-gerjobs in den Ländern mit den niedrigsten Löhnen. Heute gehen man-cherorts sogar schon die Hungerlöhne für Kinderarbeit zurück.[225]
Gerade im Exportwettkampf der Entwicklungsländer untereinander mit arbeitsintensiven Gütern gewinnt der »Standort« mit den billigsten Löh-nen – bis er von einem noch billigeren verdrängt wird.

»Als die koreanischen Arbeiter die Löhne von nur einem Dollar pro Tag nicht mehr akzeptierten, wurden zwischen 1987 und 1992 in Südkorea allein in der Schuhindustrie 30 000 Arbeitsplätze abge-baut. 1985 produzierte Reebok seine Turnschuhe in Südkorea und Taiwan. Bis 1995 waren fast all diese Fabriken aus Korea und Taiwan verschwunden, und 60 % der Reebok-Aufträge gingen nach Indonesien und China. Französische Zahnärzte ließen ihre Prothesen vor zehn Jahren in Hongkong und Singapur machen, und als dort die Löhne stiegen, gingen sie nach Thailand. Heute produzieren sie in China.«[226]

Einwand: Der Weltmarkt ist kein Nullsummenspiel! Auch dieser Einwand ist im Prinzip zutreffend. Der Weltmarkt weitet sich einmal aus, wenn in den neuen Ländern neue Teilnehmer durch das in der Produktion für den Weltmarkt verdiente Geld auch Abnehmer werden. Er weitet sich zweitens dadurch aus, dass durch die billiger eingeführten Produkte in den alten Industrieländern der Kreis möglicher Käufer vergrößert wird.

Nur: Auch die Produktionsseite muss in einem solchen Vergleich dynamisch und nicht statisch betrachtet werden. Die Zahl der Produzenten und der von ihnen produzierten Güter wächst ebenfalls. Entscheidend ist, was schneller wächst. Und hier liegt für den Weltmarkt von heute das Problem. Immer mehr Menschen treten zunächst als potentielle Produzenten, als Arbeitsuchende, in den Weltmarkt. Allein die Bevölkerung von Indien und China zusammen überschreitet zwei Milliarden Menschen. Ein Teil von ihnen ist gut ausgebildet oder kann leicht und schnell gut ausgebildet werden. In der veralteten chinesischen Industrie werden Millionen und Abermillionen von so ausgebildeten Arbeitern freigesetzt werden.

Das wären natürlich auch alles Konsumenten, wenn – ja, wenn sie entsprechend bezahlt würden. Werden sie aber nicht. Und daran wird sich mit der immer schärfer werdenden Konkurrenz durch die »Hinzugekommenen« so schnell nichts ändern. Zumindest nicht zum Guten: Dafür sorgt schon der Preisdruck des Weltmarkts. Dass die Milliarden Menschen in den Entwicklungsländern, die sich jetzt auf den Weltmarkt begeben haben, durch diese Öffnung zum Weltmarkt aus dem Elend kommen könnten, ist deshalb eine Illusion.

So muss festgestellt werden: Bei der Betrachtung des Weltmarkts zeigt sich dasselbe Bild, das schon in der Bundesrepublik konstatiert werden musste. Der Marktwert von Arbeit, und damit die Marktmacht der Arbeit, wurden dadurch herabgesetzt, dass über den Freihandel immer mehr Menschen in der Welt als potenzielle Arbeiter am Markt erschienen. Auf einem Markt, in dem das Gesetz von Angebot und Nachfrage gilt. Da die Zahl der Arbeitsuchenden auf diese Weise um Milliarden Menschen gesteigert wird, strebt dieses System einem Endzustand zu, an dem Arbeit »billig wird wie Dreck«.[227]

Vierter Grund:
Die Wachstumsbremse »periodische Wirtschaftskrisen«.

Der Erzfeind der reinen Lehre vom Freihandel ist jeder Protektionismus. Nichts wird so oft und so erbittert angegriffen wie protektionistische Maßnahmen.

Die große Depression begann 1929. Sie breitete sich über die ganze Welt aus, was sie nur deshalb tun konnte, weil die Schranken der Wirtschaftssysteme der Staaten schon weitgehend abgebaut waren. Wäre dies nicht der Fall gewesen, hätte es 1929 bereits protektionistische Wirtschafts-Schotten gegeben, hätte die Depression sich vielleicht auf die Vereinigten Staaten beschränken lassen.

Da der Protektionismus erst *nach* der Krise des Welthandelssystems begann, kann er am Ausbruch dieser Krise nicht schuld sein. Nicht, wie die WTO behauptet, Protektionismus und Schutzzölle der 30er Jahre haben also ins Elend geführt, sondern die Krise der liberalen Weltwirtschaft. Erst dann versuchten die Staaten, sich durch protektionistische Maßnahmen aus dem Elend herauszuziehen. Mit sehr unterschiedlichem Erfolg.

Roosevelt stellte, wie oben detaillierter berichtet[228], Banken und Währung unter Kontrolle, unterstützte die Nachfrage mit Milliarden Dollar Steuergelder und stärkte die Organisation der Arbeitnehmer, um das Lohnniveau und damit die Nachfrage zu steigern. Diese »isolationistisch« genannte (keynesianische) Wirtschaftspolitik war recht erfolgreich.

Die Wirtschaftspolitik im »Dritten Reich« war eine extrem protektionistische, strenge Autarkiepolitik mit strikter Kapitalkontrolle und »keynesianischer« Nachfragestützung durch umfangreiche öffentliche Beschäftigungsprogramme. Sie war so dem »new deal« nicht unähnlich, aber radikaler und (daher?[229]) noch erfolgreicher. Sie führte (bis zum Kriegsausbruch) nicht ins wirtschaftliche Elend. Im Gegenteil: Die Zu-

nahme an Wohlstand war in Deutschland in den 30er Jahren deutlich
größer als unter dem weltoffenen Regime vor der Krise von 1929. Wie
die nebenstehende Grafik I zeigt, lag 1939 das Volkseinkommen je
Einwohner (preisbereinigt) schon um etwa 50 % höher als *vor* der Weltwirtschaftskrise. Arbeitslosigkeit gab es spätestens 1936 nicht mehr.

Es war dieses alle verblüffende schnelle Herausführen der Massen aus
dem von der Weltwirtschaft verursachten Elend, das die Deutschen so
an ihren »Führer« band, dass sie blind waren für die satanischen Seiten
des Systems – und ihm bis Stalingrad und zurück nach Berlin folgten.

So betrachtet kann man dann allerdings behaupten, dass Protektionismus in den Zweiten Weltkrieg geführt hat. Doch das hat die WTO
ganz bestimmt nicht gemeint, wenn sie dem Protektionismus der 30er
Jahre eine Mitschuld am Zweiten Weltkrieg zurechnet.[230]

Die Weltwirtschaftskrise, die 1929 mit dem »Schwarzen Freitag« begann und in Windeseile über die miteinander verbundenen Märkte fast
die ganze Welt in die Wirtschaftskatastrophe stürzte, war auch nicht das
erste Desaster einer Freihandelsphilosophie. Beat Kappeler beschrieb die
erste Freihandelsperiode im 19. Jahrhundert in Die Zeit so:

> »Ein britisch-französischer Freihandelsvertrag schuf bereits 1860 ein
> europaweites Handelsregime, wie es nach dem Zweiten Weltkrieg
> in Gestalt des Allgemeinen Zoll- und Handelsabkommens
> (GATT) neu entstand.
> … Der Kater folgte im großen Börsenkrach von 1873, zuerst in
> Wien, dann in Amerika und überall. Die Kapitalmärkte waren dank
> der Goldwährung so vernetzt wie heute und gaben die Schock-
> wellen ungehindert in alle Industrieländer weiter.«[231]

Ab etwa 1880 stieg das Volkseinkommen wieder an und setzte sich als
relativ gleichmäßiges lineares Wachstum bis 1913 fort. Dem Liberalismus kann man dieses wiedergefundene Wachstum aber nun wirklich
nicht zuschreiben. Denn (Kappeler): »der Freihandel hatte die Krisen-
zeit nicht überlebt, Bismarck annullierte 1879 die Zollverträge, Frankreich die seinen 1892, Zollkriege brachen aus.«

Aus diesen Erfolgen zu schließen, dass Protektionismus immer
und überall die Patentlösung sei, wäre allerdings mindestens ebenso un-

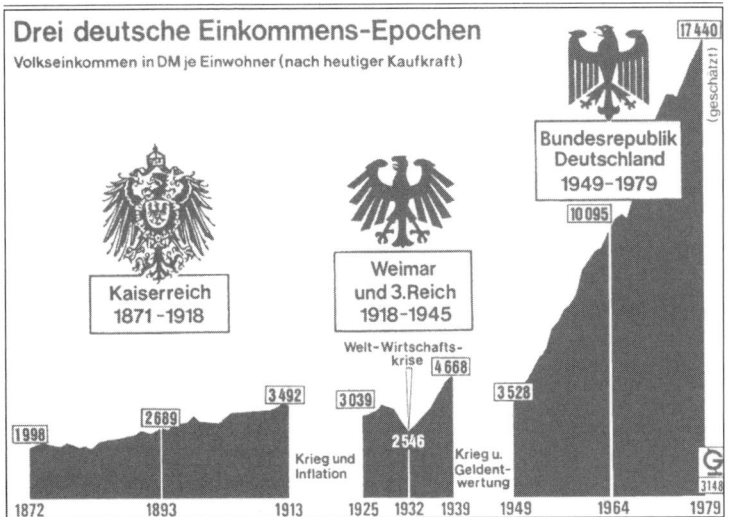

Drei deutsche Einkommens-Epochen
Volkseinkommen in DM je Einwohner (nach heutiger Kaufkraft)

17440 (geschätzt)

Bundesrepublik
Deutschland
1949-1979

10095

Kaiserreich
1871-1918

Weimar
und 3.Reich
1918-1945

Welt-Wirtschafts-
krise 4668

3492

3039

3528

1998

2689

2546

Krieg und
Inflation

Krieg u.
Geldent-
wertung

3148

1872 1893 1913 1925 1932 1939 1949 1964 1979

Grafik I [232]

klug wie der bedingungslose Glaube an den heilsamen Effekt des Abbaus aller Handelshemmnisse.

Nicht protektionistische Maßnahmen einzuführen, sondern Mechanismen zu schaffen, die in der Zukunft solche Weltwirtschaftskrisen verhindern sollten, war deshalb die Aufgabe, die der Konferenz von Bretton Woods 1944 gestellt war. Man strebte eine Politik geordneter Kapitalmärkte mit festen Währungsrelationen an. Aufbau und Untergang dieses Systems von Bretton Woods 1944 schildert Harald Schumann so:

»Spiritus Rector der Konferenz war der britische Ökonom John Maynard Keynes, gemeinsam mit dem US-Finanzstaatssekretär Harry Dexter White ... Beide Männer hielten die unkontrollierten Kapitalströme für eine der zentralen Ursachen der dramatischen Weltwirtschaftskrise der dreißiger Jahre. Vor deren Ausbruch hatten Amerikaner und Europäer eisern die Freiheit des Kapitalverkehrs verteidigt, im Glauben, nur der Interessenschutz für die Vermögenden und Kapitalbesitzer könne Investitionen und Märkte wieder ankurbeln – ein Glaube, der auch heute vielen Ökonomen und den meisten Regierungen wieder als unumstößliches Dogma gilt. Die Währungen aller Mitgliedsländer wurden auf einen Festkurs

zum Dollar festgelegt, und es entstand der Internationale Währungsfonds (IWF), der Staaten bei zu großen Handels- und Zah-
lungsbilanzdefiziten Überbrückungskredite bereitstellte. Artikel
IV des IWF-Vertrages forderte ausdrücklich von jedem Staat, der
solche Mittel beanspruchte, er müsse Kontrollen ausüben, um einen fluchtartigen Kapitalabfluss zu verhindern ...
In den folgenden 25 Jahren wuchs die Wirtschaftsleistung in den
westlichen Industriestaaten mit jährlich vier Prozent auf das
Dreifache ...
Mit der Eskalation des Vietnamkrieges ließ jedoch der damalige
Präsident Richard Nixon ab 1969 die Rüstungslasten mit der No-
tenpresse bezahlen und flutete die Welt mit billigen Dollars. Parallel dazu förderte die britische Regierung den Aufbau eines unkontrollierten, damals so genannten Euro-Kapitalmarkts in der
Londoner Banken-City.
Die Inflationierung der Leitwährung und die Mobilisierung von
liquidem Kapital für spekulative Zwecke sprengte schließlich das
System ... Allein seit 1995 haben Finanzmarktkrisen in mindestens
zehn Staaten mehrere hundert Millionen Menschen in Arbeitslosigkeit und Armut gestürzt.«[233]

Auch Joseph Stiglitz, der ehemalige Chefökonom der Weltbank, beschreibt die verhängnisvolle Wendung äußerst kritisch:

»Der IWF hat sich seit seiner Gründung stark verändert. Während
sein Handeln ursprünglich von der Überzeugung getragen war, dass
die Märkte oftmals nicht störungsfrei funktionieren, predigt er
heute mit ideologischer Inbrunst die Überlegenheit des Marktes ...
Die einschneidendste Veränderung dieser Institutionen vollzog sich
in den achtziger Jahren, als Ronald Reagan und Margaret Thatcher
in den Vereinigten Staaten und in Großbritannien die Ideologie der
freien Marktwirtschaft predigten. IWF und Weltbank wurden zu
den neuen missionarischen Institutionen, über die diese Kon-
zepte den widerstrebenden armen Ländern aufgenötigt wurden, die
oftmals dringend auf deren Kredite und Zuwendungen angewiesen waren.«[234]

Keine dieser negativen Erfahrungen hat bisher eine Änderung der Politik von IWF, WTO und Weltbank herbeiführen können. Die dogmatische, nicht auf die konkreten Bedingungen des betroffenen Landes abgestimmte Durchsetzung dieser Theorie durch den IWF ironisiert Stiglitz so:

> »Wenn man einem Papagei den Spruch ›fiskalische Austerität, Privatisierung und Marktöffnung‹ beigebracht hätte, dann hätte man in den achtziger und neunziger Jahren auf den Rat des IWF verzichten können. Denn dies waren seine drei Säulen der Empfehlungen nach dem ›Washington Consensus‹ …
> Die Erfolge blieben weit hinter den Erwartungen zurück … Bei näherer Betrachtung zeigt sich, dass Liberalisierung und Marktöffnung mit ernüchternden Problemen verbunden sind.«[235]

Es besteht heute kein Zweifel mehr, dass diese »Papageien-Politik« auch die Hauptursache für die Zusammenbrüche der vorher so erfolgreichen ostasiatischen Wirtschaften war.[236] Dabei war die von den USA praktisch erzwungene Öffnung der Kapitalmärkte für den Löwenanteil der angerichteten Schäden verantwortlich.[237]

Der Unterschied zwischen engstirnigem doktrinären »Neoliberalismus« und der weitsichtigen Politik, die Keynes anstrebte, wird aber noch an einem anderen Faktum deutlich, das James K. Galbraith so schildert:

> »Keynes strebte nämlich für die Welt nach 1945 ein System an, in dem die großen Staaten nicht verpflichtet waren, alle auf sozialen Fortschritt – wie zum Beispiel auf Vollbeschäftigung – zielenden Bestrebungen der Erfüllung finanzieller Verpflichtungen unterzuordnen. Ihm schwebte ein mit großzügigen und beschützenden internationalen Finanzinstitutionen einhergehender Freihandel vor. Ein Hauptmerkmal dieses Systems sollte das Prinzip des *creditor adjustment* sein. Es bedeutet, dass Sanktionen gegen Länder verhängt werden können, die einen Handelsüberschuss erzielen (und nicht etwa gegen Länder, die ein Handelsbilanzdefizit aufweisen). Damit sind die Länder mit aktiver Handelsbilanz vor die Wahl gestellt, ent-

weder diskriminierende Maßnahmen gegen ihren Handel in Kauf zu nehmen oder ihre Inlandsnachfrage und damit das Importvolumen zu erhöhen. Verschuldete Länder dagegen können Überziehungskredite bei einer internationalen Clearing-Institution in Anspruch nehmen. Diese sollte, um das nötige Geld aufzubringen, eine internationale Reservewährung (namens *bancor*) auflegen.«[238]

Hätte man im Rahmen eines pragmatischen, nicht dogmatischen Liberalismus gehandelt, wie Keynes vorschlug, wären die Länder nicht in die Falle »Kampf um die Exportweltmeisterschaft« gelaufen. Die Nachfrage wäre mit den Produktionschancen gestiegen und die Bilanz eines solchen »Neoliberalismus« könnte sehr viel positiver aussehen.

Doch während die Ineffizienz des dogmatisch angewandten Liberalismus als »Wachstumspolitik« aus diesem System selbst stammt, treffen wir bei der Wachstumsbremse »periodische Wirtschaftskrisen« auf eine Mischung system-immanenter Ursachen des Liberalismus mit äußeren, sozusagen selbstgemachten Ursachen wie der »Papageien-Politik«. Ob sich solche Krisen durch Eingriffe in den Markt, also prinzipiell ketzerische, die alleinige, allumfassende Fähigkeit des Markts zur Wirtschaftslenkung leugnende Maßnahmen, auf die Dauer verhindern lassen, wenn nicht »falsch«, sondern »richtig« gesteuert wird, kann man noch nicht sagen. Die Wachstumsverluste durch die Wirtschaftszusammenbrüche von Ostasien über Russland bis Argentinien sind deshalb zwar der exekutierten Liberalisierung zuzurechnen, dem »real existierenden Kapitalismus«. Ob sie aber ein unvermeidlicher Fehler jeder liberalen Welthandelsordnung sind, ist damit noch nicht gesagt.

Wem dient das Ergebnis?

Der neoliberale freie Welthandel sollte das Wachstum der Sozialprodukte aller Staaten fördern. Wachstum wiederum sollte Arbeitsplätze schaffen, die Arbeitsplätze den arbeitenden Menschen Mittel zum Leben geben. So sollen die Bürger in die Gesellschaft integriert werden.

Das Konzept geht auf keiner dieser Stufen auf. Der freien Welthandel fördert das Wachstum der Sozialprodukte aller Länder nicht.

Wenn er dieses Ziel in einem Land oder einer Region erreicht, richtet er in anderen Ländern oder Regionen Schaden an.

Das so erreichte Wachstum im offenen Weltmarkt schafft auch keine vollwertigen Arbeitsplätze. Vor allem nicht in den alten industrialisierten Staaten, zum Beispiel der Bundesrepublik. Die Einkommen aus den bestehenden oder entstehenden Arbeitsplätzen geben den meisten arbeitenden Menschen immer weniger Mittel zum Leben. Das Auseinanderfallen von Einkommen aus Unternehmen und Vermögen und Einkommen aus Arbeit stellt die Integration der breiten Masse immer öfter und an immer mehr Orten in Frage.

So gehen die Wirkungsgrade auf allen Stufen zurück. Welthandel zu Wachstum der Sozialprodukte, Wachstum der Sozialprodukte zu Einkommen der Massen, Wirtschaft zu Wohlstand für alle.

Ist ein technisches System nicht effizient, hat es keinen guten Wirkungsgrad, wird es früher oder später durch ein anderes System ersetzt. Der Wirkungsgrad eines Wirtschaftssystems ist noch wichtiger als der Wirkungsgrad eines technischen Systems. Es wird deshalb Zeit, das derzeitige Weltwirtschaftssystem mit seiner Ineffizienz für »Wohlstand für alle« ebenfalls durch ein effizienteres, neues System zu ersetzen.

Betrachtet man diese Bilanz des »real existierenden Kapitalismus« der Jahre 1973–2000 und vergleicht die Ergebnisse mit dem von allen Seiten angestrebten Ziel »Wohlstand für alle«, kann man nur von einem Desaster sprechen. Wer vor einem Desaster steht, neigt dazu, die, die in das Desaster geführt haben, als inkompetent, ja dumm anzusehen oder gar zu beschimpfen. Doch das muss nicht richtig sein.

Vielleicht haben sich die Verhältnisse aus äußeren Gründen oder aus Entscheidungen heraus, die lange zuvor getroffen wurden, so entwickelt, dass die heute Verantwortlichen gar nicht anders handeln konnten? Vielleicht aber erklären sich ihre Handlungen auch aus einem ganz anderen Wertesystem? Vielleicht ist das Ergebnis von da aus gesehen gar kein Desaster? Ist es vielleicht gar gerade der aus diesem Wertesystem und dessen Interessen heraus gewünschte Erfolg?

Ein Beispiel für die erstere Erklärung bietet die Unterwerfung des Staates unter den Markt. Am Anfang stand ein Ende der 40er Jahre des vorigen Jahrhunderts nicht kontroverser Entschluss: die weltweite Senkung der Zollschranken. Hinzu trat 1973 die – umstrittene – Freigabe der Wechselkurse. Auch in der Bundesrepublik sprachen gewichtige Gründe für diese Entscheidungen. Einmal begann in den 70er Jahren der Binnenabsatz zu stagnieren. Export erschien so immer mehr als Ausweg zur Erhaltung von Wachstum und Arbeitsplätzen. »ExportWeltmeister« war für eine Volkswirtschaft ein Ehrentitel. Warum sollte sich ein Politiker einem solchen Ehrentitel entgegenstellen? Zum anderen bestärkten die wirtschaftlichen Erfolge des Westens gegenüber dem »real existierenden Sozialismus« den Glauben an die Richtigkeit des eingeschlagenen Weges und der zugrunde liegenden Ideologie. Hatten Adam Smith und Ricardo noch sorgfältig die Randbedingungen berücksichtigt, unter denen der Markt als Regulativ gut funktioniert, so wurde bald Markt unreflektiert zum alleinigen Mittel erklärt. Die Wirtschaftsgeschichte wurde umgeschrieben. Die Wirtschaftskatastrophe von 1929, die dem Freihandel – und nur dem Freihandel – zuzuschreiben ist, wurde uminterpretiert in eine Schuld der protektionistischen Politik der 30er Jahre.

Die Öffnung der Kapitalmärkte, die Keynes noch als große Gefahr für die Stabilität der Weltwirtschaft angesehen hatte, schien in diesem Zusammenhang logisch. In der ökonomischen Wissenschaft triumphierte, geschickt durch wechselseitiges Zitieren und Hochloben gemanagt, die Schule des schrankenlosen Liberalismus – wie immer man ihn auch bezeichnen mag. Wer anderer Meinung war, war »out«. Und die Wirtschaftsvertreter, die in diesem System steckten und entscheiden mussten, konnten auf Grund der bestehenden Sachzwänge sehr bald fast nicht anders, als laut alle wirtschaftspolitischen Entscheidungen zu fordern, die das System verlangte: Steuersenkungen für Unternehmen und hohe Einkommen, Einfuhr billiger Arbeitskräfte, zunächst aus der Türkei, Deregulierung, Abbau des sozialen Schutzes zur Senkung der Sozialkosten, Auflösung der Flächentarifverträge zur Senkung der Arbeitskosten und Abschwächung des Kündigungsschutzes. Denn anders war die internationale Konkurrenz nicht zu bestehen.

Von einem bestimmten Punkt an konnte auch die Politik nicht mehr anders, als diesen Forderungen erst ein kleines Stück weit, dann immer weiter zu folgen. Denn wer nicht folgte, so sagte und glaubte man – und oft zu Recht –, zeigte »mangelnde wirtschaftliche Kompetenz«, gefähr

dete so das »zarte Pflänzchen Aufschwung« (Schröder) und damit
Wachstum und Arbeitsplätze.

Und in derselben Zwangsjacke fanden sich schließlich auch die Gewerkschaften wieder. Einerseits verhindern sie mit der Verteidigung von
Löhnen und Sozialleistungen tatsächlich die Anpassung der Niedriglöhne in der Bundesrepublik an den immer weiter sinkenden Weltmarktpreis für solche Arbeit. Und das hat, wie man ihnen vorwirft, in
der Tat Arbeitsplatzverluste zur Folge. Andererseits muss die Anpassung
der europäischen Lohnstruktur an den Weltmarktpreis letztlich notwendig scheitern. Denn einmal liegt dieser Weltmarktpreis für einfa-
chere Arbeiten schon heute unter dem Existenzminimum. In der Reifenproduktion zum Beispiel in Rumänien bei 4500 €[239] im Jahr, also
unter 400 € im Monat. Zum anderen ist ein breiterer Verlust an Kaufkraft die unvermeidliche Folge jeder umfassenderen Lohnsenkung. Damit geht zwangsläufig wiederum ein Arbeitsplatzverlust – und eine weitere Spaltung der Gesellschaft einher.

Unmerklich war man so von Entscheidungen, die allen oder fast
allen richtig schienen, in Situationen gelenkt worden, in denen man
überhaupt nicht mehr entscheiden konnte – zumindest nicht mehr
wirksam und richtig.

Oder stimmt eher die zweite Erklärung: Ist die Entwicklung bewusst
und unter Kenntnis der Folgen herbeigeführt worden?

Stiglitz, der die Entscheidungen innerhalb dieses Systems jahrelang
aus nächster Nähe analysieren konnte, gibt sich mit der Erklärung:
»Dummheit, Inkompetenz oder Machtlosigkeit« nicht zufrieden. Er
fragt: Von welchem Standpunkt aus sind denn all diese Entscheidungen richtig? Wem dient das Ergebnis? Es lohnt, das Resultat im Wort-
laut zu zitieren.

»Der IWF verfolgt nicht nur die Ziele, die in seinem ursprünglichen
Mandat festgelegt sind, nämlich die Förderung globaler Stabilität
und die Versorgung von Mitgliedsländern, die von einer Rezession
bedroht sind, mit den nötigen Mitteln zur Finanzierung einer
Wachstumspolitik. Er ist auch Sachwalter der Interessen der Finanzwelt. Dies bedeutet, dass der IWF Ziele verfolgt, die sich oft gegenseitig widersprechen.

Das Spannungsverhältnis ist umso größer, als dieser Konflikt nicht offen gelegt werden darf: Wenn die neue Rolle des IWF öffentlich zugegeben würde, würde die Unterstützung für diese Institution möglicherweise schwinden, und denjenigen, denen es gelungen ist, das Mandat zu ändern, war dies zweifellos bewusst. Daher musste das neue Mandat so bemäntelt werden, dass es wenigstens oberflächlich mit dem alten Mandat in Einklang zu stehen schien. Eine grob vereinfachende Marktideologie lieferte den Mantel, hinter dem das eigentliche Geschäft des ›neuen‹ Mandats betrieben werden konnte.

Auch wenn die Änderung des Mandats und der Ziele des IWF im Stillen erfolgte, so war sie doch keine Kleinigkeit: Statt den Interessen der Welt*wirtschaft* sollte er fortan den Interessen der internationalen *Finanz*welt dienen. Und obgleich die Liberalisierung der Kapitalmärkte nicht die Stabilisierung der Weltwirtschaft fördert, so erschließt sie der Wall Street doch riesige neue Märkte.

Betrachtet man die Politik des IWF von dieser Warte, dann wird verständlicher, wieso er der Erfüllung der Forderungen ausländischer Gläubiger größeres Gewicht beimisst als der Erhaltung der Solvenz möglichst vieler inländischer Unternehmen.«[240]

George Soros beurteilt das Resultat solcher »Rettungsversuche« ebenso:

»Die IWF-Programme dienten dazu, die Kreditgeber zu retten, und sie ermutigten diese, unverantwortlich zu handeln. Das ist die Hauptquelle der Instabilität im internationalen Finanzsystem.«[241]

Von diesem Ziel aus betrachtet hat die IWF-Politik ihr Ziel erreicht. Nur: Mit dem Ziel »Wohlstand für alle überall« hat das nichts mehr zu tun.

Gesucht: eine bessere Weltwirtschaft

Jede Strategie muss zwei Dinge definieren: ihren Ausgangspunkt und ihr Ziel.

Offensichtlich und unbestreitbar kann heute nicht von weltweitem Wohlstand für alle gesprochen werden. Armut eines ganzen Kontinents (Afrika), Verarmung in Südamerika und Armut der untersten Schichten selbst in den reichsten Staaten der Welt verbieten ein solches selbstzufriedenes Urteil.

> »Armut vergiftet fast der Hälfte der Weltbevölkerung das Leben. Die Umweltzerstörung beginnt, die Fähigkeit des Planeten, eine menschliche Zivilisation zu erhalten, zu zerstören. Neue und wieder auftauchende Infektionskrankheiten können nicht mehr bekämpft werden, weil sich die Resistenz gegen Antibiotika weit ausgebreitet hat. Wachsende Ungleichheit, ökonomische Instabilität, bewaffnete Konflikte und die Gefahr von Terrorismus gefährden Millionen.«

Ein Statement der vor dem Weltwirtschaftsforum protestierenden Globalisierungsgegner oder vom Weltsozialforum 2002 im brasilianischen Porto Alegre? Nein, das ist ein Statement der »Task Force« des Weltwirtschaftsforums 2001, das während des Jahrestreffens dieses Forums in Davos verteilt wurde.[242]

Der Zustand der mitteleuropäischen Gesellschaften ist ebenfalls unbefriedigend: Eine immer schneller reich gewordene relativ kleine Oberschicht. Eine Mittelschicht, die zunächst gut, dann aber immer weniger vom Wachstum profitiert hat, und eine Unterschicht, die nicht mehr vom Wachstum profitierte und in ihren unteren Teilen heute immer schneller absinkt.

Soll in dieser Situation »Wirtschaftswachstum über alles« wie bisher Ziel der Wirtschaftspolitik sein, dem sich alles unterzuordnen hat? Kaum.

> »Wirtschaftswachstum ist ein sehr wirksames Instrument zur Verringerung der Armut, aber sein Nutzen kommt nicht automatisch

allen zugute … Neuseeland, Großbritannien und die Vereinigten
Staaten wiesen im Zeitraum 1975 bis 1995 ein gutes Durch-
schnittswachstum auf, dennoch nahm der Anteil der Armen zu.
Deshalb müssen Wachstumsstrategien auf die Armen Rücksicht
nehmen.«

So fordert der Bericht über die Menschliche Entwicklung 1997 ein
»Wachstum, das auf die Verringerung der Armut zugeschnitten ist«.[243]
Im englischen Original, dem Human Development Report 1997, lautet
die entsprechende Forderung: »That is why the policies for growth must
be pro-poor.«[244]

Hier wird also unterschieden in Wirtschaftswachstum, das die Armut im Lande reduziert, und Wirtschaftswachstum, bei dem sie
wächst. Diese Feststellung des Berichts kann uns nicht überraschen.
Denn wir fanden oben schon bei der Untersuchung der Entwicklung
in unserem Lande, der Bundesrepublik, dass selbst hinter der bei oberflächlicher Betrachtung nicht dramatisch veränderten Situation in der
»liberalen Phase« der wohlstandssteigernde Effekt des Wirtschaftswachstums immer mehr abnahm und schließlich für immer größere
Teile der Bevölkerung das Wirtschaftswachstum Wohlstands-Ab-
nahme bedeutete.

So stellt sich zwingend die Frage:

Welcher Art muss das angestrebte Wirtschaftswachstum sein, damit
es wieder dem Wohlstand der Gesellschaft dient? Dem Wohlstand
unserer Gesellschaft in der Bundesrepublik – und dem Wohlstand
(für alle überall) auch der weniger privilegierten Nationen?

Ziel sollte eine Entwicklung der Gesellschaft sein, die den von der UNO-
Kommission aufgestellten Kriterien entspricht. Also Wachstum »pro
poor«, Wachstum, das auf die Verringerung der Armut zugeschnitten ist.
Dabei darf man nicht übersehen, dass arm in den USA und arm im
Kongo zwei durchaus verschiedene Lebensbedingungen beschreibt.
Das Kriterium »pro poor« bedeutet in den entwickelten Industrieländern
deshalb mehr als die Bekämpfung der bittersten Armut. Es bedeutet eine
breite, halbwegs gleichmäßige Verteilung des geschaffenen Wohlstands.

Was fördert ein so ausgerichtetes Wachstum und was hindert es? Geschwindigkeit des Wachstums und sein Wirkungsgrad »pro poor« sind zur Beantwortung dieser Frage zu untersuchen. Und wenn man das getan hat, bleibt immer noch eine weitere Aufgabe: Zu sehen, mit welchen Mitteln dieses so definierte positive Wachstum mit hohem Wirkungsgrad erreicht werden kann.

Die Verwerfungen des durch den Liberalismus deregulierten Weltmarkts kann eine Bundesregierung nicht beseitigen. Sie kann lediglich versuchen, auf eine bessere Struktur des Weltmarkts hinzuarbeiten. Was dabei zu beachten ist, wo Chancen sind und wo sich Fallen auftun, das soll ein Stück weit beleuchtet werden.

Die wirtschaftlichen Bedingungen innerhalb der Bundesrepublik kann die Bundesregierung dagegen zumindest in dem engen Rahmen, den der Weltmarkt noch lässt, zu reformieren suchen. Eben das hat sie sich auch vorgenommen. »Verkrustungen beseitigen« wird meist auch als Ziel des Programms genannt. Nur: Verkrustungen beseitigen heißt im täglichen politischen Gebrauch stets: Die Armen und die Ärmeren sind zu anspruchsvoll. Sie sollen einfach mehr leisten und weniger fordern. »Wenn es für alle nicht mehr reicht, dann springen die Armen ein«, wird Ernst Bloch zitiert.[245]

Politisch ist der Druck nach unten auch der einfachste Ausweg. Sozialhilfeempfänger können nicht einmal mehr streiken. Arbeiter und Angestellte habe noch Reste von Verhandlungsmacht, man hält es jedenfalls noch für möglich, dass sie wirklich streiken, wenn sie damit drohen. Kapitalbesitzer drohen mit dem Abzug – und diese Drohung ist glaubhaft. Sie genügt, die Politik knickt ein, muss einknicken.

Sie kann sich bei diesem Einknicken auch auf die veröffentlichte Meinung stützen. Denn dort singt der Chor der »Jubelökonomen« ja stets das Lied vom »Gürtel enger schnallen« für die Geringerverdienenden, damit so das Wachstum angekurbelt werde, was dann seinerseits Arbeitsplätze und Wohlstand zurückbringe. So wird die ständig wachsende Bevorzugung der oberen Einkommen moralisch legitimiert. Doch das ist nur eine Scheinmoral. Denn wie sich zeigte, ist der Wirkungsgrad des Wirtschaftswachstums zu »Wohlstand *auch* für die untere Einkommenshälfte« gleich Null, für die untersten Schichten sogar negativ. Was man heute in dieser Krisensituation macht, ist wie das

Verfüttern von Getreide an Schweine oder Kühe in einer von Hungersnot bedrohten Gesellschaft, um die Menschen mit dem Fleisch dieser Tiere zu ernähren. Nur ein Bruchteil der im Getreide verfütterten Kalorien kommt aus dem Fleisch der geschlachteten Tiere wieder für die Bevölkerung heraus. Wenn man den Hungernden wirklich helfen will, muss man das Getreide direkt verteilen. Wer den unseligen Trend zum finanziellen Aushungern der unteren Teile der Bevölkerung beenden will, muss diesem Teil der Bevölkerung die finanziellen Mittel deshalb direkt zuleiten. Die Frage ist nur, wie?

Wieder hilft ein Blick nach China. Dort sieht man immer klarer, dass der neue Wohlstand sehr ungleich verteilt ist, dass die Kluft zwischen Arm und Reich, zwischen Stadt und Land schnell wächst. Was die Stabilität im Land bedroht. Der neue KP-Chef Hu Jintao möchte deshalb in Schulen und das Gesundheitssystem auf dem Land investieren.[246] Das wäre eine direkte Investition in den »Lebensstandard für alle«, ein Produktionsziel »pro poor«, wie oben diskutiert. Und Arbeitsplätze entstünden außerdem.

Solche Investitionen in den Lebensstandard für alle wären auch in der BRD nicht prinzipiell unmöglich. Stattdessen wird dieser »öffentliche Lebensstandard« durch eine unendliche Kette von Sparmaßnahmen kontinuierlich abgebaut. Doch unten ist jetzt nichts mehr zu holen. Man hat es nur noch nicht gemerkt. Wenn man weiter versucht, nach unten zu bohren, bohrt man weiter ins Leere, und der gesellschaftliche Erosionsprozess schreitet fort. Irgendwann ist dann die Gesellschaft zerstört. Es sei denn, man merkt noch rechtzeitig, dass man jetzt nur noch nach oben aus dem Kessel ausbrechen kann.

Denn was müsste statt »tiefer Einschnitte in das soziale Netz« geschehen?

Die Reform müsste:

1. die Soziallasten auf die von allen Bürgern getragenen Steuern verlagern;
2. die Steuern von den Einkommen aus abhängiger Tätigkeit Schritt für Schritt wieder auf ihren alten Anteil am Sozialprodukt zurückführen, das heißt praktisch, sie zu halbieren;
3. die Steuern auf Unternehmen und Vermögen ebenfalls langsam auf

das alte Maß zurückführen, das heißt, gemessen in Prozent des Sozialprodukts, sie zu verdoppeln.

Von heute aus betrachtet, sieht das aus wie eine Revolution.

Und es wäre eine Revolution. Es wäre das Ende einer 30-jährigen Umverteilung der Lasten der Gesellschaft von den Starken auf die Schwachen. Es wäre das Ende der Herrschaft des ungeregelten, schrankenlosen Kapitalismus und der späte Sieg von Erhards »rheinischem Kapitalismus«. Soll man sich wirklich so ein ehrgeiziges Ziel setzen? Jede Revolution ist ein gefährliches Spiel. Oft wird mehr zerstört als aufgebaut. Die schöne neue Welt ist nie so schön wie erwartet – manchmal war sie gar fürchterlich. Bevor man auf die Revolutionsbarrikaden steigt, sollte man deshalb genau wissen, was man da oben will, wie man wieder herunterkommt und vor allem: Was man dann macht?

5 Wie müsste ein Wirtschaftssystem aussehen, das »Wohlstand für alle überall« produziert?

Keine Wirtschaftsform ist eine Patentlösung für alle Zeiten

Das »Tiger-Konzept« einer eingeschränkten, kontrollierten Öffnung zum Weltmarkt erreichte überall seine Grenzen, ebenso wie die soziale Marktwirtschaft Ludwig Erhards oder das südkoreanische Modell der Gründerzeit mit seinen dominierenden Großkonzernen, den »Chaebôl«[247]. Roosevelts »keynesianische Politik« endete mit dem Zweiten Weltkrieg. Alle diese Politikansätze waren, von ihren Zielen her gesehen, eine Zeit lang erfolgreich. Auch Freihandel kann für eine Volkswirtschaft unter bestimmten Umständen die optimale Option sein. Für andere, wie zum Beispiel die Sowjetunion Anfang der 90er Jahre, war die Einführung der Marktwirtschaft eine Katastrophe, wie die Grafiken XV und XVI im Anhang zeigen. Eines allerdings macht stutzig: Freihandelsperioden endeten bisher stets in Katastrophen. Weltweite Zusammenbrüche der Aktienkurse vernichteten immer wieder den Wohlstand von Millionen Menschen, die ihr Vermögen auf diese so gepriesene Anlagemöglichkeit gesetzt hatten.

So zeigten sich drei die ganze Wirtschaftsgeschichte durchziehende Phänomene:

1. Was für die eine Volkswirtschaft zu einem bestimmten Zeitpunkt gut ist, mag für eine andere schlecht – oder gar tödlich sein.
2. Ein offener Weltmarkt für Güter und Kapital gibt die Schockwellen ungehindert in alle Industrieländer weiter.
3. Immer wenn man sich dem Ideal des weltweiten Freihandels genähert hatte, landete man in einer weltweiten Wirtschaftskatastrophe. Das war 1873 nicht anders als 1929 – und die Kombination aus Beschäftigungskrise und Spekulationsblase 1997–2003 entwickelte sich ähnlich.

Der Schluss drängt sich auf: Wahlmöglichkeiten, Alternativen sind für die einzelnen Volkswirtschaften überlebenswichtig. Ein weltweit offener Markt mit einem Verbot von »Handelshemmnissen« lässt aber keine Alternative mehr zu. Und das muss wohl als gravierender, nicht zu behebender Nachteil eines dogmatischen Liberalismus bezeichnet werden.

Ein »Ende der Geschichte« gibt es nicht. Noch vor zehn Jahren undenkbar, melden sich heute selbst in liberalistischen Zeitungen die Stimmen, die das Ende des Neoliberalismus[248] verkünden. Da schreibt John Gray, Professor für Europäisches Denken an der London School of Economics, in Die Welt: »Der Neoliberalismus folgt dem Marxismus ins Museum für ausrangierte Utopien«, und »dieses Projekt ist genauso utopisch wie der Marxismus und wird wahrscheinlich eine noch viel kürzere Lebensdauer haben als die Sowjetunion«.[249] Dani Rodrik, Professor für Volkswirtschaft an der John F. Kennedy School of Government in Harvard, fordert in der Süddeutschen Zeitung unter der Rubrik Außenansicht: »Es ist an der Zeit, den Neoliberalismus und den Washingtoner Konsens aufzugeben.« Und spricht vom »Ende des Neoliberalismus«.[250]

Auch wenn sich das neoliberalistische Modell des von allen Regeln befreiten Weltmarkts in immer mehr Ländern als »unwirtschaftliche Wirtschaft« entpuppt und wenn zudem selbst im Ursprungsland des Neoliberalismus, den Vereinigten Staaten, immer häufiger protektionistische Maßnahmen den »freien Weltmarkt« teil-regulieren[251]: Das System ist von vielen Interessen getragen. Die amerikanische Börse, Wall Street, repräsentiert diese Interessen. Und diese Interessen haben immer noch starke Machtbasen, wie die Welthandelsorganisation, die Weltbank und den Weltwährungsfonds, in der Hand. Auch die amerikanische Regierung gehört nolens volens ein Stück weit zu diesen Garanten, wie die Kapitulation des amerikanischen Präsidenten George W. Bush vor den Interessen der in Amerika großen Zahl der Aktienbesitzer zeigte.

Sehr wahrscheinlich ist der schnelle Zusammenbruch dieser Doktrin deshalb nicht. Eine Fortführung der Wirtschaft, streng nach dem derzeitigen Muster des »Neoliberalismus« aber kann die Probleme nur noch verschärfen. Das kann niemand wünschen, auch die nicht, die bisher von diesem Modell profitiert haben. Denn auch die bisherigen Gewinner werden auf die Dauer von einer Fortführung eines Systems nicht profitieren, das die Nachfrage abbremst und das soziale Leben gefährdet. Deshalb ist die Alternative, die Entwicklung eines effizienteren Weltwirtschaftssystems, in den Katalog möglicher Entwicklungen einzubeziehen.

Eine neue Weltwirtschaft – aber welche?

Neoliberalismus, Liberalismus, soziale Marktwirtschaft, Protektionismus – der Schlagworte sind viele. Aber es lohnt, einmal zu versuchen, das Dilemma der heutigen Weltwirtschaft unabhängig von solchen Überschriften zu suchen und zu beschreiben.

Beginnen wir mit der Lehre des Liberalismus. Ich behaupte, dass allein mit dieser Lehre schon die Fehler der heutigen Entwicklung aufgedeckt, jedenfalls Hinweise auf Lösungsmöglichkeiten gefunden werden können.

Der Gründervater des Liberalismus, Adam Smith, wird den Kritikern der heutigen Wirtschaft immer wieder mit besserwisserischer Arroganz »um die Ohren gehauen«. Es lohnt für die Kritisierten aber, sich die Thesen Smith sehr genau anzusehen. Kernpunkte der Theorie Smith sind:

- Jedermann versucht, sein Kapital so gewinnbringend wie möglich zu nutzen.
- Jedermann versucht, sein Kapital so nahe wie möglich an seinem Wohnsitz zu verwerten. Somit trägt er so viel wie ihm möglich zur heimischen Industrie bei.

»So sorgt jedermann dafür, dass sein Beitrag zum Nutzen für die gesamte Wirtschaft der Nation möglichst groß ist – und wirkt somit zwangsläufig zu diesem Gemeinnutzen. Dabei wird er im allgemeinen weder beabsichtigen, dem Allgemeininteresse zu dienen, noch überhaupt darüber nachdenken. Indem er es vorzieht, die heimische Industrie zu unterstützen, statt im Ausland zu investieren, sucht er lediglich seine eigene Sicherheit; und indem er seine Unternehmung so steuert, dass das Produkt den größten Wert hat,

sucht er lediglich seinen Gewinn zu erhöhen. Und er ist hier, wie
in vielen anderen Fällen von einer unsichtbaren Hand dahin geführt, ein Ergebnis zu produzieren, das nicht Teil seiner Absichten
war.«[252]

Gerade wenn man von der Richtigkeit der Smithschen Logik überzeugt
ist, muss man sich sehr sorgfältig ansehen, wie Adam Smiths »unsichtbare Hand« unter den heutigen Bedingungen wirkt. Heute ist die
Sicherheit des eingesetzten Kapitals und seiner Verwertungschancen
keineswegs mehr im eigenen Lande am besten gewährleistet, wie noch
zur Zeit Adam Smiths mit ihren miserablen Informations-, Verkehrs-
und Rechtssystemen. Heute ist die »Verwertungssicherheit« außerhalb
des eigenen Landes meist genauso gut, oft sogar besser gewährleistet.
Dann zum Beispiel, wenn geringere Steuern, niedrigere Löhne, weniger Arbeits- und Umweltschutzbestimmungen und höhere Subventionen winken. Und je mehr der sinkende »Weltmarktpreis für Arbeit«
zwangsläufig die Unternehmensleitungen dazu führt, die Produktion
aus den »teuren« Industriestaaten in »billigere« Länder zu verlagern,
desto weniger kann sich ein Unternehmen leisten, im eigenen Land zu
investieren, desto größer wird die Gefahr, dass ein Verharren im eigenen Lande das Aus für das Unternehmen bedeutet.

Unter solchen Umständen aber ist der Rückgriff auf Freihandel zur
Lösung der Probleme des eigenen Landes nicht mehr durch Smiths
Theorie gedeckt. Im Gegenteil, sie sagt vielmehr richtig voraus, dass der
Kapitaleinsatz unter diesen Bedingungen nicht mehr zur Wohlfahrt des
eigenen Landes beitragen kann, weil der Kapitalbesitzer in diesem
Falle kein Eigeninteresse mehr hat, im eigenen Lande zu investieren. Das
hatte auch der zweite große Theoretiker des Freihandels, der Englän-
der David Ricardo[253], gesehen, der deshalb ausdrücklich erklärte, dass
die Theorie vom Nutzen des Freihandels für die Nation nur anwend-
bar ist, wenn das Kapital nicht frei über die Landesgrenzen transferiert
werden kann.[254]

Die Jubelstrategen des Neoliberalismus werden einwenden, die
von ihnen geforderte Anpassung der Löhne an die sinkenden Weltmarktpreise durch Zerschlagen der Gewerkschaften, Abbau der Sozialleistungen usw. dienten ja deshalb gerade dazu, die Produktion im

eigenen Lande wieder so rentabel zu machen, dass die Investition im näheren Umfeld wieder die attraktivste Alternative werde. Sie übersehen dabei, dass diese Attraktivität keine konstante, durch die Konkurrenz nicht zerstörbare Größe ist, sondern nur eine Momentaufnahme aus einem durch die weltweite Konkurrenz erzwungenen Wettlauf der Arbeitskosten – und damit der Masseneinkommen – nach unten.

So kann man diese Bedingung Adam Smiths aber nie erfüllen, denn ehe das investierte Kapital Gewinne abwerfen wird, ehe das neue Werk richtig läuft, wird der Weltmarktpreis für Arbeit weiter gesunken, der profitabelste Produktionsstandort weiter gewandert sein. Und gleichzeitig wurde der wichtigste Faktor für eine Investition, die begründete Hoffnung auf Nachfrage, weiter entwertet.

Der weite Wanderweg vieler Industrien durch die sich entwickelnden Länder zeigte eine Spur der Verwüstung. In Korea eingerichtete kleinere Industrien brachen zusammen, als Taiwan billiger lieferte, selbst diese Industrie aufbaute – und sie dann an ein anderes Entwicklungsland verlor, das sie seinerseits dann letztlich an China abgeben musste. Das hat mit schöpferischer Zerstörung nichts mehr zu tun; so führt kein Weg zum allgemeinen Wohlstand in der Welt. Die Aufgabe ist vielmehr, Wohlstand dort, wo er einmal entstanden ist, zu sichern – und sich dann von dieser Basis aus gezielt und mit Hilfe der so wohlhabend gebliebenen Länder der nächsten Region zuzuwenden, um sie ebenfalls auf das erreichte Wohlstandsniveau zu bringen. Nur so lassen sich auch die Bedingungen für einen gewinnbringenden Kapitaleinsatz weltweit erhalten und ausbauen. Denn nur wenn es gelingt, in einer Region eine kaufkräftige Massennachfrage aufzubauen und langfristig zu sichern, winken den Investitionen in dieser Region gute Verkaufs- und Gewinnchancen.

Wer sich auf Freihandel beruft, um die Probleme seines eigenen Landes zu lösen, müsste deshalb versuchen, die Voraussetzungen wiederherzustellen, auf denen Smiths These beruht. Und das ist: das wirtschaftliche Interesse der Kapitalbesitzer daran, im eigenen Land zu investieren und zu produzieren. Wobei diese Forderung natürlich nicht nur für die Kapitalbesitzer in Europa, sondern auch und gerade für diejenigen in den sich entwickelnden Ländern gilt.

Wenn man als Anhänger des Liberalismus wie Adam Smith von diesem Standpunkt aus auf die Suche geht, findet man sich plötzlich in sehr ungewohnter Gesellschaft. Man trifft sich mit denjenigen, die die Produktion im jeweils eigenen Land dadurch rentabel machen wollen, dass sie Schutzzölle für diese Produktion fordern. Schutzzölle, die »Sozialklauseln« für die Arbeit wirtschaftlich überhaupt erst möglich machen. Und so wieder Nachfrage im Lande produzieren, die neue Investitionen rentabel werden lassen.

Wenn man so von den beiden Seiten her wieder ein gemeinsames Ziel formulieren kann, öffnet sich ein neuer Weg zur Beseitigung der heute unlösbaren Weltwirtschaftsprobleme, tritt Wettbewerb um die beste Lösung an die Stelle der ideologischen Konfrontation. Hier ist ein neuer liberaler Ansatz möglicherweise sogar ein besonders fruchtbarer Versuch. Denn zu dem Ziel, das Interesse, wieder im jeweiligen eigenen Land zu investieren, stark oder sehr stark zu machen, kann es sehr viel mehr Wege geben als die klassischen Reparaturrezepte liberaler Pannen: Staatsintervention, Schutzzölle, Kapitalkontrolle.

Vor allem dann, wenn man auch die Lehren eines der radikalsten Vertreter des Liberalismus, F. A. Hayek, wieder beachtet. Hayek warnte: »Nichts dürfte der Sache des Liberalismus so sehr geschadet haben wie das starre Festhalten einiger seiner Anhänger an gewissen groben Faustregeln, vor allem an dem Prinzip des Laissez-faire.«[255]

Paradebeispiel für solch unangepasste Faustregeln ist der »Washingtoner Konsens«, eine Art Katechismus des Neoliberalismus, der ohne Rücksicht auf die speziellen Umstände des »beratenen« Landes stets staatliche Ausgabendisziplin, »wettbewerbsfähige« Wechselkurse, den Abbau von Handelshemmnissen, ausländische Investitionen, Privatisierung und Deregulierung forderte – was Stiglitz als »Papageien-Politik« bezeichnete.

Markt, der die Wirtschaft zu »Wohlstand für alle« lenken soll, braucht Regeln. Das gilt insbesondere, wenn gleichzeitig das heute unabweisbare Kriterium der Umweltverträglichkeit eingehalten werden soll. Aber auch das lässt sich mit liberalen Lehren durchaus vereinbaren.

Regeln für den Markt

Der Markt braucht Regeln, wenn er zum allgemeinen Wohl führen soll

Schon Hayek forderte:

> »Der Liberalismus … leugnet nicht, sondern legt sogar besonderen Nachdruck darauf, dass ein sorgfältig durchdachter rechtlicher Rahmen die Vorbedingung für ein ersprießliches Funktionieren der Konkurrenz ist.«[256]

Das kann auch jeder Globalisierungskritiker unterschreiben. Doch damit steht man (gemeinsam) vor einem doppelten Problem:

Wer soll diese Regeln setzen?
Wie stellt man sicher, dass diese Regeln richtig gesetzt werden?

Eine Wirtschaft, in der für die einzelnen Teilnehmer unterschiedliche Bedingungen gelten, führt nicht zu einem optimalen Mitteleinsatz. Das zeigen Wirtschaften, in denen einzelne Teilnehmer durch Subventionen oder andere Begünstigungen bevorzugt werden. Ein krasses Beispiel geben hier die Banken der »Steueroasen« im offenen Weltmarkt. Aber gerade der Liberalismus fordert doch zu Recht das Verbot von Subventionen![257]

Regeln, die eine Volkswirtschaft zu bestimmten gewünschten Zielen führen sollen, müssen deshalb für alle Teilnehmer am Markt gleichermaßen gelten. Aber dazu braucht derjenige, der die Regeln setzt, die rechtliche Kompetenz für den gesamten Markt. Für den gesamten Weltmarkt gibt es diese Kompetenz nicht. Sie wäre wegen der unterschiedlichen Verhältnisse in den verschiedenen Lebenskreisen ja auch nicht wünschenswert. Also muss man »Teilmärkte« für die unterschiedlichen Lebensbereiche bilden, in denen dann aber jeweils alle Regeln für alle Teilnehmer dieses Teilmarktes gleichermaßen gelten.

Damit steht man vor der Frage: Wie groß sollen diese Teilmärkte sein, wie groß infolgedessen der Bereich, für den die Regeln gesetzt werden? Offensichtlich ist, dass die Nationalstaaten hierfür zu klein geworden sind. In »Wohlstand für niemand?« schrieb ich deshalb 1994:

»Eine Bundesrepublik als Schutzzollfeste wäre schneller pleite, als sie
ihre Mauern gebaut hätte. Moderne Serienproduktion braucht Ab-
satzräume. Eine Automobilfabrik allein für Schweden würde sich
heute nicht mehr lohnen. Nationalstaaten wurden als Handels-
räume zu klein ... Doch im Weltmaßstab geht es auch nicht.
Nicht nur ist das Angebot an Arbeit praktisch unbegrenzt. Es ist
eben deshalb auch unmöglich, Arbeitnehmerinteressen zu organisieren. Kein indischer Stahlarbeiter wird streiken, damit bei
Hoesch Löhne nicht um zehn Prozent auf einen Betrag herabgesetzt werden, von dem er nur träumen kann. Vor allem aber ist auf
der Weltebene die Organisation einer durchsetzungsfähigen
politischen Instanz für lange Zeit unmöglich. So fragt man sich
zwangsläufig: Kann Marktwirtschaft auf einer Zwischenebene
organisiert und in sozial nützliche Bahnen gelenkt werden? Die
Ebene, die sich hier anbietet, ist die Ebene der Großraum-Regio-
nen.«[258]

Gerhard Pfreundschuh:
»Es geht ... in der Wirtschaft nicht um ein einheitliches Welthan-
delsmodell, sondern um eine abgestufte, ausgleichende und damit
gerechte Weltwirtschaft.
Gewisse Waren und Dienste sind vor Ort, andere innerhalb eines
Staates zu fertigen bzw. zu organisieren. Der Handel innerhalb eines Kulturkreises (z.B. Afrika, Südamerika, aber auch Europa) ist
mit jeweils anderen und eigenen Rahmenbedingungen abzu-
wickeln. Es gibt danach nicht nur einen Weltmarkt, sondern viele
Märkte. Das ist nicht Sozialismus, der gerade von oben nach unten steuert, sondern das Gegenteil von Planwirtschaft. Es ist aber
auch kein Weltkapitalismus, der den kleinen und örtlichen Kulturen, Handwerkern, Bauern und Mittelständlern keine Chance
lässt. Der Mattenknüpfer in Westafrika kann preislich nicht mit der
vollautomatisierten Teppichfabrik in Taiwan konkurrieren. Doch
warum soll er das? Wir brauchen eine auf die Menschen, die gewachsenen Gemeinschaften und die Kulturkreise abgestimmte
Weltwirtschaft ... Das erste Weltproblem ist die weltweite Beschäftigung. Sie ist so zu gestalten, dass sie unsere Erde vor welt-

weiter natürlicher und kultureller Umweltzerstörung bewahrt.
Hier wird ... ein Kulturkreismodell der Weltwirtschaft vertreten ...«[259]

Die EU könnte eine dieser Regionen werden. Doch da innerhalb der Regionen gleiches Recht für alle gelten muss, stellt sich die bis heute unbeantwortete Frage nach einer einheitlichen politischen Gestaltungskraft innerhalb der EU.

Wie stellt man sicher, dass diese Regeln richtig gesetzt werden?

Der Zerfall eines unwirtschaftlichen Wirtschaftssystems bedeutet nicht automatisch den Übergang in ein wirtschaftlicheres System. Das nachfolgende System kann sehr wohl ebenso unwirtschaftlich oder gar noch unwirtschaftlicher sein. Wenig Chancen für ein besseres System bestehen, wenn man den Fehler wiederholt, den das neoliberalistische System mit dem kommunistischen gemeinsam hatte: den Absolutismus, mit dem kritiklos gleiche Regeln für alle Umstände proklamiert wurden, ohne Rücksicht auf die Besonderheiten der einzelnen Regionen und Volkswirtschaften.

Die Papageien-Beschränktheit[260] der neoliberalistischen Ära ab Mitte der 70er Jahre des vorigen Jahrhunderts war dumm und fehlerhaft. Aber genauso dumm wäre es, wenn man statt staatlicher Ausgabendisziplin, »wettbewerbsfähiger« Wechselkurse, dem Abbau von Handelshemmnissen, der Förderung ausländischer Investitionen, von Privatisierung und Deregulierung stereotyp eine Verschuldung des Staates für die Konjunktur, hohen Außenwert des Euro, Zollschranken, Hindernisse gegen »Überfremdung durch ausländisches Kapital«, Regulierung und Verstaatlichungen aller möglichen Branchen fordern würde.

Die erste Voraussetzung, nicht in diese »Absolutismusfalle« zu geraten, ist, unterschiedliche Regeln für die unterschiedlichen Märkte der Weltwirtschaft zuzulassen.

Bleibt »nur« die Frage: Welche? Und wie wird entschieden, welche Regel gut, welche schlecht ist? Denn so wenig noch zweifelhaft sein kann, dass der ungeregelte Weltmarkt den gestellten Aufgaben nicht, zumindest nicht mehr optimal dient, so wenig ist auf der anderen Seite bewiesen, dass die alte liberale Grundthese falsch ist, dass politische Eingriffe in den Markt mit hoher Wahrscheinlichkeit eher zu noch falscheren Resultaten führen:

> »Der Liberalismus ... hält die Konkurrenz ... vor allem deshalb (für überlegen), weil sie die einzige Methode ist, die uns gestattet, unsere wirtschaftliche Tätigkeit ohne einen zwangsweisen oder willkürlichen Eingriff der Behörden zu koordinieren ... Verglichen mit dieser Methode, das Wirtschaftsproblem durch Dezentralisierung und automatische Abstimmung zu lösen, ist die an sich näherliegende Methode der zentralen Steuerung unglaublich plump, primitiv und unzureichend.«[261]

Das ist so falsch nicht. Und es ist um so richtiger, je mehr es sich nicht um einen Rahmen für die Wirtschaft, sondern um Eingriffe in einzelne wirtschaftliche Entscheidungen oder Spezialregelungen für einzelne Zweige der Wirtschaft handelt. Die hohen wirtschaftlichen Kosten der jahrzehntelang subventionierten Atomindustrie, die sich erst heute in vollem Umfang zeigen, wo alte Kernkraftwerke und Atommüll entsorgt werden müssen, sind ein Beispiel solcher staatlicher Fehlleitungen von Ressourcen.

Diese Lehren einfach zu vergessen, gehört deshalb zu den Gefahren bei einem Zerfall des (heute so genannten) Neoliberalismus.

Markt oder Staat?

Viele empirische Gründe sprechen dafür, dass der Markt nicht »alles regelt«. Das ist zwar eine Blasphemie für die reinen »Marktwirtschaftler«, die längst vergessen haben, dass schon Hayek den Glauben an ein regelloses »Laisser-faire« als den schlimmsten Feind des Liberalismus ansah. Und leider Gottes, es stimmt. Es stimmt nicht nur empirisch, sondern auch theoretisch. Da ist einmal die systemtheoretische Ebene, die dem Markt vorwirft, dass seine Teilsysteme, die einzelnen Marktakteure, eine je spezifische Eigenlogik einbringen, die sich nicht zu einer gesamtgesellschaftlichen Rationalität zusammenfügen. Denn jeder Handelnde im Wirtschaftssystem hat das Recht und die Pflicht, nach den Interessen seines Unternehmens, seines Ego zu handeln und zu entscheiden. Das ist das grundlegende Prinzip. Doch damit optimiert er im Subsystem, ohne dass die Erfordernisse des Gesamtsystems wie sozialer Zusammenhalt oder Erhaltung der Umwelt im Kalkül überhaupt auftauchen. Faktoren, die in einem Optimierungsprozess nicht auftauchen, können logischerweise auch nicht optimal mit berücksichtigt werden.

Eine »unsichtbare Hand« (Adam Smith) soll dies alles dann zum allgemeinen Wohlstand wenden.

Aber das kann sie in der heutigen Situation, wie wir oben sahen, ohne Hilfe eben nicht (mehr). Die gegen die aktuelle Kritik gern ins Feld geführten »Alten Weisen« der Wirtschaftswissenschaft wie Adam Smith und David Ricardo beschrieben einen historischen Ausschnitt der Weltwirtschaft, die Weltwirtschaft ihrer Tage. So wie in der Physik die klassischen Gesetze nur ein Sonderfall der allgemeinen physikalischen Gesetze sind und zum Beispiel im Bau der Atome nicht mehr gelten, können auch die Regeln von Adam Smith und David Ricardo nicht auf ein Wirtschaftssystem angewandt werden, in dem nicht nur Waren von Land zu Land fließen, sondern in Sekundenschnelle ohne Kosten auch Kapital hin und her verschoben werden kann – wovor, wie bemerkt, schon Keynes warnte. In dem nicht mehr (wie bei Adam Smith) ein Land mit einem anderen Handel treibt, sondern Personen die freie Entscheidung darüber haben, wo sie ihr Unternehmen ansiedeln, wo und für was sie ihr Kapital einsetzen, wo sie es möglichst steuerfrei »parken« und zwischenzeitlich »arbeiten lassen«. In dem es sich vor allem immer weniger lohnt, im eigenen Land zu investieren und in dem außerdem der Verkehr, das heißt das Verschieben der Waren, auch noch durch immer größere öffentliche Aufwendungen subventioniert und verbilligt wird: Kosten, die die Allgemeinheit trägt, für Geschäfte, die dem allgemeinen Wohl schaden.

Am verheerendsten wirkt sich der fundamentalistische Glaube an die Allmacht des Marktes auf den befreiten Kapitalmärkten aus. George Soros, der berühmt-berüchtigte Finanzjongleur, bemerkt dazu:

»Die Finanzmärkte sind ihrem Wesen nach instabil, und bestimmte gesellschaftliche Bedürfnisse lassen sich nicht befriedigen, indem man den Marktkräften freies Spiel gewährt. Leider werden diese Mängel nicht erkannt. Statt dessen herrscht allgemein der Glaube, die Märkte seien in der Lage, sich selbst zu korrigieren, und eine blühende Weltwirtschaft sei auch ohne eine Weltgesellschaft möglich. Mehr noch: Es wird behauptet, dem Gemeinwohl werde am besten Genüge getan, indem man jedermann gestatte, unbeirrt seine Eigeninteressen zu verfolgen, weshalb jeder Versuch, mittels kollektiver Entscheidungen das Gemeinwohl zu schützen, den Marktmechanismus verzerre   eine Position, die man im 19. Jahrhundert *laissez faire* nannte … Ich habe einen besseren Namen dafür gefunden: *Marktfundamentalismus.*
Genau diese Haltung ist es, die das kapitalistische Weltsystem in eine gefährliche Schieflage gebracht hat.«[262]

Man weiß heute sehr viel besser, wo die Grenzen der hilfreichen Wirkung des Marktes liegen. Stiglitz, der zu denjenigen zählte, die diese Grenzen ermittelten – und dafür den Nobelpreis für Ökonomie erhielt –, schreibt:

»Im Verlauf der letzten fünfzig Jahre hat die Volkswirtschaftslehre geklärt, weshalb und unter welchen Bedingungen Märkte gut funktionieren und *unter welchen Bedingungen nicht.* Sie hat gezeigt, weshalb Märkte von manchem Gut – wie Grundlagenforschung – zu wenig produzieren, während sie von anderem, etwa Umweltverschmutzung, zu viel erzeugen. Die drastischsten Beispiele von Marktversagen sind die periodischen Konjunktureinbrüche, die Rezessionen und Depressionen, die den Kapitalismus in den letzten zweihundert Jahren heimsuchten und die zu massiver Arbeitslosigkeit und zu einer erheblichen Unterauslastung des Kapitalstocks führten. Neben diesen besonders eklatanten Beispielen von Marktversagen gibt es eine Vielzahl subtilerer Fälle, wo Märkte keine effizienten oder sozial gewünschten Ergebnisse produzieren.«[263]

Dass dem so ist, wird sich wohl nach einiger Zeit auch herumsprechen.

Der Umstand, dass die Kritik an dem fast blinden Glauben an weltweiten Liberalismus ausgerechnet aus dem Zentrum seiner Organisation, der Weltbank, kam und durch deren ehemaligen Vizepräsidenten
und Chefvolkswirt, Joseph Stiglitz, theoretisch und mit Daten belegt
herausgearbeitet wurde, dürfte hierfür nicht ohne Bedeutung sein.[264]

Ich meine, wir können uns deshalb für die folgenden Untersuchungen darauf einigen, dass auch nach den wohlverstandenen Lehren
des Liberalismus der Markt nur dann seine Aufgabe erfüllt, wenn ihm
geeignete Regeln gesetzt werden, die die unsichtbare Hand des Marktes ihrerseits mit unsichtbaren Händen in die »richtige« Richtung lenken. Das klingt einfach, aber: Wer entscheidet, welche Richtung »richtig« ist? Und wie macht er das? Wie kann also geplant werden, den Markt
in die »richtige Richtung« zu lenken?

Sicher: Diejenige Richtung, die zu den von den »Gesetzgebern des
Marktes« gewiesenen Zielen führt, kann man die richtige Richtung nennen. Aber dann stellt sich die Frage, wer dieser »Gesetzgeber des
Marktes« sein soll, ob dies die Nationalstaaten, die einzelnen Wirt-
schaftsblöcke wie die USA oder die EU oder internationale Organisationen wie die UN sein sollen. Und wenn man die lenkende Instanz und
die richtige Richtung gefunden zu haben glaubt: Wohin genau diese
»unsichtbare Superhand« den Markt im Sinne des »allgemeinen Woh-
les« lenken soll – das ist dann noch ein ganz besonderes Problem.

Planung und Regeln also brauchen wir – aber die Spuren der real-
sozialistischen Planwirtschaft sollten vor leichtfertigen Entscheidungen
über einzelne Planungsvorhaben schrecken. Könnten die historischen
Erfahrungen eventuell helfen, den engen Pfad zwischen neoliberalen
Fehlentwicklungen und einer Wohlstand und Freiheit erstickenden
Planwirtschaft zu finden?

Welche Regeln für den Markt?

Viele sehr verschiedene Formen von Wirtschaftspolitik, Wirtschafts-
steuerung oder Nicht-Steuerung sind in der Vergangenheit mit mehr
oder weniger großem Erfolg durchgeführt wurden. Erinnert sei hier

- an unsere eigene Erfahrung nach dem Zweiten Weltkrieg, den Aufbau der Bundesrepublik durch soziale Marktwirtschaft. Marktwirtschaft, bei der bis in die 70er Jahre die Produktivitätsgewinne etwa gleichmäßig zwischen Unternehmen (für neue Investitionen) und Arbeitnehmern (für Wohlstand) geteilt wurden und bei der so mit der steigenden Produktion auch die Nachfrage wuchs.
- an den Aufbau der Vereinigten Staaten von einer britischen Kolonie zur führenden Industriemacht. Auch die ehemalige britische Kolonie Amerika war einmal ein international nicht konkurrenzfähiges Entwicklungsland:

    »Mitte des 19. Jahrhunderts waren die amerikanischen Erzeugnisse … vorwiegend Baumwollstoffe mit Zentren in Philadelphia und Massachusetts, Wolle in Massachusetts und Connecticut, Seide in New Jersey und Connecticut sowie Eisen und Kohle in Pennsylvania. Andere wichtige Produkte waren Textilmaschinen, Nähmaschinen, Dampfmaschinen, Maschinenwerkzeug, Waffen, Uhren, Schuhe, Gummiprodukte sowie Möbel und Schiffe. Obwohl die Herstellungsmethoden verbessert wurden, konnten sich die meisten Produkte noch nicht mit englischen Waren messen, da Qualität und Kosten der englischen Importwaren, die zu noch weit niedrigeren Löhnen produziert wurden, die amerikanischen Erzeugnisse zunächst nicht konkurrenzfähig werden ließen.«[265]

Zölle wurden von den USA bis weit ins 20. Jahrhundert hinein benutzt, um die noch im Aufbau befindliche US-Industrie zu schützen, bis sie international mehr als wettbewerbsfähig wurde. Und auch noch über diesen Zeitpunkt hinaus (Beispiel: Zölle für Stahlimporte 2002). Zölle bildeten zudem die Haupteinnahmequelle für die öffentlichen Infrastrukturaufgaben wie Hafen- und Fernstraßenbau.

Der Aufbau der amerikanischen Wirtschaft vom Entwicklungsland zur führenden Industrienation ist so eigentlich eine Erfolgsgeschichte des Protektionismus. Den Entwicklungsländern von heute wird dagegen der oft notwendige jahrzehntelange Schutz ihrer jungen Industrien verwehrt. Dieser neoliberale Zwang hat viel zum Elend der Entwicklungsländer beigetragen.

Sucht man nach erfolgreichen Konzepten, muss man aber vor allem die erfolgreichsten Volkswirtschaften der Geschichte, die ostasiatischen Staaten Japan, Taiwan, Korea und – heute – China, betrachten. Volkswirtschaften, die es einerseits verstanden, gezielt Produkte für den Weltmarkt zu entwickeln, die andererseits ihren Markt mehr oder weniger stark gegen Konkurrenz von außen schützten und ihre Kapitalmärkte so lange regelten, bis sie zu deren Liberalisierung gezwungen wurden. Was – wie Josef Stiglitz detailliert beschreibt[266] – oft gleichzeitig das Ende ihrer Erfolgsgeschichte bedeutete.

Auch einzelne Kriterien wie: Ungleichheit als Mittel zum »trickle down« des Wohlstands zu den Ärmeren oder – wie in den ostasiatischen Erfolgsländern und der jungen Bundesrepublik – relative Gleichheit als Wachstumsmittel für die Volkswirtschaft, sind zu betrachten. Erfahrungen mit Privatisierungen, Deregulierungen bei bisher staatlichen Aufgaben, wie Bahn, Post, Energie, Wasserversorgung, oder Liberalisierung der Kapitalmärkte können helfen, geeignete Strategien zu entwerfen.

Nichts beweist allerdings, dass einmal erfolgreich benutzte Mittel auch für die heutigen Probleme der verschiedenen Volkswirtschaften in der Welt brauchbar sind. Aber ebenso wenig beweist der Umstand, dass ein wirtschaftliches Regelspiel, das in der Bundesrepublik in den 70er Jahren an Grenzen stieß, nicht heute für diese oder jene Region der Entwicklungsländer zum Modell werden könnte. Zu einem Modell, mit dem sich vielleicht der damalige Erfolg der Bundesrepublik wiederholen ließe.

Viele, oft verwirrende Erkenntnisse, die im Detail zu analysieren sind. Als übergeordnete, generalisierende Erkenntnis lässt sich nur eine Lehre ziehen – die aber ist eindeutig: Forschen wir nach Wirtschaftsformen, die die hier gestellte Aufgabe »Wohlstand für alle in der Welt« erfüllen sollen, dürfen wir keine neue Patentlösung für alle Staaten, Gesellschaften und Regionen dieser Erde suchen. Dies zu tun hieße, den Fehler der Gläubigen an die weltweite globale Liberalisierung zu wiederholen. Einen Fehler, der seinerseits den Fehler des Kommunismus nachmachte, der ebenfalls meinte, eine für alle und alle Zeiten richtige und zwingende Religion gefunden zu haben.

Diese Feststellung gilt aber nicht nur für die Wirtschaft, sondern auch für die politische Konstruktion von Staaten. Auch hier ist ein unhistorischer Glaube etwa an die Einführung einer von außen aufgestülpten Demokratie als Mittel, das wie eine Wunderdroge alle gesellschaftlichen Probleme heilt, falsch und gefährlich. Der Sturz der ehemaligen Sowjetunion in die Armut durch radikal liberalistische »Reformen« ist wohl das eindeutigste und abschreckendste Beispiel.

Amy Chua, Autorin des globalisierungskritischen Buches »World on Fire«[267], erklärte in einem Interview mit Die Welt:

> »Die meisten Leute glauben immer noch, dass die Kombination von Marktwirtschaft und Demokratie ein Allheilmittel für Entwicklungsländer ist. Wenn sie aber in einem Land mit einer wirtschaftlich dominanten ethnischen Minderheit eine Demokratie und eine ungehemmte Marktwirtschaft einführen, ernten sie oft nur blutiges Chaos.
>
> Nehmen wir Indonesien als Beispiel. Die Politik der freien Marktwirtschaft der 80er und 90er Jahre hat dort einer chinesischen Minderheit von nur drei Prozent der Bevölkerung ermöglicht, mehr als 70 % der Gesamtwirtschaft unter ihre Kontrolle zu bringen. Die nachfolgende Einführung einer Demokratie im Jahr 1998 führte zu antichinesischen Ausschreitungen … Indonesien stürzte in eine Wirtschaftskrise, von der es sich seither nicht erholt hat. Ähnliche Gruppierungen sind rund um die Welt zu finden …
>
> Was wir aber in den vergangenen zwanzig Jahren in vielen Entwicklungsländern zu installieren versucht haben, ist – trotz guter Absichten – meist nur eine Karikatur von Demokratie und Marktwirtschaft gewesen. Statt sozialer Marktwirtschaft exportierten wir rohen Kapitalismus und etablierten über Nacht zügellose Demokratien mit uneingeschränktem Mehrheitsrecht. So etwas ist extrem gefährlich. Keine westliche Nation hat sich jemals selbst derartige Systeme verordnet.«[268]

Fehlschläge sind oft die besten Lehrmeister. Ein Fehler zeigt klar, dass der eingeschlagene Weg falsch war, »falsifiziert« also die zugrunde gelegte Theorie oder die zugrunde gelegten Annahmen über Fakten. Die aufgewiesenen Fehler und Trumpfkarten des Liberalismus seien deshalb noch einmal aufgeführt.

Als Trumpfkarte des Neoliberalismus in diesem Spiel gilt das Faktum, dass nach dem Zweiten Weltkrieg nur solche Entwicklungsländer zu Wachstum und mehr Wohlstand gekommen sind, denen es gelungen ist, am Weltmarkt zu partizipieren.[269] Doch diese Trumpfkarte sticht immer seltener. Denn wenn ein Land seinen Export steigert, gerät es heute zwangsläufig mehr und mehr in Konflikt mit dem Exportwillen aller anderen. Die charakteristische Falle des Liberalismus öffnet sich: der Kampf um die Export-Weltmeisterschaft.

Die zweite Schwäche des neoliberalen Weltwirtschaftssystems ist die Zerstörung der Nachfrage durch die weltweite Minimierung der Löhne. Diese Schwächung der Nachfrage wird noch einmal durch die finanzielle Aushungerung der Staaten verstärkt, die die Regierungen daran hindert, die öffentliche Nachfrage konstant zu halten oder gar zu steigern.

Die dritte Schwäche ist eher ein historischer Fehler als ein immanenter, unvermeidlicher Makel: die rücksichtslose Anwendung des »Washingtoner Konsenses«, der Liberalisierung des Kapitalmarkts und der rigiden Kontrolle des Staatsdefizits zugunsten des Kapitalmarkts und zu Lasten der Wirtschaften und des Massenwohlstands.

Diese Schwächen sollen im Folgenden daraufhin untersucht werden, ob und inwieweit ihre Ursachen eventuell beseitigt oder zumindest die Auswirkungen begrenzt werden können.

Wirtschaft mit gelockerten Entwicklungsbremsen

Der Druck auf die Masseneinkommen durch den weltweiten freien Wettbewerb zeigt sich nicht nur im abnehmenden Massenwohlstand. Er ist auch ein »Tritt auf die Entwicklungsbremse«. Die Bremsflüssigkeit, die diesen Druck weitergibt, ist der weltweit offene Markt für Waren und Dienstleistungen, der weltweit auf die Lohneinkommen drückt. Zwei mögliche Auswege sind deshalb zu analysieren: Hebung der Masseneinkommen im weltweit offenen Markt einerseits und Beschränkung der Öffnung der Märkte andererseits.

Wettlauf um die Import-Meisterschaft statt Exportwettlauf?

Die UN-Konferenz für Handel und Entwicklung (Unctad) fordert in ihrem »Bericht zu Handel und Entwicklung 2002« alle Industrieländer dazu auf, die Nachfrage anzukurbeln.[270]

> »Ohne einen kräftigen Nachfrageschub in allen Industrieländern drohe der Aufschwung zu verpuffen und die bereits bestehenden Ungleichgewichte würden sich weiter vergrößern, warnt die Unctad. Darunter hätten nicht zuletzt die Entwicklungsländer zu leiden ...
> Die Staaten der Dritten Welt hatten die Folgen des wirtschaftlichen Krise des Vorjahres vor allem über den massiven Einbruch der Wachstumsrate bei Exporten zu spüren bekommen ... Um diese Abhängigkeit zu verringern, müssten die Entwicklungsländer verstärkt eigene Absatzmärkte schaffen.«

Wie schon 1945 von Keynes gefordert[271], kommt es darauf an, eine mit einer wachsenden Produktion wachsende Nachfrage sicherzustellen. Und das gilt für Industrieländer wie für Entwicklungsländer gleichermaßen. Der Versuch, die Nachfrage zu erhöhen, stößt aber heute überall an die aufgezeigten Wachstumsbremsen des neoliberalen Systems. Wer, wie Unctad, zu Recht die Nachfrage erhöhen will, müsste dieses System also aufbrechen. Die Frage ist nur: Wie kommt man von einem System, das letztlich auf eine Minimierung der Nachfrage hinausläuft, zu einem System, das auf Nachfrage optimiert? Vom Kampf um die Export-Weltmeisterschaft zum Kampf um die Import-Weltmeisterschaft?

Allzu wörtlich sollte man dieses Ziel allerdings nicht nehmen. Importüberschuss bedeutet ja, dass die Volkswirtschaft mehr verbraucht, als sie produziert. Die Vereinigten Staaten mit ihrer Weltwährung Dollar haben sich diesen Luxus erlauben können – und damit das auf Export fixierte Welthandelssystem eine Zeit lang gerettet. Andere Staaten können dies nicht im selben Maße tun. Import-Weltmeisterschaft kann deshalb in diesem Zusammenhang nur heißen, die Nachfrage im eigenen Raum so zu steigern, dass man von Exporten weniger abhängig ist – und anderen jungen Exportnationen, die notwendigerweise zur Gewinnung von Kapital auf diesen Weg angewiesen sind, keine unnötigen Steine in den Weg legt. Denn kaufkräftige Nachfrage ist heute ein weltweit knappes Gut. Industriestaaten, die ihre hochentwickelte Industrie für den Kampf um dieses knappe Gut einsetzen, beuten den Nachfragemarkt aus. Den Schaden tragen die weniger leistungsfähigen Schwellenländer, von den am wenigsten entwickelten Ländern ganz zu schweigen. So nehmen wir diesen Ländern genau die Chance, die wir selbst nach dem Zweiten Weltkrieg für unseren Wiederaufbau nutzen durften.

Entwicklung des Binnenmarkts in Europa und Verzicht auf weiteres Wachstum des Exports ist deshalb Entwicklungshilfe – und zwar eine der besten Strategien zu diesem Zweck. In diesem Zusammenhang sollte man nicht vergessen, dass die USA in den letzten zehn Jahren durch eine solche importorientierte Wirtschaftspolitik den exportorientierten Staaten ein unschätzbar wertvolles Geschenk machten. Ohne das amerikanische Handelsbilanzdefizit wäre die Weltwirtschaft schon lange zusammengebrochen. Es betrug 1997 140,6 Mrd. $, stand 1999 bei 331,5 Mrd. $ und ist seitdem weiter gestiegen. 72 Mrd. $ davon kamen der deutschen Exportwirtschaft zugute.[272] Ohne diese Exporte würde die Bundesrepublik noch viel tiefer in der wirtschaftlichen Misere stecken.

Eine Reduzierung des Exports verlangt andererseits natürlich, die Binnennachfrage in Europa zu stärken.

Nur: Das ist, wie wir sahen, nicht so einfach, wie es klingt. Erhöhung der Arbeitnehmereinkommen bedeutet zwangsläufig auch Erhöhung der Herstellungskosten und ist damit ein Nachteil im internationalen Wettbewerb. Man stößt hier schnell an die Grenzen des Systems. Am gefährlichsten kann sich, wie wir gesehen haben, eine Erhöhung der Arbeitskosten in den Entwicklungsländern auswirken: Setzt ein Land, sagen wir Malaysia, neue, höhere Mindestlöhne fest, geht Nike einfach nach China.

Kann man diesen weltweiten Wettlauf in die Armseligkeit nicht durch Vereinbarungen stoppen?

Soziale Schutzklauseln?

Generelle, weltweite Sozialklauseln

Seit 50 Jahren hat man sich bemüht, weltweite Regeln zu vereinbaren, die soziale Standards schaffen und sichern sollen (Sozialklauseln oder auch Sozialstandards genannt).[273] Im Prinzip könnten solche Klauseln sehr wohl das weltweite Problem des Mangels an zahlungsfähiger Nachfrage – vor allem in den sich erst entwickelnden Ländern – durch bessere Löhne entschärfen oder gar lösen. Auch eine Steigerung des Wirkungsgrads der Wirtschaft für ein Wachstum »pro poor« könnte so erreicht werden.

Doch bisher hatten die Versuche, solche Klauseln einzuführen, nur einen äußerst geringen Erfolg. Denn wer versucht, Sozialklauseln durchzusetzen, betritt ein dorniges Feld.

Christoph Scherrer hat eine umfangreiche Studie zu dem Problem der Sozialstandards vorgelegt. Die Ausgangssituation des Problems schildert er so:

> »Das Stolper-Samuelson-Theorem der klassischen Außenhandelstheorie (Gesetz vom Faktorpreisausgleich durch Handel) lässt für den Handel zwischen Industrie- und Entwicklungsländern erwarten, dass die Entlohnung geringqualifizierter Arbeitskräfte in Industrieländern sich dem in Entwicklungsländern vorherrschenden Niveau annähern wird ... Den größten Anteil zu den Reallohnverlusten leistet dabei jedoch die Konkurrenz aus den OECD-Ländern, die wesentlich höhere Arbeitnehmerstandards einhält, als sie für die Sozialklauseln in Handelsverträgen anvisiert werden. Deshalb sind die vorgesehenen Sozialklauseln zum Schutz von geringqualifizierten Arbeitskräften in der OECD ungeeignet.«[274]

Lohnverfall in Entwicklungsländern und Lohnverfall in den Industriestaaten können deshalb nicht mit den gleichen sozialen Mindeststandards aufgefangen werden. Niveau und politischer Zweck der Sozialstandards in diesen beiden Fällen sind total unterschiedlich.

Dienen sie im ersten Falle dem »take off«, dem Start des Landes in die Entwicklung durch die Bildung nachfragefähiger Einkommen, sollen sie im zweiten Fall den erreichten hohen sozialen Standard der Arbeitnehmer von Sozialstaaten schützen.

Weltweite gleiche Regeln über Arbeitsbedingungen, Mindestlöhne und Umweltschutznormen sind also unerreichbar. Aber das ist weder verwunderlich noch zu bedauern. Denn solche Gleichmacherei wäre auch offensichtlich falsch. Die gesellschaftlichen und wirtschaftlichen Bedingungen in den 180 Ländern der Welt sind so unterschiedlich, dass gleiche Regeln nie eine optimale Lösung darstellen können – wie die schnell aufgestiegenen ostasiatischen Wirtschaftsmächte mit ihren sehr speziellen und lange Zeit sehr erfolgreichen Wirtschaftsverfahren bewiesen.

In jedem dieser Länder hat der Staat, wie z.B. Erik Izraelewicz[275] beschreibt, eine essenzielle Rolle beim Start der wirtschaftlichen Entwicklung gespielt. Er hat gewaltige Infrastrukturmaßnahmen bewältigt, hat die Expansion der großen nationalen Industriegruppen gefördert. Durch aktive Politik hat er das Erziehungswesen, den Wohnraumbau, das Gesundheitswesen und das Sparkassensystem aufgebaut und so einen sozialen Rahmen gesichert, der Wirtschaftsentwicklung begünstigte.[276]

Ähnlich die Beschreibung dieser Wirtschaften durch George Soros:

> »Nehmen wir Asien, die Region, in der die Wirtschaftsentwicklung in den letzten Jahren am erfolgreichsten war. Im asiatischen Modell stützt die Regierung die Interessen der einheimischen Geschäftsleute und hilft ihnen, Kapital zu akkumulieren. Für diese Strategie muß sie die Planung der Industrieentwicklung anführen, über finanzielle Hebelkraft verfügen und die inländische Wirtschaft bis zu einem gewissen Grad abschirmen ...«[277]

Kein Wunder, dass Erik Izraelewicz die asiatische Krise der 90er Jahre »den zweiten Tod der Kombinate« nennt und sie mit dem Fall der Mauer 1989 vergleicht. Er meint:

> »Die Parallele zwischen der Krise im Osten am Ende der 80er Jahre

und der Krise in Ostasien am Ende der 90er Jahre ist frappierend. Zwischen dem Staatssozialismus der sowjetischen Welt und dem Staatskapitalismus der asiatischen Welt gibt es tatsächlich Konvergenzen. Das südkoreanische Chaebol hat Gemeinsamkeiten mit dem ostdeutschen Kombinat, das chinesische Staatsunternehmen seinen Homolog in der ehemaligen Sowjetunion. Der ökonomische Höhenflug der asiatischen Länder – Japans in den 50er Jahren, der Drachen in den 70er Jahren und der Tiger seither – hat sich jedesmal auf einen Unternehmenstyp gegründet, der letztlich dem der kommunistischen Welt sehr nahe ist – mit dem großen Unterschied, dass diese hier im Privateigentum stehen.«[278]

Mit der unabweisbaren Erkenntnis, dass für unterschiedliche Länder, ja selbst für die gleiche Wirtschaft zu unterschiedlichen Zeiten auch unterschiedliche Regelungen des Marktes notwendig sind, ist eine global gültige Regelsetzung für Sozialstandards gescheitert. Immerhin könnte man noch versuchen, zwei getrennte Sozialstandards einzuführen, die jeweils für die Entwicklungsländer mit ihren Bedürfnissen einerseits und für die Sozialstaaten andererseits weltweit gelten.

Spezielle soziale Mindeststandards für Entwicklungsländer?

Der Standardeinwand gegen soziale Mindeststandards für Entwicklungsländer ist, jede Verteuerung des Faktors Arbeit nehme ihnen ihren komparativen Vorteil vor den industrialisierten Ländern. Das Ergebnis sei, dass die Entwicklungsländer ihre Waren nicht mehr absetzen könnten und die Familien, die dort auf Minimaleinkommen oder gar Kinderarbeit angewiesen seien, dem Elend preisgegeben würden.

Das Argument, durch Sozialstandards verteuerte Arbeit würde zu einem Rückgang der Nachfrage nach solchen Waren in den Entwicklungsländern führen, ist aber gegen die für *Entwicklungsländer* notwendigen Sozialstandards nicht stichhaltig.

Zwar kann der Preis der »Billigarbeit« in der *gegenseitigen Konkurrenz der Billiglohnstaaten* für die Standortwahl der Unternehmen in den Entwicklungsländern sehr wohl entscheidend sein. Ebenso entsteht der Wettlauf um Kapital und Investoren durch Hungerlöhne. Doch gerade dieser Wettlauf könnte und soll ja durch zwischen diesen Ländern vereinbarte Mindeststandards gestoppt werden.[279]

Der Preis, zu dem die Waren in den Industrieländern angeboten werden, hängt dagegen kaum von der Höhe des Lohns ab. Die folgenden Beispiele zeigen, wie hoch der Gewinn der Exporteure und wie niedrig der Lohnanteil in den Entwicklungsländern ist. Sozialklauseln würden in solchen Fällen nicht den Umfang des gesamten Exports in die Industrieländer beeinträchtigen, wohl aber die Verteilung des Erlöses zwischen Kapital und Arbeit im Entwicklungsland ein klein wenig zugunsten der bettelarmen Arbeiter verschieben. Kein Wunder, dass die Herrschenden in diesen Ländern von Sozialklauseln nichts hören wollen.

Nehmen wir das Beispiel der Nike-Schuhe:

»Die US-Firma hat die Produktion nach Indonesien verlagert. Sie beschäftigt dort überwiegend Mädchen und junge Frauen und zahlt einen Lohn, der unter der amtlich festgelegten Mindestgrenze liegt. 88 % der Arbeiterinnen leiden, nach einem IAO-Bericht, an Unterernährung. Die Produktionskosten für ein Paar Schuhe – der Endpreis beträgt 80–100 US-Dollar in den USA – sind gerade zwölf US-Cents.«[280]

oder:

»Deutsche Textilfirmen lassen zu menschenunwürdigen Bedingungen in China und der Dritten Welt produzieren.

In dem steuer- und zollbegünstigten Dorado für ausländische Investoren lässt der taiwanesische Adidas-Lieferant ›Formosa‹ junge Frauen und Mädchen in 14-Stunden-Schichten zu Pfenniglöhnen Trikots und Trainingshosen schneidern. ›Trinken und Toilettengang sind nur zweimal am Tag gestattet‹, berichtet Hernandez. Nierenschmerzen und Harnwegsinfekte seien an der Tagesordnung … rund 30 Mark bleiben pro Woche nach Abzug der Buskosten zum Fabrikort vor der Stadt übrig.

… Oft hat eine Jeans, bevor sie deutsche Verkaufsregale erreicht, eine Weltreise hinter sich: in China mit Stoff aus Südkorea genäht, die Knöpfe aus Großbritannien, die Labels in Heimarbeit in den USA hinzugefügt. (Was wieder einmal zeigt, wie eng Freihandel mit

Umwelt zerstörendem Transport verbunden ist.) Das lohnt trotz der Transportwege: Minimallöhne sichern in der arbeitsintensiven Textilproduktion maximalen Gewinn.«[281]

Ja, darum geht es: Minimallöhne sichern in der arbeitsintensiven Textilproduktion maximalen Gewinn. Und der geht an die ausländischen Investoren. Es wird doch wohl niemand behaupten wollen, eine solche Form der Industrialisierung sei für die armen Länder der beste, ja unverzichtbare Weg aus der Armut. Man wird deshalb Scherrer zustimmen müssen, der meint: »Internationale Mindeststandards lassen sich ... entwicklungstheoretisch plausibel begründen.«[282]

Noch deutlicher die Brundtland-Kommission: »Die Brundtland-Kommission ist der Meinung, dass ohne eine internationale Vereinbarung über soziale Standards und über die Regulierung des internationalen Kapitalstromes keine dauerhafte (*sustainable*) Entwicklung zu erreichen sei.«[283]

Sozialstandards sind also entwicklungspolitisch positiv, gar notwendig und – auf einem ungleich höheren Niveau – zum Erhalt vollwertiger Arbeitsplätze mit Löhnen, von denen die Familien leben können und die die Konsumnachfrage in den entwickelten Sozialstaaten sichern, unverzichtbar. Und dennoch: Der Widerstand sehr vieler Regierungen in Entwicklungsländern gegen jede Form von Sozialstandards[284] bestimmt die Realität.

Um die Gründe des Widerstands bewerten zu können, muss man aber fragen: Wer opponiert denn gegen diese Standards? Schnell findet man: Es sind nicht »die Entwicklungsländer«, die sich gegen Sozialstandards wenden, sondern ihre Regierungen. Sie haben die Macht, im Welthandelssystem Verträge zu schließen oder abzulehnen. Und sie entscheiden hierüber nach ihren (Regierungs-)Interessen. Aber dass die so getroffenen Entscheidungen im Interesse der Bevölkerung der Entwicklungsländer liegen, das sollten wir uns nicht kritiklos einreden lassen. In Entwicklungsländern ist die Spaltung zwischen oben und unten noch wesentlich größer als in den Industrieländern. Lafontaine und Müller schildern ein drastisches Beispiel dieser Divergenz der Interessensphären beider Gruppen:

»Ein Beispiel für die dort herrschenden gesellschaftlichen Verhältnisse gab der Sozialgipfel der Vereinten Nationen 1995 in Dänemark. Das dänische Außenministerium wurde mit Anfragen von Delegationen aus den Entwicklungsländern überhäuft, die die besten Hotelsuiten der Hauptstadt mieten wollten. Auf dem Gipfel sollte über die Möglichkeiten beraten werden, Armut und Elend in der Welt zu bekämpfen.«[285]

»Kontinent der Pfründe – In Afrika bedeutet politische Macht Zugang zu den Fleischtöpfen«, schreibt Gaby Mayr in einer Besprechung von Gerhard Haucks »Gesellschaft und Staat in Afrika«:

»Wirtschaftliche und politische Macht sind aufs Engste miteinander verzahnt. Der Staat als neutrale Instanz ist nur aus politologischen Lehrbüchern bekannt. Justiz und Polizei dienen zur Durchsetzung von Interessen. Eine Machtposition oder wenigstens ein Posten im Staatsapparat bedeutet Zugang zu den Fleischtöpfen, die von Transportmitteln bis zu Entwicklungshilfegeldern reichen. Wer viel Macht im Staat hat, kann eine enteignete Farm übernehmen oder den Aufbau eines eigenen Unternehmens finanzieren. Im postkolonialen Kenia unter Jomo Kenyatta galt die Wohlfahrts- und Kulturvereinigung GEMA, in der die politische und wirtschaftliche Creme vertreten war, noch vor der Regierungspartei als wichtigstes Gremium zur Verteilung von Pfründen. Kenyattas Nachfolger Arap Moi änderte nichts am Prinzip, nur die Begünstigten wechselten.«[286]

Ähnlich Thilo Bode, der frühere Greenpeace-Geschäftsführer:
»Besonders negativ wirkt sich aus, dass die staatliche Entwicklungshilfe von den Geberländern als Dauersubvention der in den Empfängerländern an der Macht befindlichen Elite und Bürokratie konzipiert ist. In undemokratischen Systemen, vor allem in den tribalistisch organisierten Staaten Afrikas, bevorzugt das von Regierung zu Regierung fließende Geld auf der Seite der Nehmerländer einseitig die jeweils herrschenden Stämme und Clans. Das hat fatale Auswirkungen.

Die ungleiche Verteilung trug zu vielen schrecklichen Bürgerkriegen bei. Etwa in Somalia, wo sich der Clan des ehemaligen Präsidenten Siad Barre so lange bereicherte, bis die anderen Clans zurückschlugen. Oder in Burundi, wo die Gelder der Entwicklungshilfe bei den herrschenden Tutsis hängen blieben, während die unterdrückte Landbevölkerung, vornehmlich Hutus, nicht davon profitieren konnte. Die dadurch verursachte soziale Schieflage ist mitschuldig an dem entsetzlichen Gemetzel zwischen den beiden Volksgruppen. Diese Liste ist beliebig verlängerbar.«[287]

Es gibt, wie der erste Arbeitsminister der Regierung Clinton, Robert Reich, feststellte, durch die Globalisierung keine »amerikanische Volkswirtschaft« mehr[288], sondern nur noch sehr unterschiedliche Interessengruppen mit divergierenden Interessen. Niemand kann deshalb auch »die Interessen der amerikanischen Volkswirtschaft« vertreten. Dann gibt es aber erst recht niemanden, der die (gesamten) Interessen der Volkswirtschaft eines Entwicklungslandes zu vertreten vermag.

Sucht man die »wirklichen Interessen« eines oder der Entwicklungsländer an Sozialstandards, muss man daher nicht eine einzelne Gruppe befragen – und sei es auch die Regierung des Entwicklungslandes. Man muss die Auffassungen und Interessen der verschiedenen an der Produktion beteiligten Gruppen hören und abwägen. Tut man das, wird man sehr schnell bemerken, dass die Gewerkschaften sowohl in den USA als auch in vielen Entwicklungsländer sehr wohl auf Sozialstandards drängen. Bernard Cassen berichtet:

»Auf Initiative von zwei Schweizer Gesellschaften (Deklaration von Bern und Brot für die Zukunft) ist eine Untersuchung bei den Gewerkschaften des Südens und des Nordens über deren Meinung zu Sozialklauseln durchgeführt worden. Ein Vorschlag, der bei den … Verhandlungen des GATT in 1994 heftige Kontroversen zwischen den Regierungen und den NGOs des Südens ausgelöst hatte, die der Meinung waren, dass es sich hier um eine versteckte Form von Protektionismus handelt, der sich eine humanitäre Maske aufsetzt, um die Dritte Welt ihres komparativen Kostenvorteils zu berauben …

Demgegenüber ... zeigen die Untersuchungen, dass praktisch die Gesamtheit der befragten Gruppen für eine Sozialklausel kämpft. Sie könnte helfen, die Handelsbeziehungen zu moralisieren und das Gewicht der Arbeiter im Süden zu verstärken. Es erscheint selbst notwendig, die Sozialstaats-Klausel mit einer ökologischen Klausel zu verkoppeln, da die beiden Prinzipien untrennbar sind.«

Doch:

»Diese Sozialklauseln müssten auf verschiedenen Niveaus ins Werk gesetzt werden: multilateral, regional, bilateral und privat ... was die Maßnahmen angeht, müssten sie je nach Ort und befragter Organisation sehr unterschiedlich aussehen. Die Befürchtungen sind nicht dieselben auf den Philippinen, in Kamerun oder Brasilien ...«[289]

So scheitert selbst der Versuch, einen Konsens über *allgemeingültige* Klauseln auch nur innerhalb der Entwicklungsländer zu finden.

Internationale soziale Mindeststandards für Industrieländer?

Fassen wir zusammen:

Sozialstandards zur Hebung des Lebens- und Produktionsniveaus in Entwicklungsländern, die aus Hungerlöhnen Billiglöhne machen, sind ein Ding. Sozialstaaten dagegen brauchen zum Schutz ihrer Sozialstaatlichkeit gegen Staaten, die keinen oder nur einen geringen sozialen Schutz kennen, Sozialklauseln auf einem ungleich höheren Niveau.

Hohe Standards können nur für solche Staaten gefordert werden, die bereits ein so hohes Produktionsniveau erreicht haben, dass sie sich hohe Löhne und einen sozialen Schutz der Arbeitnehmer leisten können. Wie hoch diese Latte liegt, wird aber von Land zu Land wieder verschieden sein. Gleiche Standards können ohne Wettbewerbsverzerrung nur zwischen Industriegesellschaften gelten, deren Produktivitäts- und Lebensbedingungen mehr oder weniger identisch sind. Solche relativ weitgehenden Übereinstimmungen wird man aber im Allgemeinen nur in bestimmten Regionen der Welt (Europa, USA/Kanada, Ostasien) zwischen den Staaten dieser Regionen finden können.

Doch das bedeutet dann leider: Weltweite gleiche Sozialstandards für die Industrieländer sind auch nicht möglich.

So ergibt sich folgendes Fazit:

1. Sozialstandards sind notwendig, um das Wachstum in sich entwickelnden Gesellschaften »pro poor«, »für die Ärmeren«, zu lenken und gleichzeitig durch neue Nachfrage zu stabilisieren.
2. Sozialstandards für Industriegesellschaften sind notwendig, um dort Sozialabbau zu verhindern. Das Niveau der Mindeststandards für Industriegesellschaften muss für diese Aufgabe ganz erheblich höher angesetzt werden als für sich entwickelnde Gesellschaften.
3. Aber auch innerhalb der Gruppe sich entwickelnder Länder und der Gruppe der Industriegesellschaften in der Welt gibt es keine einfache, für alle zutreffende Lösung, kein Einheitsniveau.
4. Wenn Sozialstandards einerseits notwendig, andererseits aber für die verschiedenen Regionen der Welt nur in jeweils spezifischer Art und Höhe von Nutzen sind, muss der Weltmarkt jedenfalls für die Sozialstandards in solche Regionen aufgeteilt werden.

Was hindert die Entwicklung der armen Länder – und was beschleunigt sie?

Allgemeiner freier Handel?

Zölle und andere Handelshemmnisse waren in der Geschichte für wohl alle sich industriell neu entwickelnden Länder überlebenswichtig. Das zeigte sich von den Bismarckschen Schutzzöllen 1879[290] bis zur »Erfolgsgeschichte des Protektionismus«, dem Aufstieg der USA zur stärksten Wirtschaftsmacht der Welt.[291]

Unvorsichtiger Abbau von Schutzzöllen und anderen Importbeschränkungen hat dagegen immer wieder zu wirtschaftlichen Rückschlägen geführt. Beispielsweise hatte der rapide Abbau von Schutzzöllen und die Aufgabe von Importquoten in Australien Anfang der 90er

Jahre die Stillegung von elf Prozent der Fabriken und den Verlust von rund 100 000 Arbeitsplätzen zur Folge:

> »Den Ermittlungen eines parlamentarischen Untersuchungsausschusses zufolge hatten die Zollsenkungen eine verheerende Auswirkung auf die Bekleidungs- und die Schuhwarenindustrie, in denen in den vergangenen drei Jahren ein Drittel der Unternehmen den Betrieb einstellen mußte.«[292]

Die Entwicklungsländer von heute brauchen diesen »vorsichtigen« Weg in die moderne Industriegesellschaft ebenso. Wenn deren Industrie aber nicht mehr durch Einfuhrzölle geschützt werden darf, verdrängen die reiferen Produkte aus den Industrienationen die heimischen Erzeugnisse. So werden die noch schwachen Unternehmen ohne Schutzzölle durch die Importe weggefegt, ob es nun bäuerliche oder Industriebetriebe sind. Die Aufhebung aller Handelsschranken und der Abbau aller Einfuhrzölle verschärfen so auch die Ungleichverteilung zwischen Arm und Reich in diesen Ländern.

Auch die derzeitige Förderung der Exporte von sich entwickelnden Ländern durch besonders niedrige Einfuhrzölle der Industrienationen (Lomé-Abkommen) wird z.B. unmöglich, wenn alle Einfuhrzölle für *alle* Staaten abgeschafft werden.

Der Amerikaner Walden Bello, Soziologieprofessor in Manila und Leiter der Nichtregierungsorganisation (NGO) Focus on the Global South in Bangkok, will deshalb, so Die Zeit, den Entwicklungsländern Freiräume für Protektionismus erhalten. Schließlich bedeute dieses Unwort des freien Welthandels nichts anderes als Schutz: »Die Dritte-Welt-Staaten müssen die Chance haben, die Handelspolitik ihrer Entwicklungsstrategie unterzuordnen. Sie müssen die Freiheit behalten, Zölle zu erheben, ihre Wirtschaft vor den Schwankungen der Weltwirtschaft und vor sprunghaften Kapitaltransfers abzuschotten.«[293]

Noch schlimmer als radikaler Liberalismus aber ist natürlich Missbrauch von Protektionismus auf Seiten des Stärkeren bei erzwungenem Liberalismus des Schwächeren. Das war das Muster, mit dem England unter dem Banner des freien Handels die indische Baumwollindustrie zerstörte:

»Die hochentwickelten Textilien Bengalens waren in ganz Europa berühmt. 1757, im Jahr der Schlacht von Plassey, beschrieb Clive die Textilstadt Dhaka, die heutige Hauptstadt von Bangladesh, als ›ausgedehnt, dichtbesiedelt und reich wie die City von London‹. Diese blühende Textilindustrie sahen die englischen Textilmanufakteure und Händler als gefährliche Konkurrenz an. Der englische Staat erließ ein Importverbot für indische Stoffe, und die bengalischen Weber wurden ›mit Geldstrafen, Prügel, Einkerkerung, Erzwingung von Schuldscheinen usw. gezwungen, ihre eigene Baumwollindustrie aufzugeben und schließlich Fabrikware aus Manchester zu kaufen‹. Die Folgen waren eine unsägliche Verarmung der Bevölkerung, Hungersnot und Tausende von Hungertoten. Der englische Historiker Trevelyan schrieb 1840, die Bevölkerung sei von 150 000 auf 30 000 gesunken, ›der Dschungel und die Malaria breiten sich rasch aus … Dacca, das indische Manchester, ist von einer blühenden zu einer kleinen, verarmten Stadt geworden.‹«[294]

Schutzzölle oder Handelsfreiheit für landwirtschaftliche Produkte?

Gegenüber der Forderung nach einer allgemeinen Öffnung der Agrarmärkte ist besondere Skepsis angebracht. Sie gehört zum Standardrepertoire der liberalen Vorstellungen. In Einzelfällen mag sie auch durchaus richtig sein. Doch als *generelles* Rezept sind diese Vorschläge äußerst fragwürdig.

Schon in der Kolonialgeschichte zeigten sich die Schattenseiten solchen Handels. Am Ende des 19. Jahrhunderts wurde selbst während Hungersnöten noch Weizen aus Indien exportiert.

Und heute? »Thailands Landwirte in der Modernisierungsfalle – Je mehr sie arbeiten, desto ärmer werden sie«, meldete z.B. die Süddeutsche Zeitung: »Kleinbauern im Norden des Landes protestieren gegen die Globalisierung. Weil es keine Zollschranken mehr gibt, wird das Land von Billigimporten überschwemmt … Die Bauern haben die Kontrolle über ihre Produktion verloren … Das Saatgut, der Dünger, die Pflanzenschutzmittel werden ihnen vorgeschrieben, auf die Preise haben sie keinen Einfluss.«[295]

Oskar Lafontaine meint deshalb mit gutem Grund:
> »Generell stellt sich die Frage, ob man den Agrarmarkt so deregulieren kann wie die übrigen Gütermärkte. Jedes Land strebt bei Nahrungsmitteln eine Selbstversorgung an. Dieses Ziel hat auch die Europäische Gemeinschaft von Anfang an verfolgt. Natürlich war das Ziel der Selbstversorgung den Europäern wichtiger als die Idee des Freihandels. Warum billigt man den schwachen Ländern nicht das gleiche Recht zu?«[296]

Trinkwasser wird das größte Problem für das kommende Jahrhundert – vor allem in Entwicklungsländern. Auf dem Nachhaltigkeitsgipfel in Johannesburg stand die globale Süßwasserkrise ganz oben auf der Agenda. Die Landwirtschaft ist überall der größte Verbraucher und Verseucher des Trinkwassers. Von zehn Tonnen Getreide wachsen weltweit bereits vier auf bewässerten Feldern. Längst lässt Wasser sogar die Wüste ergrünen. Doch zu welchem Preis! 2000 bis 3000 Tonnen Wasser pro Tonne Getreide müssen auf Felder gesprengt werden, die im heißen Wüstenwind Ertrag bringen sollen. Länder wie Saudi-Arabien können sich teure und energieintensive Meerwasserentsalzungsanlagen leisten. Andernorts jedoch fallen ganze Flüsse dem Durst der Landwirtschaft zum Opfer. Landstriche veröden oder sacken ab, weil unterirdische Wasserspeicher leer gepumpt werden.[297]

Die Landwirtschaft für den Export statt für die Versorgung der Bevölkerung auszubauen verschärft dieses Problem. Israel verbraucht für seine Export-Landwirtschaft den Löwenanteil der Wasservorkommen der Region. Sambia baut Stangenbohnen, Kenia Rosen für den Export an, während die Bevölkerung hungert.[298]

Die Verlagerung der Welt-Landwirtschaft aus wasserarmen Gebieten in die bevorzugten Gebiete mit ausreichendem Regen wird deshalb vorgeschlagen und ist voraussichtlich in vielen Fällen der einzige Ausweg aus dem Dilemma. Das aber bedeutet: Verlagerung der Landwirtschaft in die Industrienationen, denn sie sind es, die in den regenreichen Regionen angesiedelt sind.

Detaillierter, als dies hier geschehen kann, beschreiben Maude Barlow und Tony Clarke das Problem in ihrem Buch »Blaues Gold. Das globale Geschäft mit dem Wasser«.[299]

Gleichförmigkeit der Produkte
und Ungleichförmigkeit der Bedürfnisse

Die Welthandelsorganisation WTO wirbt für ihr liberalistisches System
mit den Worten:
> »Das Welthandelssystem bietet dem Verbraucher eine größere Aus-
> wahl und einen breiteren Bereich verschiedener Qualitäten, unter
> denen er auswählen kann (›WTO-Vorteil 5‹).«

Vorteile, die sie dann so anpreist:
> »Denke an all die Dinge, die wir heute haben, weil wir sie impor-
> tieren können: Früchte und Gemüse außerhalb der Saison, Nah-
> rungsmittel, Kleidung und andere Produkte, die als exotisch an-
> gesehen werden können, Schnittblumen aus allen Teilen der Welt
> und alle Arten von Haushaltsgütern, Bücher, Musik, Filme und so
> weiter. Wenn der Handel uns erlaubt, mehr zu importieren, erlaubt
> er auch anderen, mehr unserer Exporte zu kaufen. So erhöht er un-
> ser Einkommen und versieht uns so mit den Mitteln, die größere
> Auswahl auch genießen zu können.«[300]

Es ist richtig, dass durch den freien Welthandel Waren aus jeder Ecke
der Welt in jede andere Ecke gelangen können. Es stimmt, dass auf diese
Weise Waren, die früher bei uns in Europa unbekannt waren, heute
überall zu finden sind. Das ist Vielfalt.
   Nur: Das Prinzip des Marktes ist, die Produktion dahin zu verlegen,
wo sie am billigsten ist. Und das gilt auch für die »vielfältig« angebo-
tenen Waren. Nach dem Prinzip des Freihandels, »Jeder macht das, was
cr am besten kann«, machen dann zum Schluss die Holländer die To-
maten. Scheußliche Industrieprodukte, aber billig und gut transpor-
tierbar. Aus Hunderten verschiedener lokaler Apfelsorten werden
schließlich zwei, drei oder vier Standardäpfel, die – mehr oder weniger
geschmacklos – in allen Regalen der Welt zu finden sind. Die traditi-
onsreichen Weinanbaugebiete am Rhein veröden zugunsten von
Importen aus aller Welt mehr und mehr. Nur noch Nike-Schuhe und
Jeans weniger Marken sind »in«.
   Es ist schön, dass wir unseren Kindern Filme von Walt Disney zei-

gen können. Aber wenn man den Markt alleine walten lässt, wird es bald nur noch amerikanische Filme geben. Denn der große amerikanische Markt mit seinen garantierten Absatzzahlen macht die Produktion dort rentabler als bei uns. Microsoft-Software, Holliday Inn-Hotels, Coca Cola und McDonald-Restaurants breiten sich weltweit aus. Die Vielfalt der Kulturen und Lebensstile der Welt wird zur weltweiten Monotonie. Weitgehend unbeachtet bleibt auch die sehr unterschiedliche Rolle der Verwendung von Pflanzenschutzmitteln in gemäßigten Klimazonen (ein Umweltproblem) und tropischen Klimazonen (Malariagefahr).

»Was bliebe von Japan ohne den Reis-Protektionismus?«, fragt Edward N. Luttwak und antwortet selbst:

> »Häßliche, überbevölkerte Ballungsräume, gesichtslose Betonvorstädte, Zentren des modernen Massentourismus und, natürlich, Golfplätze in ansonsten menschenleeren ländlichen Gebieten. Ein reiches Land wie Japan kann es sich leisten, seine Reisbauern zu schützen, so wie auch die Franzosen, die Deutschen und andere Europäer ihre Kleinbauerin schützen. Und die Kosten für die Bewahrung des unverfälschten Landlebens lohnen sich allemal. Nur sind die Europäer nicht so albern und begründen ihren Schritt mit der Notwendigkeit, die ›Ernährung sicherzustellen‹, wie es die Japaner getan haben. Aus ihrer Sicht bedarf der Schutz der Weinberge in der Provence, der Almen in Bayern und der Olivenhaine in der Toskana keiner zusätzlichen Rechtfertigung.«[301]

Es ist diese drohende kulturelle Einöde, gegen die Attac mobil macht. Aber auch die biologische Vielfalt ist nicht mehr garantiert.

Martin Urban:
> »In China beispielsweise wurden 1949 noch mehr als zehntausend Weizensorten auf den Äckern des Landes gezählt. Heute sind davon knapp tausend übrig geblieben. Anfang des 20. Jahrhunderts gab es in Indien mehr als 30 000 Reissorten, heute werden noch zehn bis 15 Sorten angebaut. In den Anbaugebieten Asiens setzt sich immer mehr der amerikanische Langkornreis durch. In Latein-

amerika, der Heimat der Kartoffel, verschwinden Hunderte alter
Sorten, weil nur noch wenige für die Verarbeitung zu Pommes frites
gefragt sind.«[302]

Auch die Medizin müsste in den Entwicklungsländern anders aussehen
als in den entwickelten Staaten der nördlichen Klimazonen. Die Entwicklung einer speziellen Medizin für die Krankheiten, die eigentlich
nur in Tropen ausbrechen, lohnt sich aber nicht. Doch auch in den Fällen, in denen unsere Medikamente genutzt werden könnten und dringend benötigt werden, hilft diesen Ländern der europäische Pharma-
markt nicht. Die Medikamente sind zu teuer. So fordern diese Länder,
dass ihnen entweder stark verbilligte Medikamente zum Schutz ihrer
Bevölkerung vor allem gegen Aids, Malaria und Tuberkulaose angeboten werden. Oder dass ihnen erlaubt wird, diese Mittel selbst nachzu-
machen oder preisgünstig aus anderen Entwicklungsländern zu er-
werben. Diese Forderungen der Entwicklungsländer sind bis heute in
den WTO-Verhandlungen von den USA nicht akzeptiert worden. Sie
befürchten,

> »dass die Entwicklungsländer ein solches Entgegenkommen zur
> Herstellung von billigen Medikamenten missbrauchen könnten.
> Ein solches Vorgehen würde sich negativ auf die Forschungstätig-
> keit der amerikanischen Pharmaunternehmen auswirken«.[303]

Erfreulicherweise haben sich aber in der letzten Zeit einzelne große
Pharmakonzerne unter dem Druck der Öffentlichkeit bereit erklärt, für
einzelne solcher Mittel einen preislich so aufgespaltenen Weltmarkt zu
akzeptieren.

Gerhard Pfreundschuh:
> »Wichtig ist die Erkenntnis, daß auf dieser Erde nicht alles nach den
> gleichen Methoden ablaufen kann. Wir müssen endlich erkennen,
> daß schon Klima und Landbau zu unterschiedlichen kulturellen
> Entwicklungen führen. Was für Europa gilt, kann für Afrika falsch
> sein. Und afrikanische Erfahrungen sind oft nicht auf Asien über-
> tragbar. Wobei gesagt werden muß, daß es völlig falsch ist, den ei-

nen Zustand gegenüber dem anderen als besser oder höherwertig zu beurteilen. Wir müssen endlich anerkennen, daß es nicht immer um besser oder schlechter, sondern auch um anders und verschieden geht.«[304]

Vom Gesichtspunkt der kulturellen Vielfalt kann deswegen keines der Extreme richtig sein: Weder Abschottung gegen die Produkte aus anderen Ländern noch Abbau aller Handelshemmnisse führen letztlich zur Produkt- und Kulturvielfalt. Wo Schutz nötig ist und wie viel, das kann nur in jedem einzelnen Fall unter Berücksichtigung der konkreten Bedingungen des betreffenden Landes oder der betreffenden Region entschieden werden. Wieder würde jede »Einheitsregel« für alle nur Schaden anrichten. Die Entscheidungskompetenz muss deshalb aus dem anonymen weltweiten Regelwerk wieder zu den demokratisch legitimierten Instanzen, den einzelnen Staaten und Regionen, zurückkommen.

Wie kommt man zum »take-off« eines Entwicklungslandes?

Das »Tiger-Konzept«, mit dem eine Reihe von Staaten die Grundlagen für ihren Wohlstand legen konnten, zeigte sich als Auslaufmodell. Sicher kann auch weiterhin hier und da ein »junger Tiger« sich etwas Beute holen – so wie dies Deutschland und Japan in den 60er Jahren auf dem reichen amerikanischen Markt taten. Aber mehr und mehr Tiger und weniger und weniger Schafe und Kühe zeigen das Ende dieser »take-off-Methode«.

Auch der Satz, man müsse Billiglohnprodukte der Entwicklungsländer frei auf den Markt der Industrieländer lassen, weil nur so eine Chance bestehe, diesen Ländern den Anschluss zu ermöglichen, erwies sich als falsch. Falsch, weil Billiglöhne nur die Konkurrenz der Entwicklungsländer untereinander um die Investition entscheiden, die Preise – und damit auch die Absatzmöglichkeiten in den Industrieländern – aber praktisch nur von den Zwischenhandelsspannen abhängen, die den meist internationalen Großkonzernen zufließen.[305]

Die für die Entwicklung der Wirtschaft der »jungen Tiger« fatale Folge dieses Konkurrenzkampfes der Entwicklungsländer untereinander mit Billiglöhnen ist: Die Billiglöhne entwickeln wechselseitig einen weltweiten Lohndruck, der die Lohnspirale weiter nach unten treibt. So entsteht aber gerade nicht der von Henry Ford angesteuerte Effekt der allgemeinen Wohlstandssteigerung durch bessere Löhne. Vielmehr wird so die traurige Sozialstruktur aus wenigen Reichen und vielen Armen und Ärmsten dieser Länder zementiert.

Die UN-Konferenz für Handel und Entwicklung (Unctad) kritisiert die Folgen und stellt fest: »Trotz steigender Exporte wachsen die Einkommen in den Entwicklungsländern kaum.« Als Ursache sieht der Unctad-Generalsekretär Ricuperos »die einseitige Ausrichtung der Industrieproduktion in den Entwicklungsländern« auf die »Verarbeitung der vorhandenen Bodenschätze oder einfache Produktionsprozesse für Industriegüter«.[306] Mit der weiteren Öffnung der Märkte könnten so Überkapazitäten für die Produktion mit angelernten oder sogar ungelernten Arbeitskräften entstehen, die zu einem ruinösen Preiskampf etwa in der Bekleidungsindustrie oder im Elektrosektor zu führen drohen. Es scheint, als ob diese Zukunft bereits seit einiger Zeit begonnen hat.

Wachstum einer Industriegesellschaft – und das müssen alle sich entwickelnden Länder zunächst einmal werden – setzt nun einmal gute Löhne und gute Gewinnchancen der eigenen Industrie voraus. Dieser von Henry Ford angestrebte Effekt entsteht nur dann, wenn die Abnehmer und die Produzenten dieselben sind. Damals die Einwohner eines Landes, der USA, heute wohl eher die einer Region: Ostasien, Südamerika, Europa. Das aber setzt voraus, dass Produkte einer anderen Region, die billiger produziert, gerade nicht ungehindert importiert werden dürfen. Und das setzt umgekehrt voraus, dass der Absatz der Produkte einer Region in einer anderen Region eben nicht der Standardfall sein darf, sondern die Ausnahme.

Hermann Scheer drückt das so aus:

»Globale Handelsfreiheit von Waren und Dienstleistungen soll durch das Prinzip einer globalen Investitionsfreiheit ersetzt werden: Unternehmen sollen nicht mehr die Möglichkeit haben, in immer größerem Umfang die Standorte der Produktion von den Märkten zu entkoppeln. Dagegen sollen sie die Möglichkeit haben, dort frei zu investieren, wo sie ihre Waren verkaufen...

Regierungen müssen die ordnungspolitische Möglichkeit haben, (die internationalen Unternehmen) ... ab einer bestimmten Importmenge dazu zu veranlassen, indem sie sich im Falle einer Weigerung, direkt zu investieren, mit höheren Zöllen schützen.[307] Wenn sich also Unternehmen große Marktanteile in anderen Ländern sichern wollen, werden sie wegen der Zolldifferenzierung zwischen extern und intern erzeugten Produkten dazu veranlasst, dort zu produzieren und Arbeitsplätze zu schaffen, wo sie große Stückmengen verkaufen wollen. Damit ist sowohl Sozial- wie auch Umweltdumping am leichtesten zu verhindern. Es garantiert sogar mittel- und langfristig stabilere Absatzmärkte, denn diese kann es nur geben, wenn es durch die Sicherung von Beschäftigung auch Kaufkraft auf diesen Märkten gibt.«[308]

Ebenso wenig kann für alle Kapitalmärkte und für immer eine einzige Standardregel richtig sein.

George Soros:
»Mittlerweile ist es ein Glaubensbekenntnis, daß Kapitalkontrollen abgeschafft und die Finanzmärkte einzelner Länder, einschließlich der Banken, für den internationalen Wettbewerb geöffnet werden sollten ... Nun sollte uns die Erfahrung der Asienkrise einen Moment innehalten lassen. Die Länder, die ihre Finanzmärkte geschlossen hielten, überstanden den Sturm besser als die, die offen waren. Indien wurde lange nicht so in Mitleidenschaft gezogen wie die südostasiatischen Staaten; China war besser abgeschottet als Korea.«[309]

Weltwirtschaft, gegliedert in Regionen?

Eine mögliche Methode, für die so unterschiedlichen Volkswirtschaften dieser Erde genau passende Regeln aufzustellen, ist die Aufteilung des Weltmarkts in großregionale Märkte. Der Vorteil dieses Modells ist, einerseits auf die unterschiedlichen sozialen und wirtschaftlichen Bedingungen in der Welt eingehen zu können, ohne andererseits zu

kleine Wirtschaftsräume zu bilden. Welche Größe jeweils erforderlich
ist, kann wiederum nicht generell, sondern nur im Einzelfall entschieden werden. China und die USA zum Beispiel, obwohl Nationalstaaten, können zur Zeit noch als »hinreichend groß« angesehen werden.
Ob an ihre Stelle Nordamerika, also Kanada und die USA, ganz Amerika (Nord- und Südamerika) und Ostasien treten sollen, darüber
kann man streiten. Diese Entscheidung kann nur politisch durch die beteiligten Nationen getroffen werden.

Für Europa kann diese Entscheidung heute nur noch durch die EU
fallen. Doch das ist ein Problem. Ist es vielleicht gar eine Sackgasse?

Was ist Europa?[310]

Der Kern des Problems »was ist Europa« ist primär weder ein Problem
des Verfassungsrechts noch der Geographie. Es geht vielmehr um das,
was man in der Wirtschaft die »Corporate Identity« nennt. Was soll
Europa sein? Warum wollen wir »Europa«? Was ist die Vorstellung von
Europa, die in den Köpfen der europäischen Menschen dieses Gebilde
als wertvoll, als unverzichtbar lebenswichtig, als Symbol für Heimat ver-
ankern soll? Wie kann Europa als politische Einheit erlebt und erfahren werden?

Historisch ist das Problem nicht neu. Es stand zum Beispiel am
Anfang des Kaiserreichs 1871. Aus vielen Kleinstaaten, die noch
fünf Jahre zuvor (1866) Krieg gegeneinander geführt hatten, sollte das
neue, das zweite Deutsche Reich werden. Und dieser Prozess gelang. Das
»Reich« wurde so sehr Inhalt des Denkens der Menschen, dass dem
neuen deutschen Selbstbewusstsein Größenwahn folgte und dem
Größenwahn der Untergang.

Zwei Dinge bildeten den Kern für die Akzeptanz des Kaiserreichs:
einmal der historische, etwas mystische Glaube an das »Heilige Römi-
sche Reich Deutscher Nation«. Aber das alleine hätte nicht genügt.
Hinzu kam die mit Händen zu greifende Erfahrung von der Einheit dieses neuen politischen Gebildes und seiner täglichen Nützlichkeit für
seine Bürger. An die Stelle von kleinstaatlichen Postdiensten trat die
deutsche Reichspost mit einem einheitlichen Tarif für das gesamte

Reichsgebiet. Die Zollgrenzen fielen im ganzen Reich. Die Eisenbahn-
systeme wuchsen zu einem einheitlichen Netz. Die wirtschaftlichen
Interessen der verschiedenen Gruppen wurden vom Reich wahrge-
nommen. Gefördert von der Reichsregierung fuhr unter der schwarz-
weiß-roten Reichsflagge bald eine der größten Handelsflotten jener Zeit.
Schutzzölle schützten die Landwirtschaft und neue Industrien.
Schutzzölle retteten den Wohlstand des Reiches nach der Weltwirtschaftskrise von 1873. Bismarcks Sozialgesetzgebung suchte dem Elend
der Arbeitermassen entgegenzusteuern.

Und zudem: Der möglichst mächtige Nationalstaat lag »im Trend«
der damaligen Zeit. Heute dagegen zerfallen einige europäische Staaten in Splitter. Jugoslawien, die Tschechoslowakei, ja selbst Russland –
von der Sowjetunion ganz zu schweigen – splittern sich auf. Die Bas-
ken verlangen Unabhängigkeit. In Korsika besteht immer noch ein ex-
plosives Gemisch.

Erfahrung neuer Weite damals. Und heute? Längst sind die Zollmauern weltweit im Abbau. Längst kommt man mit dem bundesdeut-
schen Pass nicht nur in fast alle europäische Staaten, sondern auch in
die meisten Länder dieser Welt. Visa, wo sie noch nötig sind, erhält man
mit diesem Pass meist ohne Probleme. Wie will man da mit »Europa«
die Menschen packen, begeistern? Was kann man da noch bieten?

Und zudem:

Dort, wo das Deutsche Reich neue Integrationsleistungen präsen-
tierte: Fehlanzeige. Im Gegenteil: Heute wird das damals Errungene zerschlagen. An die Stelle der Deutschen Bundespost treten für Telefon-,
Paket- und später auch Briefdienst unbegrenzt viele kleine private Gesellschaften. Trotz des (immer häufiger für viele tödlichen) Chaos bei den
privatisierten britischen und niederländischen Bahnen wird auch die
Bundesbahn privatisiert. Mehr und mehr Strecken werden an »Betrei-
ber« unterschiedlichster Provenienz vergeben oder ganz eingestellt.
Und »Europa« erscheint durch seine Wettbewerbskontrolleure den
Menschen nur als Förderer dieses Zerfalls. Schiffe unter europäischen
Flaggen bekommen Seltenheitswert. Panama oder andere Billigflaggen
beherrschen die Meere – und die Finanzämter der europäischen Staaten müssen den Steuerausfall bei den Arbeitnehmern wieder hereinho-
len. Die Schäden durch die immer häufiger werdenden Schiffskatastro-

phen der schlecht bemannten und oft total verrosteten »Billigschiffe« tragen die Küstenbewohner noch dazu.

Eine europäische Bahn, eine europäische Post sind so utopisch, dass nicht einmal daran gedacht wird. Wozu auch? Selbst wenn der Gedanke für die Politik attraktiv erschiene, wie sollte er bei der Vielzahl der verschiedenen Eisenbahn-Interessen der verschiedenen europäischen Länder jemals durchgesetzt werden?

Und in der Wirtschaft: Zwischen europäischen und nicht-europäischen Unternehmen unterscheiden, die Interessen der ersteren gegenüber »nicht-legitimen« Interessen anderer verteidigen? Das geht schon deshalb immer schlechter, weil man kaum noch sagen kann, was ein europäisches Unternehmen ist. Entscheidet der Sitz der Verwaltung des Unternehmens, der Standort der einzelnen Produktionen? Der (Aktien-)Besitz? Zudem verbieten die Welthandelsverträge jede Diskriminierung. Und nicht die »europäischen Staaten«, sondern die Welthandelsorganisation entscheidet, welche Interessen der Konkurrenten »nicht-legitim« sind.

Gefährdete eigene Industrien, wie Bismarck das tat, durch Zollmauern zu schützen, ist durch die geschlossenen Außenhandelsverträge verboten. Die sozialstaatlichen Regeln, den »rheinischen Kapitalismus« der meisten europäischen Staaten gegen puren Kapitalismus durch gesetzliche Regeln schützen? Unmöglich, denn solche Schutzregeln müssen immer den Unternehmen zugunsten der Arbeitnehmer Grenzen setzen oder finanzielle Auflagen zumuten. Aber in einer freien Weltwirtschaft haben die Ökonomen Recht, die sagen, dass das Kapital zu den Standorten geht, die die besten Bedingungen bieten, und das heißt im allgemeinen: die niedrigsten Löhne und die niedrigsten sozialen Auflagen – und die niedrigsten Umweltauflagen dazu. Der Protest der Industrieverbände gegen die sozialen Grundrechtsbestimmungen (vor allem das Streikrecht) des Entwurfs der Charta der Grundrechte der Europäischen Union vom 28. 9. 2000[311] kann daher nicht überraschen.

Dabei enthält dieser Entwurf eher weniger soziale Grundrechte als die Allgemeine Erklärung der Menschenrechte der Vereinten Nationen. Die enthielt sogar in ihrem Artikel 23 noch ein »Recht auf Arbeit«. Dafür garantiert der Entwurf der EU jedoch in Artikel 16 die »unternehmerische Freiheit«.

Europa und der Neoliberalismus

Ohne den Sozialstaatskern gefährdet man aber den letzten zur Zeit denkbaren Ansatz zur Schaffung einer »Corporate Identity« für Europa: Europa als Verteidiger der sozialstaatlichen Errungenschaften des vorigen Jahrhunderts. Europa als Sozialstaats-Kontinent – im Meer eines schrankenlosen Liberalismus.

Zu Recht schreibt deshalb Ralf Dahrendorf:

»Europa sucht seine eigene Identität

Ein Problem – wahrscheinlich das grundlegendste – ist, dass die europäische Integration nicht mehr die Vorstellungskraft der Europäer beflügelt … Dahinter steckt die bohrende Frage: Warum machen wir das alles? Welcher triftige Grund liefert die treibende Kraft hinter der immer engeren Union?

Von der Wirtschaftsunion haben viele profitiert; sie ist aber nicht die Art von treibender Kraft, die inspiriert. In der jüngeren Vergangenheit war die Vorstellung einer europäischen Identität populär … Aber wie lässt sich diese Identität definieren?«

Dann aber fährt er fort:

»Dies ist der Punkt, an dem viele anfangen, Ausdrucksweisen zu verwenden, die Europa durch Unterscheidung, ja durch Gegensätze, im Vergleich zu den USA definieren – Europa als Anti-Amerika. Sie lenken die Aufmerksamkeit auf das, was sie als Amerikas uneingeschränkten Kapitalismus betrachten, und setzen dem die sozialen Marktwirtschaften Europas entgegen. Das Ergebnis ist, dass viele führende Europäer anfangen, ihre Ziele für die Union zu definieren, indem sie sie in Gegensatz zu den USA stellen.

… (Andere Europäer) beharren auf ungeteilten westlichen Werten, den Werten der Aufklärung und der Freiheit. Wenn es um die Werte geht, ist jeglicher Versuch fehl am Platz, die amerikanischen und europäischen Traditionen voneinander zu trennen.

Es kann sein, dass diese gemeinsamen Werte es erschweren, die heiß begehrte europäische Identität zu finden. Doch das Bauwerk Europa mit antiamerikanischen Gefühlen zu festigen, wie unab-

sichtlich auch immer, wäre intellektuell unehrlich, moralisch
suspekt und für alle freiheitsliebenden Europäer politisch gefährlich.«[312]

Ich sehe nicht, dass irgend jemand versucht hat, bei den Werten Aufklärung und Freiheit einen Graben zwischen den USA und Europa zu
ziehen. Aber die europäischen Werte des »rheinischen Kapitalismus«,
wie man in Frankreich sagt, des Sozialstaats, teilen wir leider nicht mit
den USA. Diese Werte unterscheiden die beiden Seiten des Atlantiks.
Und die meisten Europäer wollen diesen Unterschied auch bewahren.
Daher bildet dieser Unterschied tatsächlich, wie Dahrendorf beobach-
tet hat, den möglichen Kern für eine europäische Identität. Kann oder
will Europa nicht eine solche »Festung des Sozialstaats« werden, hilft
keine noch so schöne europäische Verfassung. Es nützt kein europäisches Parlament mit weitgehenden »Rechten«. Denn diese »Rechte«
werden hohl. Die Staatsgewalt, die durch das Parlament vom Volke ausgehen soll, löst sich mehr und mehr in der globalisierten Wirtschaft auf.
Dabei beschleunigt der Versuch, gemeinsame Kompetenzen auf europäische Organe zu verlagern, noch die Schwächung der politischen
Macht. Macht, die auf viele Träger verteilt wird, ist schnell keine wirk-
liche Macht mehr.

Hauptursache dieses Abbaus des Politischen ist die immer weiter ge-
hende Befreiung der Wirtschaft von politischen Eingriffsmöglichkeiten.
Wenn die Staaten nur noch als »Wirtschaftsstandorte« verstanden werden – und sich schließlich zwangsläufig auch so verstehen müssen –, haben sie den Regeln der Wirtschaft zu folgen, von denen ihr wirtschaftliches Wohlergehen abhängt. Doch ihre eigene Normsetzungsgewalt, ihre
Staatsgewalt, reduziert sich so mehr und mehr zu einer Fiktion.

Staatsgewalt, die nicht mehr da ist, kann nun einmal auch nicht mehr
nicht vom Volke ausgehen. Der weltweite Freihandel obsiegt im Streit
mit der Demokratie, mit der er unvereinbar ist. Doch mit der Demokratie verschwindet dann auch die Freiheit.

Das, was Europa heute als liberalisierter Wirtschaftsraum bieten
kann, bietet schon der weltweite Liberalismus. Das, was der Liberalismus nicht bieten kann, Erhalt der Umwelt, soziale Sicherheit und Ver-
teilungsgerechtigkeit, kann Europa bei allseits offenen Märkten aber

auch nicht mehr bieten. Die »europäischen Interessen« lösen sich im allgemeinen Weltmarkt auf. Europa wird überflüssig.

Einheit entsteht stets durch Abgrenzung. Abnabeln von der amerikanischen Führungsmacht wäre so eine wesentliche Voraussetzung für den Prozess der europäischen Einheitsbildung. Antiamerikanismus ist das nicht. Auch die USA, einst englische Kolonie, entstanden nicht mit, sondern gegen England. Nach einer relativ kurzen Zeit der Beruhigung der Gemüter hat es zwischen England und den USA keine Konflikte mehr gegeben. Im Gegenteil. Beide Nationen haben in allen großen und kleinen Krisen zusammengehalten. Bis heute hat, so wird berichtet, der ehemalige Bundeskanzler Helmut Schmidt »nie einen englischen Politiker getroffen, der glaubte, der Atlantik sei breiter als der Kanal bei Dover«. Warum soll das zwischen Europa und den USA anders sein, soweit es sich um die gemeinsamen Werte Aufklärung und Freiheit handelt?

Wenn es Europa wirklich geben sollte, dann ist es deshalb das Europa, das de Gaulle vorschwebte, als er sagte: »Ich will, dass Europa europäisch ist. Das bedeutet, dass es nicht amerikanisch sein soll!«[313] Und das bedeutet, dass es seine spezielle »unamerikanische« Gesellschaftsform, die Sozialstaatlichkeit, bewahrt.

Eine europäische Sozialunion gibt es aber nicht ohne einen gewissen Protektionismus. Dass es andererseits möglich ist, Europa ohne eine einigende, die Mehrheiten begeisternde Vision, wie es eine europäische Sozialunion sein könnte, zu einem mehrheitsfähigen politischen Ziel zu machen, ist äußerst unwahrscheinlich. Und dass der Weg nach Europa von den Bevölkerungen auch nur toleriert wird, wenn auf diesem Wege nichts wartet als Freihandel und Wirtschaftswachstum mit Verelendung der Massen, glaubt doch wohl niemand. Aber das heißt dann: weltweiter Liberalismus *oder* Europa, und: kein Europa ohne Protektionismus.

Doch dieses Wort haben die Anhänger und Profiteure des Ultraliberalismus mit Erfolg tabuisiert. In Deutschland gibt es daher – im Gegensatz zu Frankreich – nicht einmal eine Debatte um einen verantwortlichen Protektionismus des Sozialstaats.[314]

Was würde eine europäische Sozialunion die europäischen Bürger kosten?

Auch die Vorteile des Protektionismus sind nicht gratis zu haben

Wenn z.B. Importkameras mit 30% Zoll belegt werden, kosten bald alle Kameras 20–30% mehr. Die einen wegen des Zolls, die anderen, einheimischen (wenn es die dann wieder oder noch geben sollte), wegen des fehlenden Preisdrucks.

Aber das erlaubt auf der anderen Seite der Kameraindustrie auch wieder höhere Gewinne. Und wenn sie die wegen ihrer Aktionäre offen legt, heißt das wieder höhere Steuern – und das ist ein Plus in der Staatskasse. Höhere Gewinne erlauben wieder höhere Löhne – wie in den USA von 1933–1970 oder in der BRD 1950–73: Das heißt höhere Einkommen (aus der Wirtschaft fließt mehr in die Gesellschaft) und wieder höhere Steuern.

Den Staat kosten Schutzzölle nichts. Im Gegenteil: Sie sind Einnahmen. Oft ersetzen sie bisher geleistete Subventionen. Aus Ausgaben werden dann Einnahmen. Das ist ein doppelter Gewinn – und das ist gerade dann wichtig, wenn wie heute alle Staaten hoch verschuldet sind und eben diese Verschuldung auch eine der Ursachen der sozialen Misere ist.

Höhere Steuereinkommen des Staates heißt aber bald auch wieder Steuersenkung für die Bürger. So bleibt es bei der alten Wahrheit: Der Sozialstaat beruht auf einem Pakt, nach dem die Konsumenten höhere Preise zahlen, die Unternehmen höhere Gewinne einfahren und höhere Löhne zahlen und der Staat von beiden Seiten höhere Steuern erhält.[315]

So stehen sich gegenüber: höhere Preise für Kameras (im Beispiel) auf der einen Seite, Abbau der Staatsverschuldung, höhere Einkommen, niedrigere Steuersätze auf der anderen. Letzteres dient deutlich der gestellten Aufgabe: »Wieder mehr aus der Wirtschaft für die Gesellschaft herausholen.« Aber quantitativ sind die Posten kaum gegeneinander aufzurechnen. Zu viele nicht im voraus verifizierbare Annahmen gehen ein: Wie hoch sind die zusätzlichen Staatseinnahmen – denn das hängt im Beispiel von der Zahl der trotz der Steuern importierten Kameras ab. Wie hoch sind die Einkommenssteigerungen? Wie hoch die Steuersenkungen?

So bleibt die Frage: Stimmen die Gräuelschilderungen von den hohen Preisen, die die Anhänger des Liberalismus in ihrer vorgeblichen Verteidigung des »Rechts der Bürger auf billige Importwaren« anstimmen?

Vergleicht man verschiedene Produkte für denselben Zweck, die in verschiedener Weise und zu sehr unterschiedlichen Kosten hergestellt werden – zum Beispiel Benzin aus importiertem Rohöl mit seinem Substitut Benzin aus deutscher Kohle –, so dürfte das Freihandelsargument »billiger für den Verbraucher« richtig sein und bleiben. Solche »Substitutionen« sind und bleiben deshalb widersinnig. Aber niemand würde heute ja auch einen solchen Unsinn anfangen.

Vergleicht man aber Produkte, die nur mit unterschiedlich teurer Arbeitskraft hergestellt werden (Hemden oder andere Textilprodukte), sieht die Sache bei genauerem Hinsehen etwas anders aus:

Natürlich stimmt es, dass die Bekleidung durch Freihandel billiger wird. Und das freut den »Verbraucher« zu Recht. Doch Verlagerung in Billiglohnländer senkt den Weltmarktpreis für Textilarbeit. Andere einfache Arbeit folgt. Das trifft zwei Schichten der Bevölkerung ungleichmäßig: Die »Spitzen-Arbeitnehmer«, die oberen 40 % etwa, verlieren noch kein Einkommen. Für sie ist diese Art von importierter Arbeit noch keine Konkurrenz. Ihre Konsumgüter werden etwas billiger. So steigt ihr Realeinkommen durch den Freihandel. Das untere Drittel aber kauft zwar billigere Unterhosen, Videogeräte oder Fahrräder – aber sein Lohn sinkt, seine Rente ist gefährdet.

Was unter dem Strich herauskommt, ist nicht abstrakt zu beantworten. Die Antwort gibt die langfristige Statistik. Und die zeigt für die europäischen Sozialstaaten ebenso wie für die USA:

Die unteren Nettorealeinkommen sind in den zwei »Freihandels-Jahrzehnten« gesunken (USA) bzw. erst konstant geblieben und dann gesunken (Bundesrepublik).[316] Aber eben diese »Nettorealeinkommen« spiegeln die Bilanz zwischen den Vorteilen und Nachteilen des Freihandels für die Haushalte der Bürger genau wider.

Vom »Segen des Freihandels« ist bei den unteren Schichten somit in der Summe nichts – oder nichts mehr – angekommen. Oben: Nut-

zen ja, unten: Nutzen nein. Freihandel zeigt sich so wieder einmal als
ein Faktor, der unter diesen konkreten Bedingungen die Unterschiede
in der Gesellschaft verstärkt. Einer wirksamen, sozial ausgeglichenen
Wirtschaftspolitik wirkt er unter den gegebenen Umständen entgegen.

Die Probleme für die Exportindustrie

Dass die Exportindustrie hinter dem Schutz von Zollmauern ihrerseits
durch die Schutzzollpolitik Schwierigkeiten haben soll, scheint zunächst
nur durch einen mittelbaren Effekt plausibel: Gegenzölle der Import-
länder als Reaktion auf diese Zölle. Das ist natürlich stets möglich, ja
sogar sehr wahrscheinlich.

Doch das ist nicht das einzige Problem dieser Politik. Robert Reich,
der ehemalige amerikanische Arbeitsminister Clintons, schildert in seinem Buch den zunächst auch von der US-Regierung nicht gesehenen
Effekt, der eintrat, als sich die Regierung auf Bitten einiger Industrie-
zweige zur Einführung solcher Schutzzölle genötigt sah:

> »Automobilhersteller, Werkzeugmacher, Halbleiterfabrikanten,
> Flugzeughersteller, alle forderten Schutz gegen ›unfaire Praktiken
> fremder Händler‹.
> Ende der 8oer Jahre war (wertmäßig) fast ein Drittel der in den USA
> gefertigten Standardgüter gegen internationale Wettbewerber
> durch Handelsbarrieren geschützt.
> Diese protektionistische Strategie gab zeitweise einigen Produ-
> zenten etwas Luft. Aber sie brachte die immer steigenden Gewinne
> von vor zwanzig Jahren nicht mehr zurück. Einerseits, weil immer,
> wenn eine Industrie Schutz erhielt (z.B. die Stahlindustrie), eine an-
> dere im internationalen Konkurrenzkampf wieder benachteiligt
> wurde, weil sie, wie die Autoindustrie, nun teureren Stahl verwen-
> den musste als die Konkurrenten. Wodurch diese wieder schutz-
> bedürftiger wurde usw. ...«[317]

So wird evident: Im Rahmen des exportorientierten Liberalismus sind
nicht alle behaupteten negativen Folgen von Protektionismus Gräuel-
märchen. Hier gibt es oft wirklich keinen Ausweg mehr, der zu einem

höheren Wirkungsgrad der Wirtschaft für die Gesellschaft oder »pro poor-Wachstum« führt. Das Konzept ist wasserdicht. Wirtschaft findet für Wirtschaft statt.

Je weniger exportabhängig die europäische Wirtschaft aber wird – und das ist mit dem Ende des »Tiger-Konzepts« der einzige Ausweg zu Wohlstand für alle –, je umfassender der Binnenmarkt geschützt wird, desto weniger trifft dieser Bumerangeffekt die europäische Wirtschaft. Und desto weniger stören auch »Exportoffensiven« der Europäer in anderen Regionen der Welt die dort gewünschte Entwicklung. (Zumal der Großteil des Exports der Europäer eh in andere europäische Länder geht und nicht in alle Welt.)

In der Zwischenzeit sollte man sich aber zumindest an grundsätzlich richtige Lehrsätze des Liberalismus erinnern. Je mehr man durch staatliche Eingriffe *einzelne* Wirtschaftsentscheidungen regeln will, desto höher wird die Fehlerwahrscheinlichkeit. Das kann der Markt besser. Schutzzölle für einzelne Industrien sind ein solcher Fall. Schutzzölle für den gesamten einheimischen Markt bilden dagegen einen (ein Stück weit geschlossenen) Marktraum. Sie verbessern die Marktchancen der einheimischen Industrie in diesem Raum. Wegen des jetzt höheren Preises für Energiekäufe auf dem Weltmarkt tragen sie auch dazu bei, neue, eigene und umweltfreundliche Energiequellen im einheimischen Marktraum zu entwickeln. Sie leisten so einen wichtigen Beitrag für das Weltenergieproblem. In den Regelmechanismus des so eingegrenzten Marktes greifen sie dagegen nicht ein.

6 Wohin führt der Weg?

Wirtschaftskrisen, wachsende Ungleichheit, soziale Destabilisierungen, Streiks – negative Phänomene, die gleichzeitig in mehreren Staaten Europas auftreten, fordern die Überprüfung der herrschenden »neoliberalen Ordnung«.

Was fanden wir vor?

Mangelnde Effizienz der Wirtschaft für das Wachstum des Welt-BSP

Dass die Sozialprodukte sowohl in Deutschland wie den anderen frühindustrialisierten Staaten und ebenso das Gesamtsozialprodukt der Welt maximal »nur« linear steigen, also mit abnehmenden jährlichen Wachstumsraten, ist eine seit mehr als 50 Jahren bestehende Erfahrung. Das bedeutet: Das Wachstum in den Industrienationen nähert sich langsam[318] einem Nullwachstum. Jede Wirtschaftspolitik, jede Wirtschaft hat dieses Faktum zugrunde zu legen.

Wachstumskritiker kann dieses Ergebnis eigentlich auch nicht überraschen. Denn ewiges Wachstum mit jährlichen Wachstumsraten von zwei oder mehr Prozent führt auf die Dauer zu völlig unsinnigen Resultaten. Ewiges Wachstum auf einer endlichen Erde dürfte deshalb ein Traum bleiben. Und nicht einmal ein schöner. Nullwachstum ist andererseits ein schwieriges, noch weitgehend unbeackertes Feld. Studien über »Wirtschaft in der Zeit nach dem Wachstum« werden aber dringend benötigt, wenn die betroffenen Volkswirtschaften sich rechtzeitig auf eine so gravierende Veränderung der Wirtschaftsbedingungen einstellen sollen.

Nun ist das Sozialprodukt der Welt und seine Veränderung über die letzten 50 Jahre nur ein sehr unvollkommener Maßstab für die Zunahme des Wohlstands durch die wachsende Wirtschaft. Schon deshalb, weil die-

ser Maßstab beiseite lässt, wie viele Menschen sich dieses Sozialprodukt
teilen mussten. Ein schon etwas besseres Kriterium für den Erfolg der
Weltwirtschaft als Mittel zum Wohlstand ist deshalb das Wachstum des
jährlichen Welt-Sozialprodukts pro Kopf der Weltbevölkerung Dieses
jährliche Wachstum des Sozialprodukts pro Kopf nahm in der »neoliberalen Phase« der Weltwirtschaft von 1973 bis zum Jahr 2000 nun nicht,
wie immer wieder von den Anhängern des Neoliberalismus behauptet
wird, zu, sondern drastisch ab, es halbierte sich. Die Grafik G[319] (auf dem
Lesezeichen und S. 127) belegt das klar und deutlich.

So unvollkommen Sozialprodukt und Sozialprodukt pro Kopf als
Maßstab auch sind: Was nicht produziert wurde, kann auch nicht verteilt werden. Das Bruttosozialprodukt ist die Obergrenze aller verfügbaren Mittel, sein Wachstum oder die Abnahme dieses Wachstums sind
folglich relevant. Geht das Bruttosozialprodukt zurück oder wächst es
langsamer, ist das durchaus ein Indikator für abnehmenden Wirtschaftserfolg. Die Halbierung dieses Wachstums des Weltsozialprodukts
pro Kopf der Weltbevölkerung in der »neoliberalen Phase« müsste deshalb eigentlich die Alarmglocken der Wirtschaft läuten lassen.

Wachsende Ungleichheit in der Welt

Das Wachstum der Sozialprodukte pro Kopf in der Welt war zudem extrem ungleich verteilt: Fortsetzung des linearen Wachstums mit seinen
abnehmenden jährlichen Wachstumsraten in den USA und den meisten westeuropäischen Staaten, Stagnation in Afrika und vielen Staaten
Südamerikas, Gewinne und schwere Krisen in Ostasien.

Angus Maddison, der in seinem umfangreichen Datenwerk zur Entwicklung der Weltwirtschaft seit dem Jahr 1000 den Details nachgegangen ist, kommt deshalb zu dem Resultat:

> »… das Wachstum der Welt-Ökonomie hat sich seit 1973 erheblich
> verlangsamt, und der Fortschritt in Asien wurde durch Stagnation
> und Rückschritte an anderen Orten überkompensiert.«[320]

Dabei ist der gewählte Maßstab Sozialprodukt pro Kopf noch ein für den wirtschaftlichen Fortschritt schmeichelhafter Maßstab, wie sich bei der Analyse des Phänomens zeigte, dass die ehemaligen europäischen Sozialstaaten einerseits ihr Sozialprodukt seit der Mitte der 70er Jahre etwa verdoppeln konnten, andererseits mit diesem Wachstum aus Wohlstand und Sicherheit in Armut und wirtschaftliche Unsicherheit wuchsen.

Was als Sozialprodukt entsteht, entscheidet eben nur, was maximal zu verteilen ist. Doch was davon wirklich verteilt wird, in der Gesellschaft ankommt, nicht in der Wirtschaft oder sonstwo versickert, das hängt von der Art der Wirtschaft ab, bestimmt deren Wirkungsgrad für den Wohlstand der Gesellschaft. Und der sank, wie sich zeigte, in der »neoliberalen Periode« seit der Mitte der 70er Jahre, stetig.

Die europäischen Sozialstaaten: Gefangen im Käfig der neoliberalen Weltwirtschaftsordnung

Die prekäre Situation der Arbeit

Die Kehrseite des technischen Fortschritts ist, dass die Nachfrage nach Arbeit je Einheit des Sozialprodukts weltweit sinkt. Und dies so stark, dass das Wachstum des Bruttosozialprodukts in der Bundesrepublik (wie in anderen industrialisierten Ländern) in der zweiten Hälfte des vorigen Jahrhunderts die Arbeitslosigkeit nicht abbauen konnte.

Hinzu kommen Faktoren, die ihre Ursache im »realen Neoliberalismus«, so wie er ins Werk gesetzt wurde, finden:

- Der Faktorpreis-Ausgleich durch Handel führt langsam, aber sicher zu einem Weltmarktpreis für Arbeit. (Welt-)Marktpreis heißt: abhängig von Angebot und Nachfrage.
- Am niedrigsten sind die Arbeitspreise am Weltmarkt naturgemäß für ungelernte Arbeit. Im Interesse der Arbeiter und des Kapitals sind in neun der zwölf Mitgliedsstaaten der Union Mindestpreise für diese Arbeit festgelegt. Die Mindestpreise schwanken zwischen 416 € im Monat in Portugal und 1369 € in Luxemburg. Ohne diese Mindestlöhne hätten die Arbeitgeber aus Konkurrenzgründen sehr viel niedrigere

Löhne durchsetzen müssen, um auf dem Markt zu bestehen. Sie hätten dies angesichts der hohen Arbeitslosigkeit und der schwächeren sozialen Sicherungssysteme in vielen Ländern auch durchsetzen können. Damit wäre aber die Nachfrage so ausgetrocknet worden, dass die Unternehmer nicht mehr hätten expandieren können. Viele wären in Konkurs gegangen.

• Das Hineinnehmen neuer Regionen in den Weltmarkt schwächt die Markmacht derjenigen Menschen, die nur ihre Arbeit anbieten können. Denn es kommen Menschen hinzu, die zwar auch als Konsumenten der bisherigen Arbeitsprodukte auftreten möchten, dies aber nicht können. Sie haben kein Geld – und bekommen im Weltmarkt auch nur den niedrigen Weltmarktpreis für Arbeit, von dem die Arbeiter aus den alten Industrieländern durch ihre sozialen Sicherungssysteme noch ein gewisses Stück weit entfernt sind. Mehr Anbieter von Arbeit zu niedrigeren Löhnen, unzureichende Kaufkraft durch Löhne in den Industrienationen, die dem Wachstum der Produktion nicht mehr folgten oder gar sinken: So sinkt die Nachfrage nach Gütern und Dienstleistungen. Sinkende Nachfrage bedeutet Abschwächung der Konjunktur und damit Abbau von Arbeit und Arbeitsplätzen. So verschiebt sich das Verhältnis von Angebot an Arbeitsleistung und Nachfrage nach Arbeit immer mehr zu ungunsten der Anbieter ihrer Arbeitskraft.

• Die Zufuhr immer neuer billiger und billigster Arbeitskräfte hat dazu geführt, dass auch die Weltmarktpreise für gelernte Arbeit schon so niedrig sind, dass, hätten sie sich hier schon voll durchgesetzt, in der Bundesrepublik kein Mensch mit einem solchen Lohn auf die Dauer überleben könnte (Gummi-Conti-Beispiel)[321]. Was solche Löhne für die Menschen bedeuten, kann man zum Beispiel daran sehen, wie es in den USA den »working poor« geht, deren Leben Barbara Ehrenreich in »Arbeit poor« plastisch beschrieben hat. Dabei gibt es in den USA noch einen Mindestlohn von 877 € pro Monat! Ein Preis, der weit über dem liegt, was sich bei den meisten Beitrittskandidaten der EU in den nächsten zehn Jahren einstellen wird. Denn deren Mindestlöhne – soweit sie welche haben – liegen zwischen 212 € pro Monat in Ungarn und 56 € in Bulgarien.[322] Das sind nicht einmal zwei Euro pro Tag.

Der Rückgang der Effizienz des Wachstums
für den Wohlstand der Gesellschaft

Wirtschaft entsteht, wenn Menschen anfangen, vorhandene Anlagen zur Produktion von Gütern zu nutzen und diese Güter zu tauschen oder (historisch gesehen später) gegen »Geld« zu verkaufen. Der Erlös aus dem Verkauf dieser Güter ist, so gesehen, die primäre Quelle für das Entstehen von Wohlstand.

Die Menschen in einer Gesellschaft, die weder Anlagen noch Kapital haben, profitieren vom Gedeihen der Wirtschaft auf zwei verschiedenen Wegen. Einmal können sie ihre Arbeitskraft an einen »Unternehmer« verkaufen. Sie beziehen so als Lohn einen Anteil an den Erlösen, die der Unternehmer durch den Verkauf der produzierten Güter erzielt. Der zweiten Weg für die kapital- und anlagenlosen Bürger ist der Weg über öffentliche Güter. Öffentliche Güter, wie Schulen, Kindergärten, Theater, Krankenversorgung und – notfalls – Sozialhilfe, können dann zur Verfügung gestellt werden, wenn die Wirtschaft Teile ihrer Verkaufserlöse an die öffentliche Hand abgibt. Das geschieht im Allgemeinen nicht freiwillig, sondern durch Steuern.

Löhne sind also für die Kapitallosen das einzige Mittel zum individuellen Wohlstand, Steuern auf die Wirtschaft das Mittel zum öffentlichen Wohlstand.

Die Idee, alle Produktionsanlagen in Eigentum für alle, »Volkseigentum« zu überführen und so alle direkt am produktiven Gewinn zu beteiligen, findet hier ihre Wurzeln. Doch ihre Realisierung in den sozialistischen Volkswirtschaften des ehemaligen Ostblocks führte letztlich in eine wirtschaftliche Katastrophe. Trotz steigendem Sozialprodukt kam schließlich kaum noch etwas an Wohlstand aus der Wirtschaft bei der Bevölkerung an. Der Wirkungsgrad dieser Wirtschaft für den Wohlstand der Menschen war zu tief gesunken.

Ein Beispiel für einen hohen Wirkungsgrad der Wirtschaft für den Wohlstand der Gesellschaft war die soziale Marktwirtschaft der Bundesrepublik in den Jahre 1950 bis etwa 1974. Seitdem geht auch hier der Wirkungsgrad stetig zurück, wie das Zurückbleiben der durchschnittlichen Brutto- und Nettoeinkommen aus abhängiger Tätigkeit, dem wesentlichsten Beitrag zum persönlichen Wohlstand in der Gesellschaft, zeigt.[323] Auch der Beitrag der Wirtschaft für den öffentlichen Wohlstand, die Steuern auf Unternehmen, sanken von durchschnittlich rund vier Prozent des Bruttosozialprodukts in den 70er Jahren auf rund 1,5 % im Durchschnitt der letzten fünf Jahre des vorigen Jahrhunderts. Trotz der Verdoppelung des Bruttosozialprodukts, also der Summe aller produzierten Güter und Dienstleistungen in derselben Zeit, sanken so die insgesamt zum öffentlichen Wohlstand abgeführten Summen bei steigenden Staatsaufwendungen für den immer komplexeren und transportaufwändigeren Produktionsapparat. Der Ausgleich durch die Steuern aus den Einkommen der abhängig Beschäftigten ist ein Scheinbeitrag. Denn was die abhängig Beschäftigten mehr an Steuern für den öffentlichen Wohlstand zahlten, ging von dem durch Arbeit errungenen Anteil am privaten Wohlstand ab.

Zudem reduzierten die steigenden Aufwendungen für den Erhalt der Wirtschaft noch einmal den Nutzen dieser Wirtschaft für den öffentlichen Wohlstand, weil sie aus den Steuermitteln getragen werden mussten.

Entwertete Arbeit hat keine Marktmacht. Sie wird der Lastesel der Steuern und Sozialabgaben. Doch irgendwann kann der immer schlechter versorgte Lastesel diese Abgaben nicht mehr aufbringen.

So entstand eine immer noch wachsende Wirtschaft mit sinkendem Wohlstandserfolg. Wirtschaft, die arm macht. Die Menschen, die in den frühindustrialisierten Staaten ihr Leben durch Verkauf ihrer Arbeitskraft finanzieren müssen, haben schlechte Karten – und werden in Zukunft noch schlechtere bekommen. Dreht sich das Rad der Geschichte in der neoliberalen Richtung weiter wie bisher, werden aus dem einstigen Reichtum der Staaten Europas, seinem Kapital der 50er, 60er und 70er Jahre, den ausgebildeten, fleißigen und disziplinierten Massen der abhängig Beschäftigten, die den Wohlstand schufen, mehr und mehr »Soziallasten«, die die Länder Europas in die Armut ziehen.

Suppenkaspar-Staat und Zerstörung der Demokratie

Der Liberalismus trat einst mit dem Versprechen an, dass das freie Spiel der Märkte nicht nur »Wohlstand für alle« schaffen wird, sondern (damit) auch der beste Weg zu einer friedlichen demokratischen Entwicklung sei. Dieses Versprechen hat er nicht gehalten. Im Gegenteil: Staaten und Gemeinden stehen heute weltweit in einer Konkurrenz um »Standortvorteile«. Damit sind sie in einem System gefangen, in dem die Marktkräfte herrschen. Es sind dann die Marktkräfte, die die Fähigkeit des Staates, Steuern zu erheben, bestimmen. Ebenso wie die Kräfte des Marktes bestimmen, wie viel die Staaten direkt für »Investoren« auszugeben haben (Subventionen, Geländeüberlassungen, Infrastrukturausbau, Zuzugs- oder »Bleibt doch bitte!«-Schmiergelder), wenn die Unternehmen kommen – oder auch nur bleiben – sollen. Für jeden der Akteure der öffentlichen Hand ist es »überlebenswichtig, wettbewerbsfähiger zu sein als der Nachbar«.[324]

Damit aber ist der Markt zum Schiedsrichter über das staatliche Verhalten geworden. Wer sich marktwidrig verhält, also zu wenig bietet, die Gewerkschaften nicht genug zähmt, (nach Ansicht der Unternehmen zu hohe) Steuern fordert, wird seine Region bald veröden sehen. Nicht mehr die Politik bestimmt die Richtung und die Verteilung des zu produzierenden Reichtums, sondern der Markt. Die Politik ist marktabhängiger Diener der Wirtschaft. Der Primat der Politik ist verloren.

Bei der immer schneller wachsenden Menge von Standortangeboten im weltweiten Markt steigt zudem die Marktmacht des Kapitals immer schneller. Ähnlich wie bei den Arbeitseinkommen treibt übergroßes Angebot bei begrenzter Nachfrage die am Markt um die Industrie konkurrierenden Staaten immer tiefer in die Abwärtsspirale.

Es ist deshalb auch ziemlich sinnlos, darüber zu streiten, welche Regierung oder Partei nun an der Arbeitslosigkeit schuld ist. Mehr, als das soziale Elend zwischen Arbeitslosigkeit und Absenken der unteren Lohnklassen, verbunden mit einem Senken aller Sozialleistungen, hin- und herzuschieben, ist nicht mehr drin. Ein marktabhängig gewordener Staat kann nun einmal keine ausgeglichenere Wohlstandsverteilung mehr durchsetzen, selbst wenn die Mehrheit dies beschließen wollte.

Der Grundgedanke der Demokratie ist die These: »Alle Staatsgewalt geht vom Volke aus« (Artikel 20 Abs. II Grundgesetz). Wenn es aber keine Staatsgewalt mehr gibt, die die für den Bürger lebenswichtigen Entscheidungen – z.B. soziale Entscheidungen – treffen kann, kann sie

auch nicht vom Volke ausgehen. Ein Staat, der sich so dem Markt unterworfen hat, ist keine Demokratie mehr. Damit ist die neoliberale
Form der Globalisierung ein Frontalangriff nicht nur auf den Sozialstaat, sondern auch auf die Demokratie.

Drastisch formuliert die Niederlage der Demokratie der ehemalige
(sozialistische) Premierminister Frankreichs, Michel Rocard:

> »Das Drama, das manche meiner Kameraden der Linken schwer ver
> dauen können, ist, dass der Kapitalismus gewonnen hat. Wir sind
> in einer weltweit offenen Ökonomie. Es gibt keine Regulierung,
> keine Grenze für die Heftigkeit der Konkurrenz. Wir konstruieren
> nicht die Gesellschaft unserer Träume: langsames und sozial har
> monisches Wachstum, freie Zeit, die mehr den persönlichen Be
> ziehungen, dem Sport und dem kulturellen Schaffen als dem
> Konsum gewidmet ist … Wir können nichts mit nationaler Poli
> tik erreichen, wenn wir nicht die absolute Bedingung einhalten, un
> seren produktiven nationalen Apparat nicht im weltweiten wilden
> Wettbewerb zu schwächen. Das ist eine erlittene Bedingung, nicht
> eine gewählte. Diese Bedingung zu verletzen würde auf die Dauer
> zum Abwandern von Industrie und Arbeitslosigkeit führen.«[325]

Der Sieg des Markts über Sozialstaat und Demokratie ist aber möglicherweise ein Pyrrhussieg.

Im Wettbewerb um die Gunst des Kapitals werden die Staaten immer höhere Leistungen erbringen, um das Kapital anzuziehen. Sie
werden immer weniger Steuern beim Kapital und den Reichen einholen können, müssen ihre Bürger der mittleren und unteren Schichten
immer mehr ausbeuten. Weil da jedoch immer weniger zu holen ist,
können die Staaten aber auch immer weniger ihre Aufgaben erfüllen.
Ihre Infrastruktur-Maßnahmen werden drastisch zurückgehen, Bildung
und Ausbildung an Qualität verlieren. Sie werden Probleme bekommen,
das Gewaltmonopol auszuüben und Sicherheit für alle Bürger zu
schaffen (Schon heute gibt es den meisten Ländern mehr private als öffentliche Schutzleute). Schließlich wird der Zerfall der öffentlichen Ordnung nicht mehr aufzuhalten sein, wie schon heute in immer mehr Staaten des Erdballs in »schwierigen Zonen« zu beobachten ist.

Hier wiederholt sich die Tragik der Allmende, des einst in vielen Gegenden Deutschlands im Gemeineigentum stehenden Weidelands: Ganz marktwirtschaftlichem Denken entsprechend, versuchte jeder Bauer, so viele Schafe wie möglich zu besitzen und auf die Gemeindeweide zu treiben. Bis die Allmende eines Tages überweidet war. Jetzt entwickelte sich schnell die Tragik der Allmende. Jedes einzelne Schaf war nun wegen des schlechten Futters magerer, reichte nicht mehr, die gewachsene Familie des Bauern zu ernähren. Also trieb jeder einzelne Bauer *mehr* Schafe auf die Weide, um den Verlust auszugleichen. Bis die Allmende leergefressen war und alle Schafe starben.

So wenig wie der einzelne Bauer im Allmendesystem kann sich heute der einzelne Staat dem ruinösen Wettlauf um Standorte im weltweit offenen Markt entziehen. Bis er letztlich stirbt – und mit dem Staat auch die Voraussetzung für eine Kapitalverwertung in dieser Region. Denn ein Minimum an öffentlicher Ordnung gehört auch zu den primären Voraussetzungen für eine erfolgreiche Kapitalverwertung. Fehlt dieses Minimum, obsiegt die Kriminalität, wie es heute vielerorts in Afrika geschieht, wird auch nicht mehr investiert werden.

Was tun – und was nicht?

Anpassen an den sinkenden Weltmarktpreis für Arbeit ist die (nie klar ausgesprochene) Vorstellung der »Reformer« von Westerwelle bis Schröder. Dazu soll der Zwang zur Annahme schlechter, gering bezahlter Arbeit verschärft werden. Dem dient das Senken der Sozialleistungen, die Begrenzung des Arbeitslosengeldes ebenso wie das Senken der Löhne durch Ersatz von Flächentarifverträgen durch Betriebsvereinbarungen. Gelingen diese Versuche nicht, fällt die Bundesrepublik tatsächlich im internationalen Wettbewerb mehr und mehr zurück. Verarmt schließlich auf diese Weise. Abwandern von Betrieben aller Art, weil die Arbeitskosten im Weltvergleich zu hoch sind, trägt zu dieser Verarmung bei und nimmt schon heute mehr und mehr zu.

Dauerndes Sinken der Einkommen der abhängig Beschäftigten, Zerfall ihres Anteils am erarbeiteten Sozialprodukt, Überlastung durch lange Arbeitswege und prekäre Arbeit, Zerstörung der Familien durch immer »flexiblere« Arbeitszeiten und schließlich Massenarbeitslosigkeit, Abwandern von Betrieben und Massenpleiten wegen der zusammengebrochenen Nachfrage: Die Bundesrepublik auf einem immer steileren Weg bergab – das ist die Realität in der Sicht der Gewerkschaften. Und das ist ebenso richtig. Also bremsen die Gewerkschaften in den europäischen Industrienationen, in Deutschland ebenso wie zum Beispiel gleichzeitig in Österreich und Frankreich im Mai 2003. Und wer ist auf einem dem Abgrund zueilenden Zug wichtiger als ein Bremser?

Ein Ausweg zeigt sich nicht. Also handeln alle weiter wie bisher. Die einen beschleunigen den Zug nach unten, nicht aus Vergnügen, sondern um »einen Vorsprung vor den Konkurrenten« herauszufahren. Die anderen bremsen, um das Schlimmste zu verhindern. Doch fast unabhängig von dem, was man letztlich tut, das Ergebnis steht schon jetzt fest: die Zerstörung der Massenkaufkraft durch die »notwendigen Sparmaßnahmen« und das weitere Vordringen des »Weltmarktpreises für Arbeit«, die Schwächung und letztlich das Abwandern der Betriebe, eine schleichende Deindustrialisierung[326] und die Verarmung der Länder – sei es die Bundesrepublik, Österreich oder Frankreich. Der Zerfall ihrer Gesellschaften wird zwangsläufig folgen. Offen ist nur der Zeitpunkt, an dem dieser Zustand erreicht ist. Offen ist auch, wie sich dieser Zerfall manifestiert. Und es lässt sich nicht einmal über jeden Zweifel erhaben vorhersagen, ob Bremsen oder »Gasgeben in den Abgrund« die Tragödie mehr beschleunigt.

Die Aufnahme der Beitrittskandidaten in die EU wird das Vordringen des Weltmarktpreises für Arbeit auf den mitteleuropäischen Arbeitsmarkt noch einmal beschleunigen. Denn mit Produktionsmöglichkeiten in der EU und Mindestlöhnen von nicht einmal zwei Euro pro Tag (wie in Bulgarien) kommen die Arbeitgeber unter einen enormen Druck, ihre Produktionsstätten noch schneller als bisher aus der Bundesrepublik in diese »neuen Länder« zu verlagern. Das bedeutet noch mehr Arbeitslosigkeit, noch weniger Steuereinnahmen, und das ist, wie wir gesehen haben, gleichbedeutend mit noch weniger öffentlicher und privater Nachfrage. So dreht sich die Spirale nach unten weiter.

Die Politik diskutiert in diesem Käfig des weltweiten Freihandels, in dem es keine Lösung gibt. Sieger der Nationen im Wettlauf nach unten, wie es die herrschende Lehre fordert, gemäßigtere Beschleunigung nach unten, wie es die Agenda 2010 vorsieht – oder Bremser auf dem Weg in die Massenverarmung, wie es die Gewerkschaften versuchen: Wenn wir sehr viel Glück haben, kommt unter der Flagge »Sichern des Sozialstaats für die nächste Generation« allenfalls ein »muddling through«, ein Durchwursteln bis zur nächsten oder übernächsten Legislaturperiode heraus, wird die Wirtschaftskrise nicht noch durch zusätzliche Einschnitte in die Kaufkraft der großen Masse kleinerer Einkommen verschärft.

Doch irgendwann muss man sich schließlich doch eingestehen: Im System des freien Weltmarkts gibt es keine wirklich dauerhafte Lösung für die fundamentalen Probleme moderner Gesellschaften.

Bedeutet das, dass wir im Auf und Ab des liberalisierten Welthandels unabweislich zur Verarmung verurteilt sind, so wie es dem einst reichen Argentinien und anderen südamerikanischen Ländern oder Indien unter der britischen Oberhoheit geschah? Basteln wir weiter innerhalb des liberalistischen Dogmas an unserer Gesellschaft herum, passen wir sie weiter dem jeweiligen Weltmarktpreis für Arbeit an, ist die Verarmung Europas allerdings sicher, bekommen wir eine Wirtschaft, die arm macht. Und können nur hoffen, dass im dauernden Wechselspiel des offenen Weltmarkts zwischen Wohlergehen und Verarmen von Staaten, Regionen und Kontinenten eines Tages Europa wieder nach oben gespült wird.

Die Entscheidung für eine bestimmte Wirtschaftsdoktrin ist aber immer ein historischer Prozess und damit prinzipiell veränderbar. Das erklärt auch die andauernden Versuche der Profiteure des Neoliberalismus, die getroffenen Entscheidungen durch neue Verträge wie das MAI[327] festzuklopfen.

Soll es wirklich um die soziale Marktwirtschaft gehen, den »rheinischen Kapitalismus«, dann gilt es, dem Kapitalismus ohne Schranken den schon errungenen Sieg (Rocard) wieder zu entreißen. Wieder einen Staat zu schaffen, der über die Gestaltung des Lebens seiner Bürger und die Verteilung des Wohlstands mitbestimmen kann. Doch das bedeutet eine Revolution des Gesellschaftsprozesses der letzten 25 Jahre.

Richten wir unsere Energie so auf die wahren Ursachen der Krise, kann das im derzeitigen System fast unabwendbar erscheinende Schicksal vielleicht noch abgewandt werden. Denn ein Wirtschaftssystem, das nachgewiesen unwirtschaftlich ist, wird irgendwann auch für

die (derzeit) Habenden nicht mehr sinnvoll sein. Nicht nur weil das
Luxusgetto immer schwerer zu finanzieren ist (und man sich fragen
könnte, ob ein Gefängnis wirklich ein Luxus ist), sondern weil durch den
Zusammenbruch der Kaufkraft von unten keine Erträge mehr nach-
fließen. Eine gespaltene Gesellschaft ist ja nicht nur ungerecht, sondern
eben auch »unwirtschaftlich«. Unwirtschaftliche Gesellschaften aber sind
Kolosse auf tönernen Füßen, wie die so unveränderbar erscheinenden
»sozialistischen Systeme« in Europa 1989/1990 erfahren mussten.

Notwendig: Eine neue Weltwirtschaftsordnung

Aufbrechen der Zwänge der derzeitigen Weltwirtschaftsordnung bedeutet das Einführen einer neuen Weltwirtschaftsordnung. Gleichgül-
tig, ob dies durch einseitige Akte wie die Kündigung der Freihandels-
verträge durch Bismarck oder den »new deal« Roosevelts geschieht oder
durch Verhandlungen und Vereinbarungen im Rahmen der Welthandelsorganisation (WTO). Ersteres fordert eine politische Instanz, die die
Kompetenz und die Macht hat, die bestehende Situation aufzukündigen, letzteres setzt Verhandlungsmacht voraus. Da der Ausbruch aus
dem »neoliberalistischen Käfig« überhaupt nur durch Europa, nicht
aber durch Einzelstaaten der EU wie Frankreich oder Deutschland
denkbar ist, steht man sofort vor dem Problem der Politik. Der Politik
der Staaten in der EU und der Politik der EU im Weltrahmen. Ein Problem, das wiederum ohne Beachtung der zukünftigen Weltordnung
überhaupt nicht behandelt werden kann.

   Was muss neu sein an dieser Weltwirtschaftsordnung? Das bisher
gewollt oder ungewollt erreichte Ziel des maximalen Nutzens für das
Kapital (Stiglitz)[328] muss ersetzt werden durch die Stabilisierung der
Wirtschaften gegen Krisen und ihre Ausrichtung auf Mehrung des
Wohlstands der Gesellschaften. Notwendig ist zudem der Einsatz die-
ses Wohlstands zur Überwindung des schreienden Gegensatzes von
Reich und Arm, im Weltmaßstab und innerhalb der meisten Staaten.[329]
Denn das ist die erste Voraussetzung für eine zukünftige gerechtere und
friedlichere Welt. Ohne mehr Gerechtigkeit kein Frieden – ohne Frie-
den kein »Wohlstand für alle in der Welt«.

▶ Früchte und Lasten des Wachstums werden immer ungleicher verteilt. Zum einen innerhalb der Staaten, wie das Beispiel der Bundesrepublik zeigt:

Grafik C **Die Spaltung der Gesellschaft der Bundesrepublik**

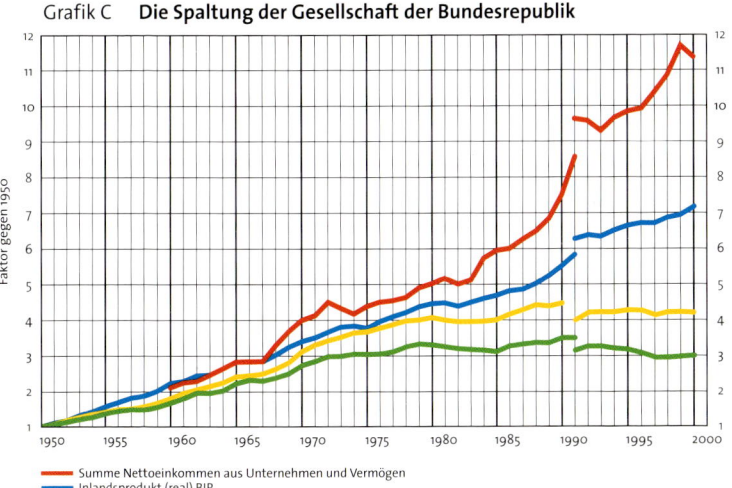

Faktor gegen 1950

— Summe Nettoeinkommen aus Unternehmen und Vermögen
— Inlandsprodukt (real) BIP
— monatl. **BRUTTO**-Einkommen je abhängig Beschäftigten (Durchschnitt)
— monatl. **NETTO**-Einkommen je abhängig Beschäftigten (Durchschnitt)

▶ Wie in der Bundesrepublik die Steuerlast auf die abhängig Beschäftigten verlagert wurde

Grafik D **Steuerquoten**

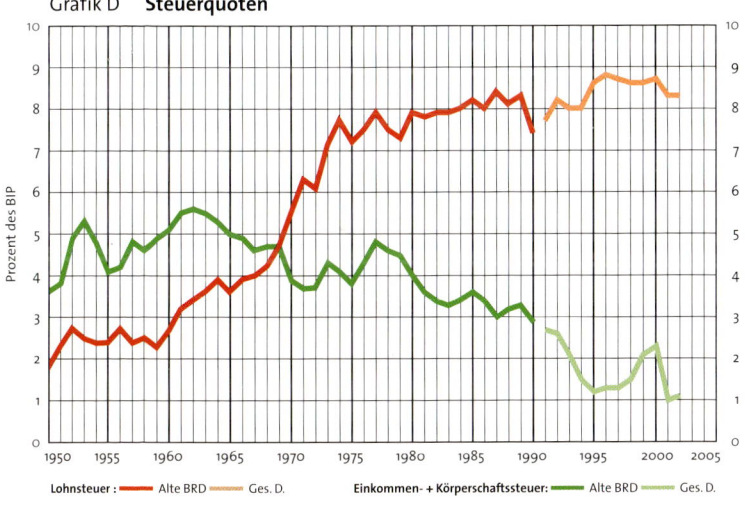

Prozent des BIP

Lohnsteuer : — Alte BRD — Ges. D.   Einkommen- + Körperschaftssteuer: — Alte BRD — Ges. D.

aus: Horst Afheldt, Wirtschaft, die arm macht. Vom Sozialstaat zur gespaltenen
Gesellschaft © Verlag Antje Kunstmann, München 2005

▶ Weltweit ist es noch schlimmer. Bei den ärmsten Regionen kam schließlich kaum noch etwas oder nichts mehr an:

Grafik H   **Die Ungleichheit wächst: Gewinner und Verlierer**

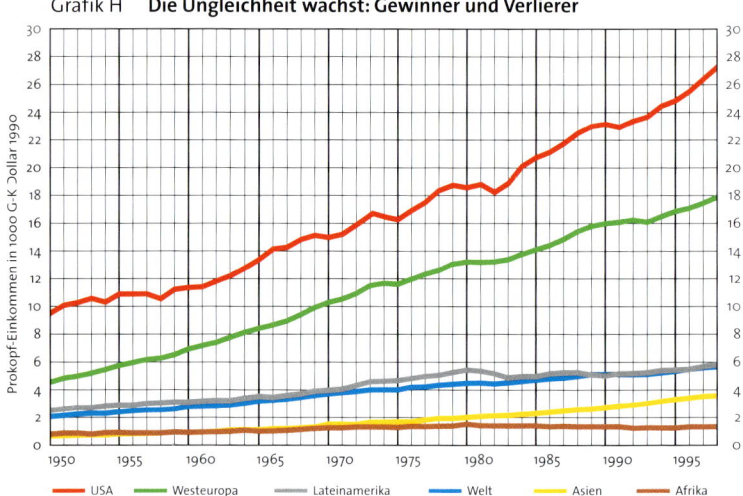

USA · Westeuropa · Lateinamerika · Welt · Asien · Afrika

Prokopf-Einkommen in 1000 G-K Dollar 1990

▶ Das jährliche Wachstum des Weltsozialprodukts (pro Kopf der Bevölkerung) hat sich in der neoliberalen Periode seit Mitte der 1970er Jahre halbiert.

Grafik G   Die liberalistische Wirtschaft ist somit für das Wachstum der Weltwirtschaft nicht hinreichend effizient.

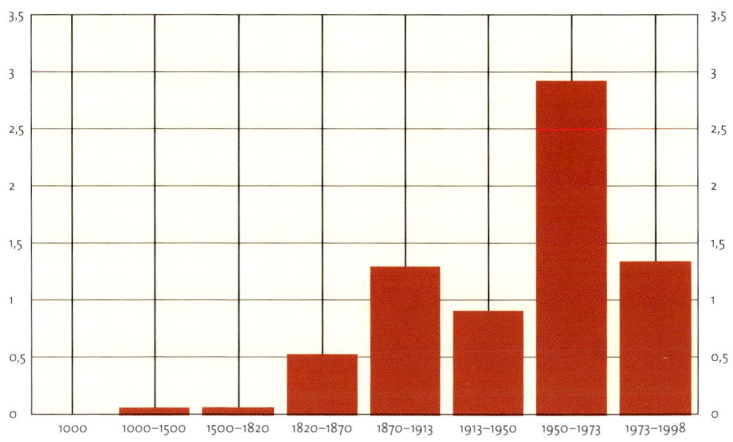

aus: Horst Afheldt, Wirtschaft, die arm macht. Vom Sozialstaat zur gespaltenen Gesellschaft © Verlag Antje Kunstmann, München 2005

Statt der Interessen des Kapitals muss also die Mehrung des privaten *und* des öffentlichen Wohlstands zum primären Ziel der Weltwirtschaftsordnung werden. Das Wachstum des Weltsozialprodukts kann dafür nur ein erster grober Indikator sein. Das Wachstum des *Wirkungsgrades* der Wirtschaft für den privaten und den öffentlichen Wohlstand muss zumindest gleichrangig zur Messlatte und möglichst zum ersten Wirtschaftsziel werden. Dabei darf die wirtschaftliche Nutzung des Kapitals nur auf diese Ziele umdirigiert, nicht aber zerstört werden. Sonst würde nicht nur der Wirtschaftsprozess unerträglich behindert, sondern auch der Beitrag der Kapitalerlöse zum privaten Wohlstand der Bevölkerung in Frage gestellt.

Nötig ist dazu einmal, die Einkommen aus abhängiger Arbeit gegen die Zerstörung durch einen sinkenden Weltmarktpreis für Arbeit zu sichern. Notwendig dazu ist zum zweiten, das Aushungern der Träger des öffentlichen Wohlstands, der Staaten, zum Suppenkaspar-Staat zu verhindern. Auch dafür wird ein gewisses Wachstum der produzierten Güter und Dienstleistungen benötigt. Das weltweite Abwürgen der Nachfrage durch weltweite Minimierung der Einkommen aus abhängiger Arbeit muss aus diesem Grunde ausgeschaltet werden.

Zu der Frage, wie das geschehen soll, gibt es viele Überlegungen und Theorien.

Dabei gibt es Vorschläge, die helfen, Zeit zu kaufen, und andere, die auf die Dauer aus dem Dilemma führen könnten. Die sozialen Sicherungssysteme vom Faktor Arbeit abzukoppeln und auf die gesamte Gesellschaft zu verteilen (z.B. durch eine steuerfinanzierte, staatlich garantierte Grundrente) ist ein Weg, der erheblich hilft, relativ viel Zeit einzukaufen. Eine Dauerlösung ist dies angesichts des abnehmenden Gewichts des Faktors Arbeit aber auch nicht.

Eine Faustformel für eine dauerhafte Lösung gibt es nicht. Es gibt nur Faktoren, die, alle zusammengenommen und durch weitere Faktoren ergänzt, vielleicht eine neue Wohlstand erhaltende Wirtschaft im dritten Jahrtausend beschreiben könnten. Dazu gehören:

• Die derzeit noch tastenden Versuche, über eine »Bürgergesellschaft« eine neue Lebens- und Erwerbsform zu finden; die Förderung der Selbstständigkeit als Ersatz für das Wegbrechen der Arbeitsplätze; die Pro-

duktion »öffentlichen Wohlstands« über den Staat oder private Organisationen; oder die Ausrichtung der Wirtschaft auf das Wachstum der
durchschnittlichen Nettoeinkommen der abhängig Beschäftigten.
• Entwicklungsstrategien für Schwellen- und Entwicklungsländer, die
  einmal gegen die wechselseitige Zerstörung beginnenden Wohlstands durch Unterbieten der Niedriglöhne mit Niedrigstlöhnen helfen und zum anderen Investitionen in diesen Ländern lohnend machen. Ein Beispiel hierfür ist die manchmal angeregte Verpflichtung,
  Schutzzolleinnahmen der Industrieländer oder einen Teil davon für
  bestimmte Zwecke, z.B. den öffentlichen Wohlstand der sich entwickelnden Länder, einzusetzen.

Doch keiner dieser Auswege kann von heute auf morgen Erfolg versprechen. Keiner kann von einem Unternehmen, einer Region und nicht
einmal von einem Staat in Europa alleine beschlossen und während der
jeweiligen Legislaturperiode erfolgreich realisiert werden. Und erst
recht kann kein einzelner Unternehmer die derzeitige Situation ändern,
in der er seine Produktion zum Beispiel von Hannover nach Rumänien
verlegen muss, soll er sie nicht ganz einzustellen gezwungen sein.

Alle oder fast alle angedeuteten Wege verlangen deshalb eine Veränderung der wirtschaftlichen Rahmenbedingungen, also politische
Eingriffe in das derzeitige Weltwirtschaftssystem. Dabei können generelle, für die gesamte Welt vom Kongo bis zum Silicon Valley gültige Regeln nur ebensoviel oder mehr Schaden anrichten wie ein problem-
blinder »Neoliberalismus«. Notwendig sind spezielle Regeln für die
verschiedenen Regionen mit ihren unterschiedlichen Bedürfnissen
und Problemen. Im Zentrum der Reformen muss deshalb die Frage stehen, wie weit die einzelnen Volkswirtschaften zum Weltmarkt hin offen sein sollen. Gesucht ist die optimale Mischung zwischen Öffnung
und Schutz. Dieses Optimum variiert zwischen verschiedenen Volkswirtschaften erheblich. Und es verändert sich ebenfalls in jeder einzelnen Volkswirtschaft im Laufe der Zeit. Deshalb darf diese Mischung
nicht von außen als generelle Regel für alle oktroyiert werden. Jede
Volkswirtschaft muss vielmehr das Recht haben, selbst die für sie beste Lösung zu bestimmen.

Auch die Frage nach der Größe der einzelnen »Volkswirtschafts-

räume« ist nicht generell und ein für alle mal zu beantworten. Nordamerika würde mit Sicherheit der wichtigste Akteur eines solchen
Konzerts selbständigerer, aber kooperierender Märkte. Südostasien
mit oder ohne China, Südamerika (Mercosur) und Indien wären andere denkbare »Mitspieler«. Für die BRD dürfte nur der – sich erwei-
ternde – EU-Raum eine sinnvolle Option sein.

So entstünde ein Weltwirtschaftssystem, in dem die Weltwirtschaft
sich aus einer Reihe von großregionalen Teilwirtschaften zusammen-
setzt, die einzeln politisch noch steuerbar sind, um die Regeln des Wirt-
schaftsspiels auf die Verfolgung der Wohlstandsinteressen ihrer Mitglieder zu dirigieren.

Für Europa steht dabei das Absichern von Lebensräumen mit
schon erreichtem Wohlstand (wie Europa, den USA und Teilen Ostasiens) gegen ein erneutes Absinken durch ruinöse Weltmarktkonkur-
renz im Zentrum. Denkbare Mittel hierzu sind Sozialklauseln und vor
allem Zölle auf alle Einfuhren. Unter einem solchen Schutz könnte man
dann daran gehen, die grundlegenden Fehler des derzeitigen Systems
zu korrigieren: Arbeitszeitverkürzung zur Kompensation der »wegra-
tionalisierten« Arbeit stützt die gefährdete Position der Lohnabhängigen und erhöht gleichzeitig die Lebensqualität. Lohnanpassung an die
gestiegene Produktion würde wieder realisierbar und würde gleichzeitig den individuellen Wohlstand erhöhen und die Binnennachfrage stabilisieren. Die Exportabhängigkeit würde so vermindert. Das Sichern
der Sozialsysteme durch Verlagerung von den abhängig Beschäftigten
auf die gesamte Wirtschaft würde politisch realisierbar, die Sanierung
und Redemokratisierung der europäischen Staaten aus dem Bereich der
Träume in die Reihe der realen politischen Optionen gehoben.

Es geht nicht ohne Politik

Wenn man betont, dass Wirtschaft nicht in Wirtschaft, sondern in der
Gesellschaft stattfindet, Weltwirtschaft also in der Weltgesellschaft,
kann man nicht so tun, als ob die wirtschaftlichen Probleme alleine
durch wirtschaftliche Faktoren geschaffen würden und alleine durch
wirtschaftlichen Maßnahmen zu lösen wären. Die zukünftige politische

Gestaltung der Welt spielt deshalb für die im Buch aufgeworfenen wirtschaftlichen Problemen eine wichtige, oft entscheidende Rolle.

Über die Vorstellungen von der zukünftigen politischen Gestaltung dieser Welt herrscht nun alles andere als Einigkeit. Wünsche und Befürchtungen reichen vom vollständigen Verschwinden des Staates oder anderer politischer Machtzentren[330] bis zu sehr unterschiedlichen Vorstellungen über verbleibende oder neue politische Handlungsakteure: amerikanisches Weltimperium, Weltregierung (»Weltinnenpolitik«), Großregionen wie z.B. Europa in einer multipolaren Welt, neue Rollen für die alten Nationalstaaten oder wirtschaftlich kooperativ orientierte Regionen[331] (Alpenregion z.B.).

Nicht jede Variante auf der wirtschaftlichen Ebene passt mit jeder auf der politischen Ebene zusammen. Wer vom Verschwinden des Staates und aller politischen Ersatzkonstrukte ausgeht, wird weder von multipolaren politischen Strukturen noch einer wie auch immer gestalteten »Weltregierung« reden können. Er wird sich allenfalls die Frage stellen, wie auf Weltebene Entscheidungen für die Wirtschaft fallen können. Wobei er nicht nach politischen, sondern nach wirtschaftlichen Entscheidungsträgern suchen wird, wie zum Beispiel WTO, Weltwährungsfond, Weltbank oder ähnlichen Konstruktionen. Dass diese keinerlei demokratische Legitimation haben, stört die Anhänger eines bedingungslosen Freihandels nicht im geringsten; Unabhängigkeit von demokratischen Mehrheitsentscheidungen wird vielmehr begrüßt oder gar gefordert.

So preist die WTO auf ihrer Internet-Homepage als 9. Vorteil des Freihandels an:

> »Das GATT-WTO System, das in der 2. Hälfte es 20. Jahrhunderts entwickelt wurde, hilft Regierungen, eine besonnenere Sicht der Handelspolitik einzunehmen. Regierungen sind so besser gestellt, sich selbst gegen die Lobby von engen Interessengruppen zu schützen und sich so auf die Vorteile zu konzentrieren, die im Interesse aller in der Ökonomie liegen. So sind Regierungen besser gewappnet, machtvolle Lobbys abzuwehren.«

Und, im Kern damit weitgehend identisch, wird als Vorteil 10 genannt:

»Das System fördert eine gute Regierung.
Nach den Regeln der WTO ist es schwierig, die Liberalisierung eines Handelssektors wieder zurückzunehmen. Die Regeln entmu-
tigen (so) unkluge Politik. Für die Geschäftswelt bedeutet dies
größere Sicherheit und Klarheit über die Handelsbedingungen. Für
Regierungen kann es oft gute Disziplin bedeuten.«[332]

Die Ohnmacht von Politikern, einmal – vielleicht ohne Vorauskennt-
nis der Folgen – getroffene Entscheidungen wieder rückgängig zu machen, wird so als Vorteil bezeichnet. Aber die Fähigkeit, einmal began-
gene Irrtümer wieder korrigieren zu können, sei es durch eine alte, sei
es durch eine neu gewählte Regierung, ist eines der Kernstücke der Demokratie. Unwiderrufliche Entscheidungen sind letztlich demokratie-
widrig. Für die WTO ist dagegen Unwiderruflichkeit ein Wert.

Dass diese Argumentation der WTO keinerlei staatliche Proteste her-
vorgerufen hat, führt zu der Frage: Ist Demokratie wirklich für uns noch
ein Wert – oder verkümmert sie zu einer hohlen Propagandafloskel?
Wollen wir überhaupt noch eine demokratische Weltordnung?

Zwar wird immer wieder von den westlichen Nationen, vor allem
den USA, das Ziel proklamiert, die Ausbreitung der Demokratie in der
Welt notfalls sogar mit Gewalt durchzusetzen, die Welt für die Demokratie sicher zu machen. Gestaltung der Welt nach demokratischen Vorstellungen heißt aber, eine Organisation der Welt schaffen, die das Ab-
bild der demokratischen Staatsverfassungen auf den Weltmaßstab
überträgt. Demokratie bedeutet Entscheidungen durch Mehrheiten,
nicht durch ein einziges Machtzentrum. Wer Demokratie für die Welt
bringen will, muss deshalb fördern – oder zumindest zulassen –, dass
es mehrere Entscheidungszentren gibt, die als »hinreichend gleich« betrachtet werden, um eine Stimme abzugeben, die gezählt und gewertet
wird. Gefordert ist damit eine Weltordnung, die möglichst vielen Staaten und Staatengruppen einen gerechten Anteil an Mitwirkungsmöglichkeiten sichert. Eine multipolare Ordnung also, wie sie schon der
amerikanische Präsident Woodrow Wilson mit dem Völkerbund einführen wollte.

Jedermann sieht sofort, dass die Mehrheiten in der UN-Vollver-
sammlung mit den tatsächlichen Machtverhältnissen in der Welt

nichts zu tun haben. Woran auch die Einführung des Vetos im Sicherheitsrat nichts Entscheidendes ändert. Denn diese Regelungen, die einigen Staaten besondere Rechte zuschieben, sind nicht demokratisch. Und die Politik der USA, die UN-Politik den tatsächlichen Machtverhältnissen dadurch »anzupassen«, dass man die UN samt ihrem Sicherheitsrat einfach beiseite schiebt, führt von dem erklärten Ziel der Demokratisierung der Welt nur noch weiter fort. Denn eine Welt, in der eine Nation bestimmt, welche Regierung in einem anderen Staat »gut« ist, welche aber »zur Achse des Bösen« gehört – und deshalb notfalls mit Gewalt zu beseitigen ist –, hat mit Demokratie nichts mehr zu tun. Sie ist ebenso »demokratisch« wie ein Polizeistaat, in dem die Bürger einer Stadt aus einer Liste der Staatsführung genehmer Personen den Ortsvorsteher wählen dürfen.

Wer die Realität von heute durch eine gerechte, demokratische neue Weltordnung ersetzen will, in der – wie es schon Völkerbund und UNO anstrebten – nicht Gewalt zwischen den Staaten, sondern »demokratische Entscheidungen in der Weltorganisation« das internationale Leben regeln, muss deshalb zunächst einmal das Verhalten der Staaten in der Welt zu ändern suchen. Das ist ein langwieriger Prozess, in dem schlechte Beispiele schnell zerstören können, was gute Vorbilder aufzubauen versuchen. Aber erst wenn sich neue Verhaltensweisen durchgesetzt haben, in denen es für alle Staaten – auch für die stärksten – politisch nützlich oder gar unabdingbar wird, mit einer Mehrheit der anderen Akteure gemeinsam oder zumindest abgestimmt zu handeln, werden dann später auch demokratische Mehrheitsentscheidungen in einer revidierten UN akzeptabel und damit möglich.

Grenzen der Macht der USA in der Welt?

Eine Selbstbeschränkung der USA ist eine notwendige Voraussetzung für die Verwirklichung des amerikanischen Modells einer gerechten demokratischen Weltorganisation, wie sie dem amerikanischen Präsidenten Wilson vorschwebte und die er dem Völkerbund zugrunde legte. Kein Staat beschränkt sich selbst, wenn die Verhältnisse ihm nicht nahe legen, dass diese Selbstbeschränkung auch in seinem eigenen Interesse liegt. Unmöglich ist diese Einsicht nicht: »Es ist für die Vereinigten Staaten nicht gesund, wenn sie die einzige imperiale Großmacht bleiben«, sagte einst Henry Kissinger, und der war früher immerhin Außenminister der USA.[333]

Weltfrieden durch eine »Balance of Power« der verschiedenen wirtschaftlich selbstständigen Regionen – von denen die USA die einflussreichste sein wird – kann also sehr wohl im amerikanischen Interesse liegen. Die Staaten der Weltgemeinschaft könnten dabei helfen, diese Sicht amerikanischer Interessen zu stärken. Das verlangt ein friedliches »containment« der letzten verbliebenen Supermacht, der USA, im neuen Jahrhundert durch die Staatengemeinschaft. Die zukünftige europäische Politik – so es sie geben sollte – brauchte dazu einerseits Entschlossenheit und Standfestigkeit, andererseits aber auch Augenmaß.

Damit ist man zwangsläufig bei der zukünftigen politischen Rolle Europas.

Welches Europa?

Die europäische Zerrissenheit in der Frage des Irakkrieges 2003 zeigt: Es gibt in Europa zwei unterschiedliche Visionen von Europas Zukunft. Man kann sie an zwei führenden Politikern festmachen.

Die Vision, die der Präsident der Französischen Republik, Jaques Chirac, öffentlich vertritt, ist die einer multipolaren Welt, gruppiert um die Pole Vereinigte Staaten, Europa, China, Indien und Südamerika. Wobei die Rolle Russlands noch undefiniert ist. Diese Auffassung ist der Kern der französischen Außenpolitik. Und zwar nicht erst seit gestern, sondern seit de Gaulle.

Chirac glaubt, dass diese Gestaltung der Welt sich gegen die amerikanische Auffassung von einer monopolaren Welt unter amerikanischer Führung letztlich durchsetzen wird. Als Bestätigung für diese Auffassung verweist er auf die Block- und Regionenbildungen in den verschiedenen Kontinenten. Der französische Außenminister Dominique de Villepin erklärte diese französische Politik in der Irak-Debatte vor dem Sicherheitsrat der Vereinten Nationen unter Beifall von der Tribüne so:

>Unsere Vorstellung von der Weltordnung wird von einem sehr großen Teil der Völkergemeinschaft geteilt. Angesichts des Ausmaßes der Gefahren brauchen wir eine Welt, die über mehrere Stabilitätspole verfügt. Die Versuchung einer unipolaren Welt, auf Gewalt zurückzugreifen, kann keine Stabilität bringen. Kein Land darf sich anmaßen, sämtliche Konflikte allein zu lösen.«[334]

Balance der Mächte, gleichgewichtige Teilnahme der verschiedenen Regionen, dieses Ziel verbietet es aber auch den Europäern, sich durch Allianzen in eine dominante Weltrolle zu schmuggeln, wie es Tony Blairs Konzept vorsieht, das manchmal als »zweites englisch sprechendes Empire« bezeichnet wird. Auch Europa muss sich in dem französischen Konzept aus Eigeninteresse selbst beschränken. Deshalb bezeichnete der französische Präsident Chirac es als absurd, eine amerikanisch-europäische Freihandelszone zu bilden. Denn keine »Balance of Power«, kein weltweites Gleichgewicht der Mächte, keine multipolare Welt kann entstehen, wenn die USA und Europa, die zusammen 60 % des Welthandels beherrschen, ihre Macht und ihre Einflusszonen in einer solchen Freihandelszone zusammenlegen.[335]

Ein selbstständiges Europa ist aus französischer Sicht aber nicht nur notwendig, um das friedliche Zusammenleben in einer gerechteren Welt zu sichern, sondern wird – m. E. zu Recht – meist auch als Voraussetzung für die Entstehung eines »Europa« gesehen.

Edgard Pisani, Mitglied mehrerer französischer Regierungen, drückt das zum Beispiel so aus:

>Europa hat nur eine Zukunft, wenn es sich Kontrollfunktionen sichert und sich der wichtigsten deregulierenden Macht des Planeten entgegenstemmt: den Vereinigten Staaten. Gegenüber Kongress und Zentralbank, diesem Gespann der Deregulierung, wird nur die effiziente Bündelung politischer, ökonomischer, kultureller und strategischer Machtfaktoren in der Lage sein, ein Versinken ins Chaos der Globalisierung zu verhindern.«[336]

Und noch eine französische Stimme, der Gaullist, damals Präsident der französischen Nationalversammlung, Philippe Séguin:

[Europa] »muss einen solidarischen Raum bilden, um so zu einem Element des weltweiten Gleichgewichts zu werden. Nichts wäre für den Frieden schädlicher als seine Reduktion auf ein amerikanisches Glacis. Das setzt einen starken politischen Zusammenhalt Europas voraus … Doch dieses gemeinsame Ziel ist von einem Prozess beiseite geschoben worden, der zu einer Zone führt, die allen Winden offen steht und der Gleichmacherei eines von allen Regeln befreiten Kapitalismus unterworfen ist.«[337]

Beide Stimmen betonen, typisch für die französische Position, den unüberwindbaren Gegensatz zwischen grenzenloser Globalisierung und Bildung einer politischen Einheit, genannt Europa.

Ganz anders die Gegenposition, die Position Tony Blairs. Tony Blair erklärt öffentlich immer wieder, dass er keine multipolare Welt will, in der Europa einen selbstständigen Pol an der Seite der Vereinigten Staaten und anderer regionaler Gruppierungen bildet. Er hält diese Idee – wie der Leitartikel »Blair kontra Chirac« von Le Monde vom 2. Mai 2003 sagt, nicht nur für unrealistisch, sondern auch für gefährlich. Er sieht in diesen Vorschlägen eine Wiederkehr des Systems der »Balance of Power«, das die Kriege des 19. und 20. Jahrhunderts produziert habe. Tony Blair wünscht deshalb eine Welt mit einem einzigen Pol, in der die Vereinigten Staaten und Europa auf derselben Seite sind, der »der liberalen Demokratie, und damit gegen die Gefahren stehen, die vom Fundamentalismus und Terrorismus ausgehen«.

Kein Zweifel: Eine Welt ohne Recht, aber mit Ordnung dürfte fast immer weniger schlimm sein als eine Welt ohne Recht und ohne Ordnung. In einer solchen Welt ohne Recht fällt die Ordnung immer dem Stärksten zu. Und das sind heute nach dem Zusammenbruch der Sowjetunion, die USA. Zudem: Das Versagen der Kriegsverhütung durch ein Gleichgewicht der Mächte im 20. Jahrhundert ist eine historische Tatsache. Wenn auch darüber gestritten werden kann, ob das am System selbst oder gerade daran lag, dass man dieses Gleichgewicht nicht aufgebaut hatte.[338]

Die Vision, eine Übermacht unter der Führung des reichsten, Englisch sprechenden Teils der Welt aufzubauen, um präventiv gegen alle Gefahren in der Welt vorgehen zu können, muss ernst genommen werden. Denn die Vorstellung, nur dann, wenn man alle Entwicklungen in der Welt kontrolliert, um »gefährlichen« Entwicklungen schnell entgegentreten zu können, ließen sich die größten Katastrophen verhindern, ist nicht a priori falsch.

Aber die These »Vertrauen ist gut, Kontrolle ist besser!« entstammt nicht demokratischem Denken. Und Prävention gegen jeden möglichen Rivalen oder jede mögliche andere Gefahr ist nicht das Prinzip des liberalen Rechtsstaats, sondern erinnert fatal an »Säuberungen« in der ehemaligen Sowjetunion oder dem China Maos. Auch der Satz »Wer nicht für uns ist, ist gegen uns« löst im Zusammenhang mit der Androhung präventiver Gewaltanwendung beunruhigende Assoziationen aus.

Die Entscheidung, welchen Weg Europa gehen will, trifft die Politik. Ob sich die französische Sicht durchsetzen wird, ist offen. Die derzeitige Bundesregierung folgt im Wesentlichen dieser französischen Linie. Die Bildung eines neuen Kerns für Europa auf dem Gebiet der Verteidigung zusammen mit Frankreich, Belgien und Luxemburg unterstreicht diese Absicht. Vielleicht war dieser Schritt in Richtung auf ein entscheidungsfähiges Europa der einzige Ansatz zu einer »Reform«, die letztlich wirklich zur Lösung der wirtschaftlichen Probleme der europäischen Staaten beiträgt?

Unglücklicherweise wäre heute mit den neuen Beitrittskandidaten in der EU aber eher eine Mehrheit für den Weg wahrscheinlich, Europa in die Schar der Satrapen einer US-Weltherrschaft einzubringen. Das hätte gravierende Folgen, auch für die Chancen zur Lösung der Fragen, denen dieses Buch gewidmet ist: dem (Wieder-)Aufbau einer Wirtschaftspolitik mit einer gerechteren Verteilung des Ertrages, des »rheinischen Kapitalismus«. Denn in einem weltoffenen Markt besteht unter amerikanischer Dominanz nur dann eine Chance, das Weltwirtschaftssystem den unterschiedlichen Interessen verschiedener Teilnehmer am Weltmarkt anzupassen, wenn die Vereinigten Staaten selbst diesen Weg beschreiten und auch bei anderen zulassen. Dass sie ihn selbst zumindest ein Stück weit beschreiten, ist nicht unwahrscheinlich, haben sie doch immer wieder Schutzzölle für amerikanische Industrien eingeführt, zuletzt zum Beispiel für die amerikanische Stahlindustrie. Dass sie das auch für andere, für Europa etwa, zulassen würden, ist nicht unmöglich, aber schon sehr viel weniger wahrscheinlich.

Wie auch immer, in einer monopolaren Welt müssten die kleineren Mächte den amerikanischen Entscheidungen letztlich folgen. In einer demokratisch gestalteten Welt müsste aber Europa – ebenso wie andere Länder und Regionen – die Form seiner Wirtschaft selbst entscheiden können. Eine Weltwirtschaft, getragen von einigen selbstständigen Regionen, passt optimal zu diesem multipolaren politischen Konzept der zukünftigen Weltordnung.

Die CDU/CSU, deren Parteichefin sich in der Irakkrise demonstrativ auf die amerikanische Seite stellte, wird sich fragen müssen, ob sie diesen Kurs beibehalten will, auch dann, wenn so die der CDU zu verdankende »soziale Marktwirtschaft« Ludwig Erhards definitiv zu Grabe getragen würde.

Es gibt keine rein wirtschaftlichen Rezepte für den Ausstieg aus einem System, das sich über Jahrzehnte monopolartig etabliert, die »Staatsgewalten« beiseite geschoben und sich durch internationale Verträge krakenartig abgesichert hat. Doch innerhalb dieses Systems gibt es keine Lösung für die Probleme der entwickelten Industrienationen.

Nicht der Streit über mehr »rechte« oder mehr »linke« »Reformen« ist deshalb die Kernfrage der deutschen Politik, denn weder rechts noch links öffnet sich ein Ausweg aus dem Dilemma. Die entscheidende Frage, vor der die europäische Politik steht, ist vielmehr: Wollen wir das »unabhängige« oder das »angloamerikanische« Europa. Eine Entscheidung, die gleichzeitig Wegmarken setzt, die die wirtschaftliche Entwicklung unseres Landes bestimmen. Denn nur wenn es gelingen sollte, ein politisch handlungsfähiges Europa zu formen, das sich entschließt, den »rheinischen Kapitalismus« wiederherzustellen, besteht eine Chance, das derzeitige, für den Wohlstand ineffiziente Wirtschaftssystem zu überwinden.

7 Anhang Grafiken

Die folgenden Grafiken beruhen auf den Zahlenreihen aus Angus Maddison, The World Economy, A Millenial Perspective. Basis der langfristigen internationalen Vergleichsreihen sind hier die 1990 international Geary-Khamis Dollar.

Lineares Wachstum

findet man in der zweiten Hälfte des vorigen Jahrhunderts bei praktisch allen »früh-industrialisierten Gesellschaften«, wie die folgenden Beispiele belegen:

Alle diese Kurven beginnen mit dem Jahr 1950. Das Sozialprodukt dieses Jahres wird als Einheit genommen. Steigt die Kurve für ein bestimmtes Jahr z.B. auf »4«, bedeutet dies, dass sich das Sozialprodukt von 1950 bis zu diesem Jahr (preisbereinigt) vervierfacht hat. Beispiel: Frankreich für 1985 (Grafik I).

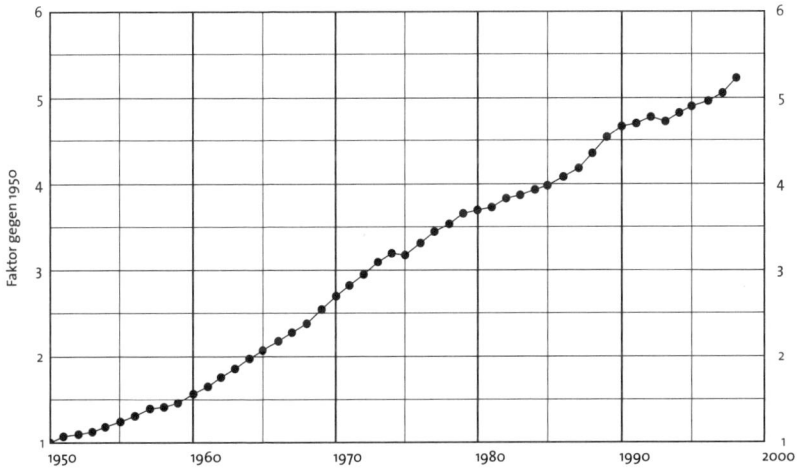

Grafik I Frankreich, BIP 1950–1998

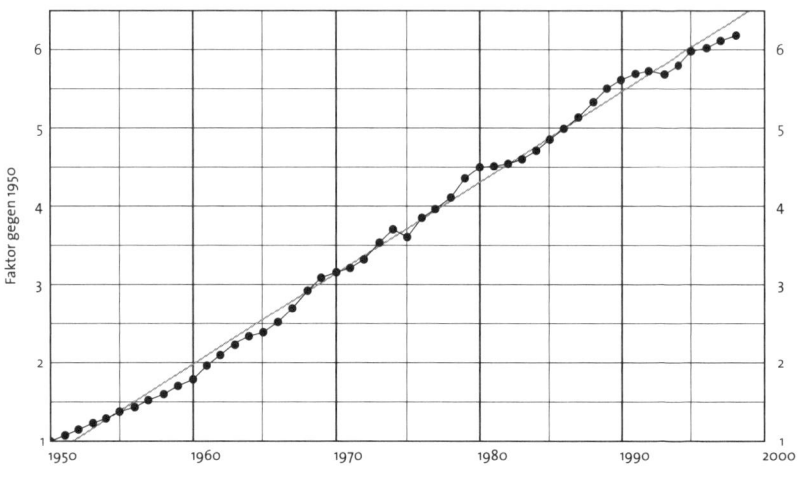

Grafik II Italien, BIP 1950–1998

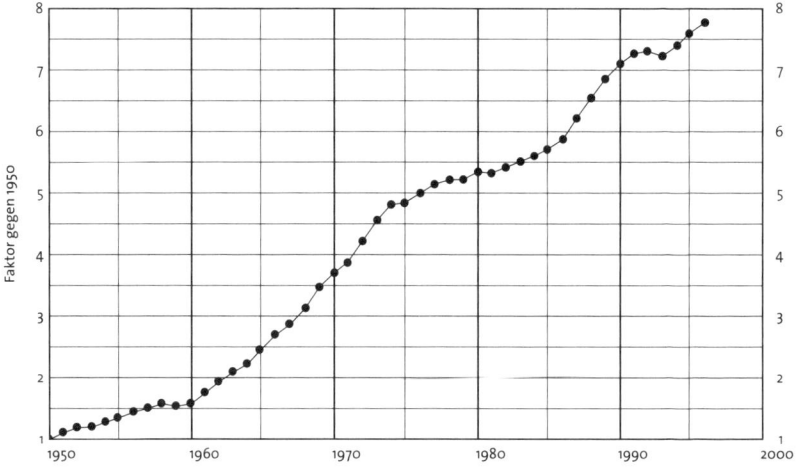

Grafik III Spanien, BIP 1950–1998

Hier (Spanien) findet sich 1960 ein deutlicher Knick nach oben. Ab 1960 ist aber auch in Spanien der Anstieg nur noch linear. Stärkere Abweichungen nach oben (1970–1980) werden durch Abweichungen nach unten (1980–1987) kompensiert.

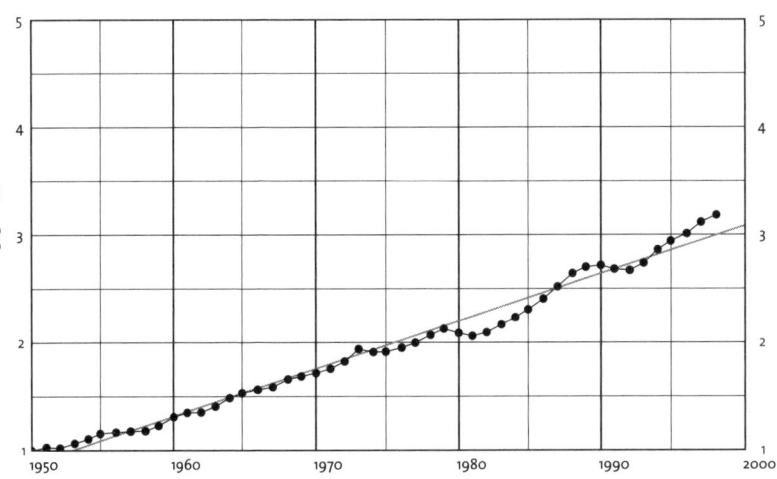

Grafik IV United Kingdom, BIP 1950–1998

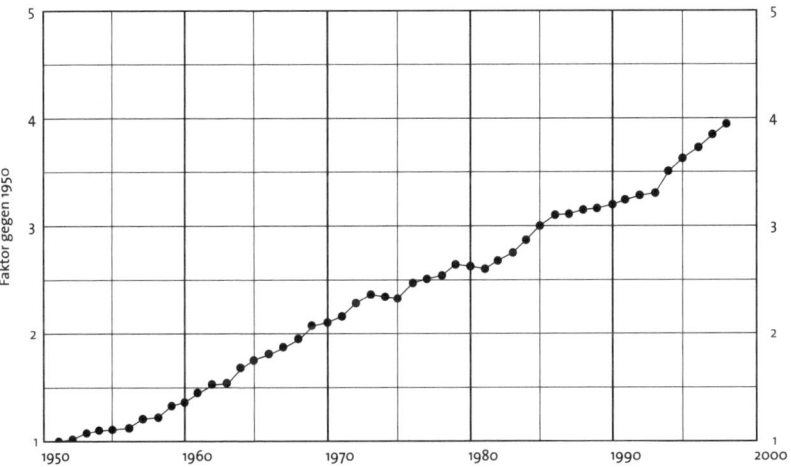

Grafik V Dänemark, BIP 1950–1998

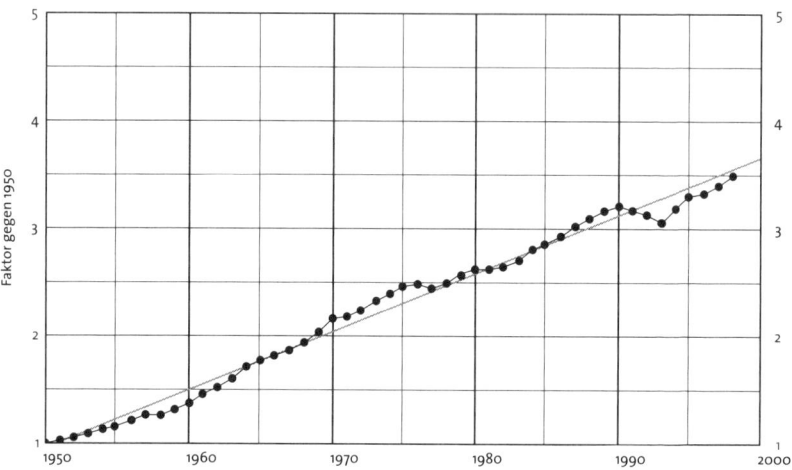

Grafik VI Schweden, BIP 1950–1998

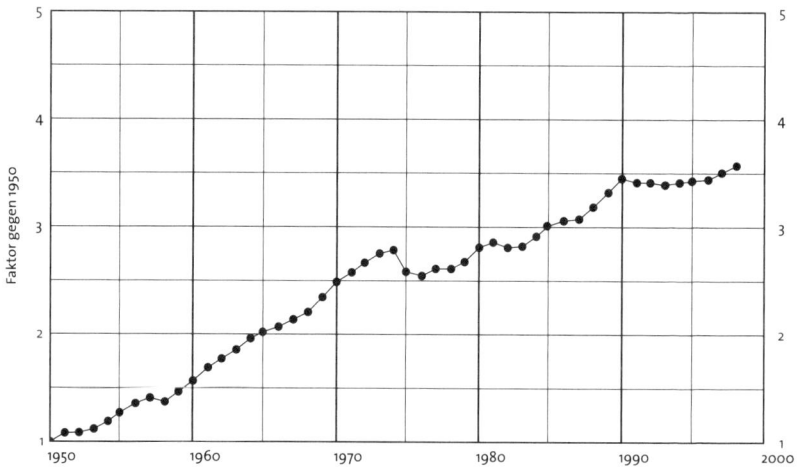

Grafik VII Schweiz, BIP 1950–1998

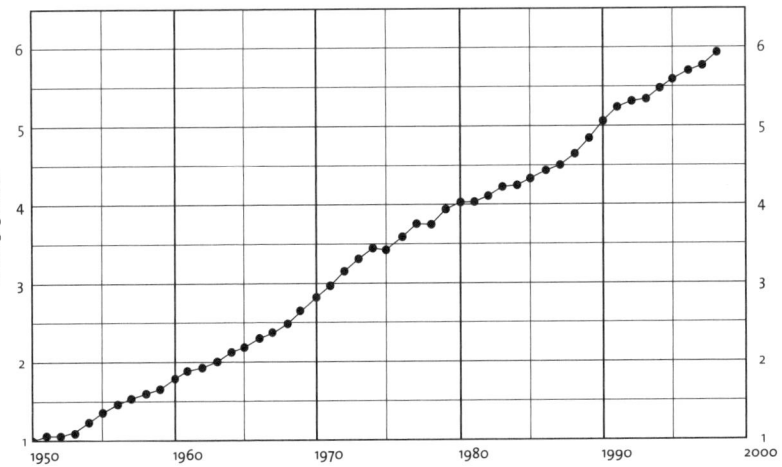

Grafik VIII Österreich, BIP 1950–1998

Die folgende letzte Grafik über europäische Staaten zeigt das durchschnittliche Pro-Kopf-Volkseinkommen in den 16 größten westeuropäischen Ländern in absoluten Werten. Es stieg von ca. 5 000 $ 1950 auf
ca. 18 000 Geary-Khamis-Dollar (preisbereinigte Vergleichseinheiten).
Auch diese Verlaufskurve ist deutlich linear.

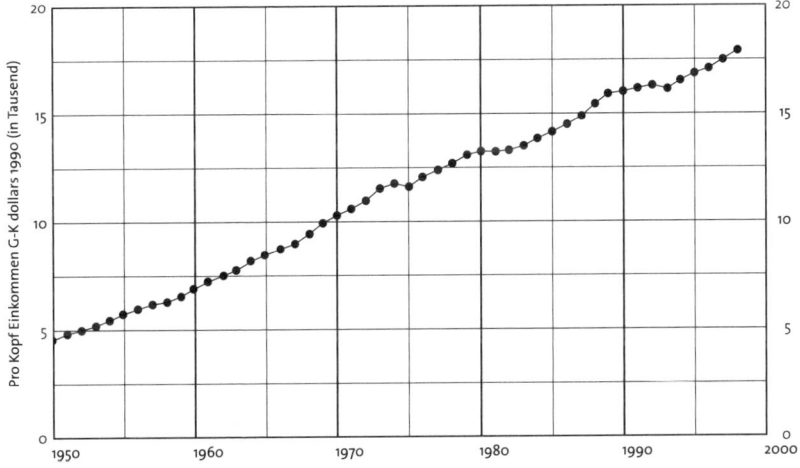

Grafik IX 16 große westeuropäische Länder, total, 1950–2000

Exponentielles Wachstum

kennzeichnet das Wachstum der Summe aller Volkswirtschaften Ostasiens. Verluste eines Landes wurden (in der Summe) von Gewinnen
anderer Länder kompensiert. Wie der Vergleich der Kurven für Ostasien
(grüne Kurve) zu der blauen Kurve (Welt ohne Ostasien) zeigt, wird der
Zuwachs an Waren und Dienstleistungen in der Welt in erstaunlichem
Masse von den ostasiatischen Ländern erbracht.

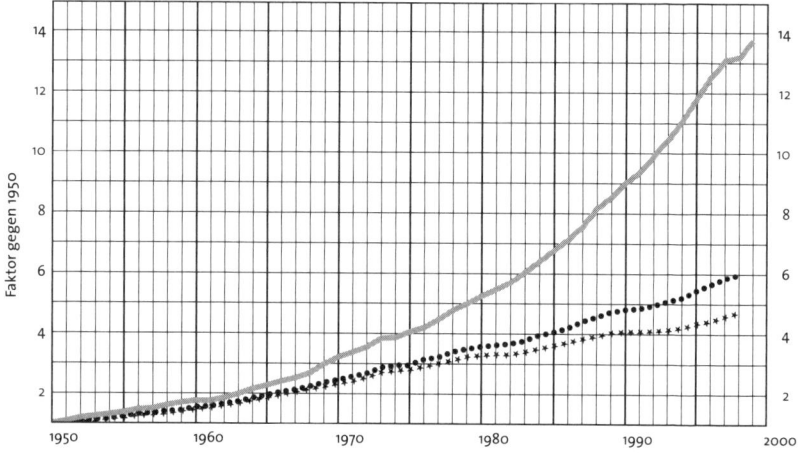

Grafik X Sozialprodukt der Welt und Ostasien 1950–2000 [1950 = 1]
━━━ Ostasien | ━━━ Welt GDP | ••••• Welt ohne Ostasien

Die folgenden beiden Grafiken geben die Entwicklung in einzelnen ost-
asiatischen Länder getrennt wieder: Japan zeigt (Ostasien 1) bis 1973 (der
Zeit der festen Wechselkurse) eine deutlich exponentielle Entwicklung.
In der neoliberalen Phase fand Japan bis Anfang der 90er Jahre nur noch
lineares Wachstum, bis auch dieses in den 90er Jahren praktisch zum
Stillstand kam.

Das Wachstum in beiden China (Ostasien 1 + Taiwan Ostasien 2) ist
dagegen ungebrochen exponentiell steil ansteigend.

Das ebenfalls bis in die 90er Jahre exponentiell ansteigende Sozialprodukt Indonesiens (Ostasien 1), Süd-Koreas und Thailands (Ostasien 2) brach dagegen in der zweiten Hälfte der 90er Jahre ab.

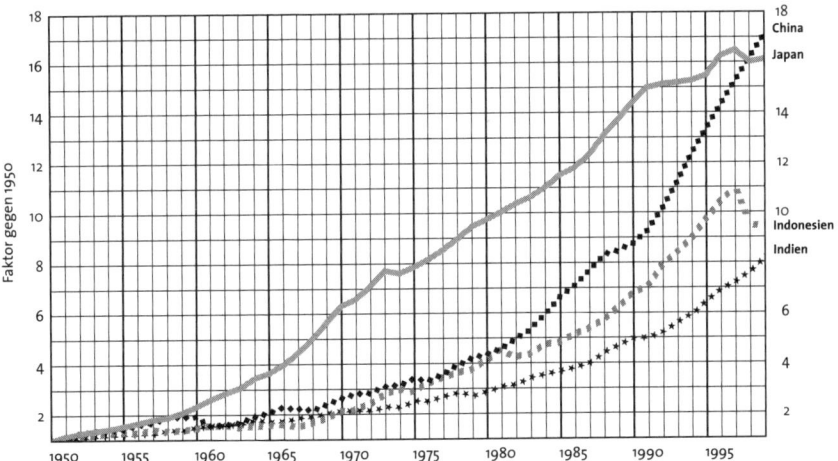

Grafik XI Ostasien 1, BIP 1950–1998 [1990 international Geary-Khamis dollars]
▬▬▬ Japan | ·♦♦♦♦· China | ▪▪▪▪ Indonesien | ✶✶✶✶✶ Indien

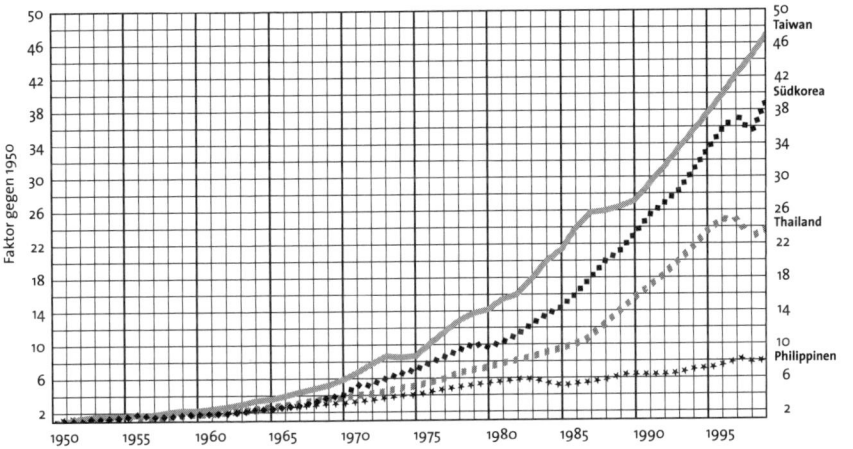

Grafik XII Ostasien 2, BIP 1950–1998 [1990 international Geary-Khamis dollars]
▬▬▬ Taiwan | ·♦♦♦♦· Süd-Korea | ▪▪▪▪ Thailand | ✶✶✶✶✶ Philippinen

So groß der Anteil Ostasiens an der Zunahme des Weltsozialproduktes auch ist, man sollte sich nicht täuschen. Ostasien ist (noch lange?) keine »Wohlstandssphäre«. Dazu ist die extrem arme Landbevölkerung in den meisten Ländern und die arbeitslose Reservearmee in den Slums der

Städte – aber auch der Bevölkerungszuwachs – zu gross. Das durchschnittliche Sozialprodukt pro Kopf liegt auch heute noch weit unter
dem Weltdurchschnitt. Schlimmer: Es hat sich seit 1950 kaum verdoppelt, während der Weltdurchschnitt sich fast verdreifachte:

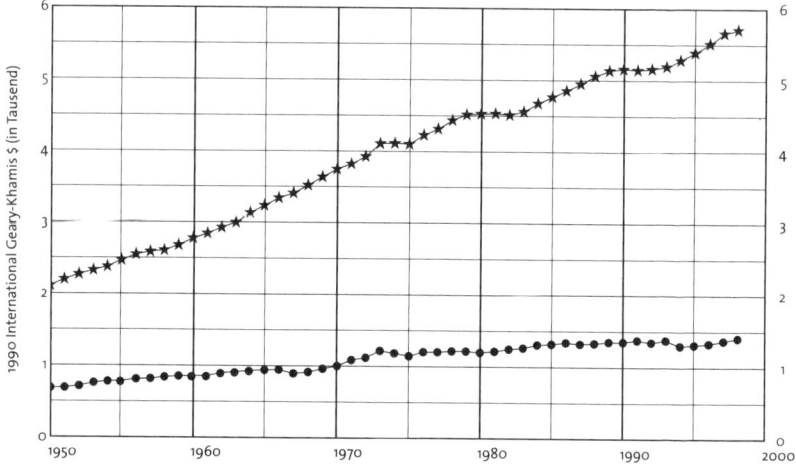

Grafik XIII Durchschnittliches Sozialprodukt der Welt pro Kopf der Bevölkerung
●●● Welt | ★★★ Ostasien

USA

Exponentielles Wachstum des nationalen Sozialprodukts zeigen auch
die USA (Grafik XIV, obere, ausgezogene Kurve). Doch dieses Wachstum kann fast allein auf die Bevölkerungszunahme in den USA
zurückgeführt werden. Denn das Wachstum des Sozialproduktes pro
Kopf der Bevölkerung ist – wie in anderen früher industrialisierten
Staaten, jedenfalls seit etwa 1960, linear (Grafik XIV, untere Punkte-
kurve).

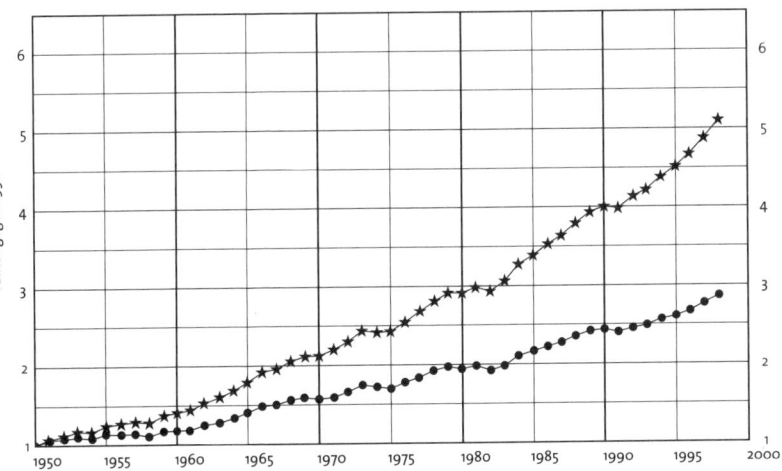

Grafik XIV USA, BIP 1950–1998
★★★ BIP USA | ●●● BIP pro Kopf USA

»Sozialistische Wirtschaften«

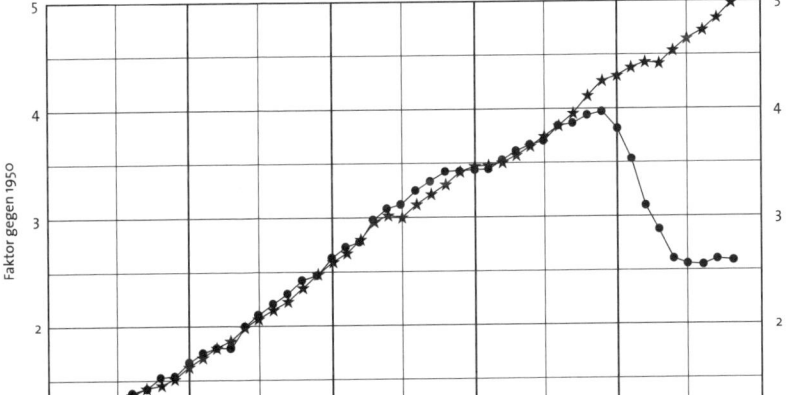

Grafik XV Vergleich: BIP ehemalige SU + Ostblock und 29 westeuropäische Staaten
★★★ 29 westeuropäische Staaten | ●●● ehemalige SU + Ostblock

Die Grafik[339] verblüfft. Sie zeigt bis zum Zusammenbruch des Ostblocks eine fast identische Zunahme der Sozialprodukte in Westeuropa und im Ostblock (einschließlich ehemalige Sowjetunion). Die Grafik belegt die oben im Text[340] wiedergegebene Analyse, die den großen qualitativen Unterschied der Wirkungsgrade verschiedener Volkswirtschaften mit gleichem Sozialprodukt herausarbeitete.

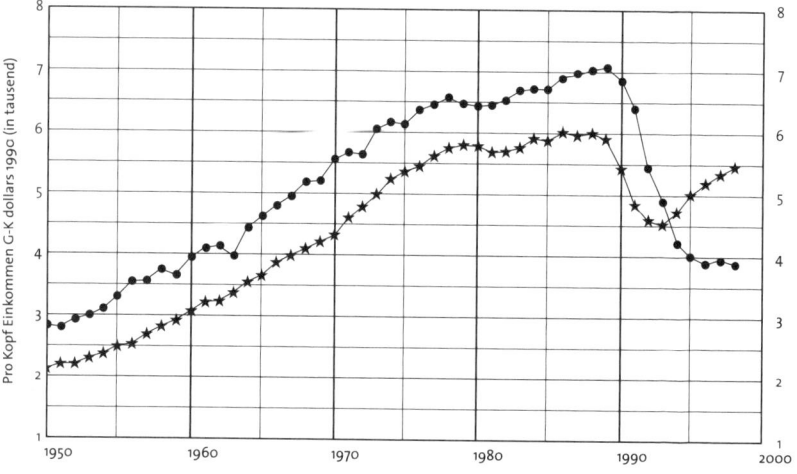

Grafik XVI Osteuropa und ehemalige SU – Pro-Kopf-Einkommen
●●● ehemalige SU | ★★★ Osteuropa

Diese letzte Grafik zeigt die erschreckenden Wohlstandsverluste im ehemaligen Ostblock und der Sowjetunion bei der überstürzten Umstellung der ehemaligen Staatswirtschaften.

Anmerkungen

EINLEITUNG

1 Stat. Taschenbuch, Arbeits- und Sozialstatistik 1986, Tab. 8.16

2 Ohne Leistungen für Asylbewerber: 2002 erhielten rd. 2,8 Millionen Menschen laufende Hilfe zum Lebensunterhalt außerhalb von Einrichtungen. Hilfe in besonderen Lebenslagen erhielten im Laufe des Jahres 2002 rd. 1,6 Millionen. Statistisches Taschenbuch, Arbeits- und Sozialstatistik 2004, Tab. 8.16

3 Eine typische Pressestimme: Nikolaus Piper, SZ, 2.1.2005, S. 44

4 149000 Arbeitslose wurden 1970 gezählt. Statistisches Taschenbuch, Arbeits- und Sozialstatistik 2003, Tab. 2.10. Rund 4,6 Millionen ist zur Zeit die offizielle Zahl. Horst Siebert, Direktor des Kieler Instituts für Weltwirtschaft: »Rechnete man die statistisch nicht erfassten Erwerbslosen in Altersteilzeit oder ABM-Maßnahmen ein, gebe es in der Bundesrepublik bereits knapp sechs Millionen Menschen ohne Beschäftigung.« SZ, 12.8.2002, S. 19

5 Deutscher Text aus Frankfurter Allgemeine Zeitung, 21.9.2004, S. 12. Originalzitat: Journal of economic perspectives, Vol.18, Nr. 3 S. 135-146: »For it is dead wrong about *necessary* surplus of winnings (im offenen Handel) over losings – as I proved in my »Little Nobel Lecture of 1972« The present paper provides explication of the popular polemical untruth.«

6 Literaturhinweise findet man im Anhang: Literatur zu Problemen des Neoliberalismus

KAPITEL 1

7 Vg. Anm. 4

8 »Wenn es für alle nicht mehr reicht, springen die Armen ein«. Die Wohlfahrtsverbände warnen vor drastischem Abbau des Sozialstaates – und niemand hört sie, SZ, 12./13.3.2003

9 Das Museum öffnet nur noch am Wochenende, SZ, 20.3.2002, S. 2

10 Vgl. z.B. Armin Himmelrath: Bröselnde Bauten: Bonjour tristesse, Uni & Job, Beilage zur SZ, 26./27.4.2003, S. 16

11 Z.B. München: Stadtwerke müssen rigorosen Sparkurs steuern – Nur schwach genutzte MVV-Angebote werden in Zukunft drastisch eingeschränkt oder gleich ganz gestrichen, SZ, 5./6.2.2000, S. 60

12 Stat. Taschenbuch, Arbeits- und Sozialstatistik 2001, Tab. 1.27

13 Stat. Taschenbuch, Arbeits- und Sozialstatistik 2002, Tab. 1.27

14 »Inlandsprodukt, zusammengefasster Wert aller Waren und Dienstleistungen,

die innerhalb einer abgeschlossenen Periode (z. B. Jahr, Quartal) in einer Volkswirtschaft produziert wurden. Dabei wird das so genannte Inlandskonzept zugrunde gelegt, das heißt, erfasst wird die im Inland erbrachte Wirtschaftsleistung, unabhängig davon, ob die Leistungserstellung durch Inländer oder Ausländer erfolgte. Das Inlandsprodukt gibt gleichzeitig die inländischen Einkommen wieder, die im Zuge der Produktion entstanden sind. Die Berechnung des Inlandsprodukts erfolgt in der volkswirtschaftlichen Gesamtrechnung. In der Regel wird das Inlandsprodukt als Bruttoinlandsprodukt zu Marktpreisen ausgewiesen. Zieht man vom Bruttoinlandsprodukt die gesamtwirtschaftlichen Abschreibungen ab, erhält man das Nettoinlandsprodukt.« © Bibliographisches Institut & F. A. Brockhaus AG, 2001

15 »Sozialprodukt, in der deutschen volkswirtschaftlichen Gesamtrechnung bis zur Anpassung an das Europäische System Volkswirtschaftlicher Gesamtrechnungen verwendetes Konzept zur Beschreibung der durch die inländischen Wirtschaftseinheiten insgesamt erzielten Einkommen. Der Begriff Sozialprodukt wurde durch … Inlandsprodukt (ersetzt).«© Bibliographisches Institut & F. A. Brockhaus AG, 2001
Für die langfristigen Reihen sind die relativ geringen Unterschiede beider Berechnungsarten ohne Bedeutung.

16 Werte in DM von 1991 umgerechnet.

17 Vgl. dazu Anhang Grafiken, S. 225 f.

18 Vgl. hierzu Grafik XIV im Anhang

19 Wie die Grafik B S. 24 zeigt, variiert sie in allen OECD-Ländern zusammen um maximal 4–5 Millionen Menschen.

20 Vgl. dazu näher unten S. 56 f.

21 Das wird bald möglich. Moller International testet derzeit die 600 km/h schnelle M400; ein kleineres Vorgängermodell absolvierte seit 1989 bereits mehr als 200 Erprobungsflüge. Ziel ist ein fliegendes Familienauto, das in jede Garage passt und – dank umfassender Computerunterstützung – per Joystick kontrolliert werden soll. SZ, 15./16. 2. 2003, S. V 1/1

22 Horst Afheldt, Wohlstand für niemand? Die Marktwirtschaft entläßt ihre Kinder, Verlag Antje Kunstmann, 2. Aufl. München 1994, S. 22

23 Aus der wissenschaftlichen Literatur jener Zeit sei vor allem verwiesen auf Paul A. Samuelson, Economics, Teil 6, S. 725 ff. und das Harrod-Domar-Modell, dortselbst S. 348 ff. D. Schröder geht im Prognos-Report Wachstum und Gesellschaftspolitik für 1965 bis 1985 von rund 4,3 % realem Wachstum jährlich aus. Die mittelfristige Finanzplanung legte noch 1980 bis 1983 ein durchschnittliches jährliches Wachstum von vier Prozent zugrunde. Finanzbericht 1980, S. 17, Kap. 1.1.6

24 Auch dieser Glaube hat sich längst als Aberglaube herausgestellt, wie schon in den 70er Jahren kluge Mitarbeiter der Elektrizitätswirtschaft voraussagten.

25 Weinberg und Hammond, Global Effects of Increased Use of Energy, Genf 1971, und Weinberg u. Goeller, The Age of Substituality, 5. Intern. Symposium.

A Strategy for Resources. Eindhoven 1975. Zitiert nach Hans-Christoph Binswanger (Hg.), Der NAWU-Report: Wege aus der Wohlstandsfalle, S. Fischer Verlag, Frankfurt a.M. 1978, S. 52

26 Ähnlich argumentiert auch Meinhard Miegel:»Mit Hilfe eines Taschenrechners wäre beispielsweise offenbar geworden, dass den Trends der unmittelbaren Nachkriegszeit keine Dauerhaftigkeit beschieden sein konnte. Denn wäre das Volkseinkommen im vierten Jahrhundertquartal mit den gleichen Raten wie im dritten gewachsen, betrüge es im heutigen Geldwert pro Kopf der Bevölkerung derzeit nicht 18300 €, sondern 48000 €, also das 2,6fache des tatsächlich Erwirtschafteten ... Unter Berücksichtigung von Transfereinkommen, wie Renten oder Kindergeld, sowie von Kapitaleinkommen ... stünden gegenwärtig jedem Einwohner Deutschlands im Durchschnitt 43000 € im Jahr zur Verfügung, was sich bei einem dreiköpfigen Haushalt zu mehr als 10225 € im Monat addieren würde.« Meinhard Miegel, Die deformierte Gesellschaft. Wie die Deutschen ihre Wirklichkeit verdrängen, Propyläen Verlag, Berlin 2002, S. 96

27 Afheldt, a.a.O., S. 108, und so auch Philippe Seguin, En attendant l'emploi, Éditions du Seuil, Paris 1996, 1. Kapitel (Überschrift)

28 Miegel, a.a.O., S. 165

29 Ebd., S. 123

30 Ebd., S. 121

31 »Das Gesetz wurde im Bundesrat mit großer Mehrheit angenommen. Lediglich Niedersachsen lehnte den Kompromiss ab. Jürgen Trittin, Minister für Bundes- und Europaangelegenheiten des Landes, begründete dies damit, dass Niedersachsen eine Umverteilung von unten nach oben nicht mitmachen wolle. Während die Senkung der Spitzensteuersätze die Reichen begünstige, würden gleichzeitig Leistungen für sozial Schwache ›brutal gekürzt und gestrichen‹. Allein Niedersachsen erwarte durch dieses Gesetz 1994 Mindereinnahmen von 146 Millionen Mark. SZ, 10./11. 6. 1993, S. 2

32 document info, Frankfurter Rundschau 2002, Dokument erstellt am 1. 4. 2002, Erscheinungsdatum 2. 4. 2002

33 George Soros, Die Krise des globalen Kapitalismus. Offene Gesellschaft in Gefahr, Alexander Fest Verlag, Berlin 1998, S. 155

34 Umrechnung Daten aus laufenden $ (UN-Statistik + BRD-Statistisches Jahrbuch Ausland) mit Angus Maddison, Table C1-b, S. 275

35 Lars Ruzic in Hannoversche Allgemeine, 19. 10. 2002, S. 11

36 Wolfgang Engler, Die Ostdeutschen als Avantgarde, Aufbau-Verlag, Berlin 2002, S. 165

37 Stat. Taschenbuch, Arbeits- und Sozialstatistik 1981, Tab. 2.10

38 Einen Teilerfolg stellt die Arbeit von Utz-Peter Reich, Philipp Sonntag und Hans-Werner Holub, Arbeits-Konsum-Rechnung. Axiomatische Kritik und Erweiterung der volkswirtschaftlichen Gesamtrechnung, Bund Verlag, Köln 1977, dar.

39 Ehrenberg (vgl. Anm. 32) kritisiert den im April 2001 vorgelegten Bericht der Bundesregierung unter dem Titel »Lebenslagen in Deutschland«: Der Bericht beginnt mit der Feststellung, dass von 1983 bis 1998 die »Einkommensungleichheit leicht, aber kontinuierlich zugenommen« hat … Hiervon ausgehend, fehlt mir jedes Verständnis, wenn es unter der Überschrift »Zielsetzungen der Berichterstattung« u. a. heißt: »Die Armuts- und Reichtumsberichterstattung soll dazu beitragen, die Diskussion über ›Armut‹ und ›Reichtum‹ zu versachlichen und zu enttabuisieren. Damit ist verbunden, den in Deutschland vorhandenen Wohlstand und Reichtum nicht zu dämonisieren und Neiddiskussionen keinen Vorschub zu leisten. Reichtum hat wichtige gesellschaftliche Funktionen im ökonomischen, sozialen und kulturellen Bereich.«

40 Beispiel: 10 benefits of the WTO trading system. Homepage der WTO im Internet, 1. 12. 1999: http://www.wto.org/wto/10ben/10ben00.htm

41 Z.B. Die Weltwirtschaft in der langen Sicht, Die Welt, 2. 1. 2002, S. 12

42 Joseph Stiglitz, Die Schatten der Globalisierung, Siedler Verlag, Berlin 2002, S. 101

43 Statistisches Jahrbuch 2002, Tab. 2.5

44 Statistisches Jahrbuch 2002 ,Tab. 1.9

45 Die 4–4,5 Millionen Arbeitslosen wären gegenüber 32,8 Millionen abhängig Beschäftigten etwa 12 %, deren Null-Erwerbseinkommen mit in die nach dem Vorschlag errechnete Durchschnittssumme einginge. Vgl. zu den Zahlen: Stat. Taschenbuch 2002, Tab. 2.6

46 Miegel, a. a. O., S. 130

47 Die Einkommensverluste betragen manchmal bis zu 30 %. SZ, 10. 2. 2000, S. 43

48 SZ, 17. 2. 2003, S. 19: Kommunale Verkehrsbetriebe finden neue Tarif-Schlupflöcher

49 Nettomonatseinkommen 1998, altes Bundesgebiet. Doch schon in den »neuen Bundesländern« sieht es anders aus. Hier haben nur 37 % ein Nettomonatseinkommen von mehr als 1100 €. Stat. Taschenbuch, Arbeits- und Sozialstatistik 2002, Tab. 5.13 u. 13A.

50 Knapp drei Millionen Menschen leben von der Sozialhilfe, SZ, 21./22. 4. 2001, S. 1

51 Zum Beispiel: Alleinverdiener mit großer Familie? Jung mit guten Aussichten oder alt im Pflegeheim? In München wohnen oder auf dem flachen Land? Schulden aus Zeiten besserer Verdienste? Usw.

52 Herbert Giersch, Direktor des Instituts für Weltwirtschaft an der Universität Kiel, in: Arbeit der Zukunft, Zukunft der Arbeit, Schäffer-Poeschel Verlag, Stuttgart 1994. S. 158

53 SZ, 20. 1. 2003, S. 6

54 IMF-Working-Paper, International Monetary Fond 1997. FISCAL Affairs Department, vorgelegt von Vito Tanzi

55 SZ, 23. 1. 2003: Nach der EU-Einigung über die Besteuerung von Zinseinkünf-

ten. Kommission drängt auf Abkommen mit der Schweiz / Experten rechnen nicht mit schnellem Ende der Kapitalflucht.»Nach der Einigung der EU-Finanzminister auf einheitliche Regeln bei der Zinssteuer will die Europäische Union die letzten Steueroasen in Europa rasch austrocknen. Wirtschaftsexperten bezweifelten jedoch, dass sich mit den Beschlüssen von Brüssel die Kapitalflucht aus Deutschland schnell stoppen lässt ... Belgien, Österreich und Luxemburg, die innerhalb der EU als Steuerparadiese gelten, werden sich an diesem System jedoch zunächst nicht beteiligen. Nach dem überraschenden Kompromiss drängt die EU-Kommission auf den raschen Abschluss von Abkommen mit der Schweiz (siehe unten) und weiteren Nicht-EU-Staaten. Diese sollen ebenfalls eine Quellensteuer einführen und zumindest beschränkt Informationen an EU-Finanzämter liefern ... Die Schweiz, ein wichtiger Hort für deutsche Steuerflüchtlinge, beteiligt sich nicht an dem Kontrollsystem. Nach Ansicht der Deutschen Schutzvereinigung für Wertpapierbesitz (DSW) verfehlt die EU-Einigung deshalb ihr Ziel.«

56 So die Charakterisierung seiner Position in der Neuen Zürcher Zeitung: Neue Beiträge zur Analyse der Weltlage. NZZ, 11./12.10.1997, S. 47

57 Jean-Marie Guéhenno, Das Ende der Demokratie, Deutscher Taschenbuchverlag, München 1996

58 Lester Thurow, The Future of Capitalism, William Morrow, New York 1995, zitiert nach André Gorz, Misères du présent – Richesse du possible, Galilée, Paris 1997, S. 23

KAPITEL 2

59 Peter Bofinger, Mini-Jobs als Job-Killer, SZ, 12.12.2002, S. 2: »Von 1989 bis heute ist die gesamtwirtschaftliche Steuerquote nahezu konstant geblieben. Demgegenüber hat sich die Sozialbeitragsquote von 15 auf rund 18 Prozent erhöht. Mit anderen Worten: Die deutsche Vereinigung ist – sieht man von der höheren Staatsverschuldung ab – vor allem über die Systeme der sozialen Sicherung finanziert worden. Ein wesentlicher Teil der Mitglieder der gesetzlichen Renten- und Krankenversicherung zahlt Beiträge, die deutlich höher sind als die zu erwartenden Leistungen. Es findet in diesen Systemen also eine verdeckte Besteuerung statt.«

60 Meinhard Miegel:»Gegenwärtig führen abhängig Beschäftigte und ihre Arbeitgeber über 41% der Bruttolöhne als Sozialbeiträge an die sozialen Sicherungssysteme ab. Werden diejenigen Steueranteile einbezogen, die ausschließlich der ergänzenden Finanzierung dieser Systeme dienen, sind es sogar gut 50%.« Vor uns: 30 magere Jahre, Die Zeit 31/2002

61 Miegel, Die deformierte Gesellschaft, a.a.O., S. 171

62 So schon 1998, vgl. Claus Schäfer, Die Verteilung der Steuerlast in Deutschland [Electronic ed.] Bonn 1998 – 33 S.: graph. Darst. Electroniced, FES-Library, Bonn 1998

63 Zwei Prozent vom BSP im Jahre 2000, das etwa 4000 Mrd. DM betrug, sind 80 Mrd. DM

64 Lafontaine will Steueroasen austrocknen – Bonn beklagt unfairen Wettbewerb der europäischen Partner um finanzkräftige Unternehmen, SZ, 29.1.1999, S. 2

65 Der Spiegel 22 /2003, S. 86

66 Evelyn Roll, Die Doppel-Zocker hinterm Deich, SZ, 15./16. 2. 2003, S. 3

67 Senat sieht Chance für Öffnungsklausel, SZ, 15./16. 2. 2003, S.6

68 Christian Tenbrok, Darwinismus in Reinkultur, Die Zeit, 26.11.1998. S. 27 f.

69 Robert Reich, The Work of Nations, First Vintage Books, New York 1992, S. 24. Deutsch: Die neue Weltwirtschaft, Ullstein Verlag, Frankfurt a.M. 1993

70 Ebd., S. 246

71 Barbara Ehrenreich, »Angst vor dem Absturz – Das Dilemma der Mittelklasse.« Deutsche Ausgabe Verlag Antje Kunstmann, München 1992. Amerikanische Ausgabe 1989

72 Martin Halusa in Die Welt, 28. 2. 2003, S. 1

73 Philippe Labarde / Bernard Maris, La bourse ou la vie, Albin Michel, Paris 2000, S. 114. Deutsch: Börse oder Leben. Die große Manipulation, Deutsche Verlagsanstalt, München 2001

74 Claus Schäfer, Die Verteilung der Steuerlast in Deutschland [Electronic ed.], Bonn 1998. © Friedrich-Ebert-Stiftung. (Mit Daten des DIW)

75 Miegel, a. a. O., S. 162

76 Viviane Forrester, Der Terror der Ökonomie, Paul Zsolnay Verlag, Wien 1997, S. 207

77 Miegel, a. a. O., S. 23

78 Ebd., S. 26

79 Ebd., S. 85

80 Ebd., S. 49

81 Globale Dumping-Stafette – Norbert Blüm zu Kolonialherren neuer Art und der Verwirtschaftung der Gesellschaft, SZ, 21. 3. 2002, S. 12

82 Abdou Faye (Dakar/ips), Frankfurter Rundschau, 6. 1. 2003, S. 8

83 Heute 17 Millionen Junge + 19,5 Millionen über 59 = 36,5 Millionen, 2040 dagegen 9,6 Millionen Junge + 25,6 Millionen Alte = 35,2 Millionen

84 Vgl. dazu auch: Friedrich Weltz, Plädoyer für die ältere Generation, SZ, 15. 1. 2003, S. 2

85 Vgl. dazu z.B. Carl Ibs, Wirtschaftswachstum – falsche Zielsetzung einer überholten Wirtschaftstheorie, Zeitschrift für Sozialökonomie, Juli 1997, S. 6

KAPITEL 3

86 Stat. Taschenbuch 2002, Tab. 1.18

87 Sparen in Prozent des verfügbaren Einkommens der privaten Haushalte

88 Stat. Taschenbuch 2002, Tab. 2.5

89 Eine noch ohne historischen Abstand geschriebene Darstellung findet sich z.B.

in A Basic History Of The United States von Charles A. Beard und Mary R. Beard, The New Home Library, New York 1944, S. 452 ff.

90 SZ, 11. 2. 2003, S. 18

91 Lars Ruzic: Das Spiel ist noch nicht zu Ende – Conti stellt die Produktion in Hochlohnländern in Frage / Weitere Verlagerung nur eine Frage der Zeit. Hannoversche Allgemeine, 19. 10. 2002, S. 11

92 SZ, 11. 2. 2003, S. 18

93 SZ, 28. 11. 2002, S. 15. Der Autor lehrt Geschichte an der Princeton University

94 Ebd.

95 Sebastian Haffner, Anmerkungen zu Hitler, Fischer Taschenbuch Verlag, Frankfurt 1981/1992, S. 30: »Im Januar 1933, als Hitler Reichskanzler wurde, gab es in Deutschland sechs Millionen Arbeitslose. Drei kurze Jahre später, 1936, herrschte Vollbeschäftigung. Aus schreiender Not und Massenelend war allgemein ein bescheiden-behaglicher Wohlstand geworden. Fast ebenso wichtig: An die Stelle von Ratlosigkeit und Hoffnungslosigkeit waren Zuversicht und Selbstvertrauen getreten. Und noch wunderbarer: Der Übergang von Depression zu Wirtschaftsblüte war ohne Inflation erreicht worden, bei völlig stabilen Löhnen und Preisen. Das ist später nicht einmal Ludwig Erhard gelungen.«

96 »…es ist interessant, daß von Robert Leys ›Deutscher Arbeitsfront‹ (DAF) für die Zeit nach dem Krieg eine radikale Abkehr von dieser Tradition vorbereitet worden ist. Diese Pläne sahen ein überwiegend steuerfinanziertes ›Volksversorgungswerk‹ und ein ebenfalls steuerfinanziertes ›Gesundheitswerk‹ vor. Dabei nahm man ausdrücklich auf Bismarcks ursprüngliche Vorstellungen Bezug, die … auf eine Art Volkspension gezielt hatten.« Hans Günter Hockerts, Die historische Perspektive. Entwicklung und Gestalt des modernen Sozialstaats in Europa. Veröffentlichungen der Walter-Raymond-Stiftung, Band 35 Sozialstaat – Idee und Entwicklung, Reformzwänge und Reformziele. 33. Kolloquium München, 26.–28. 3. 1995. Wirtschaftsverlag Bachem, Köln 1996

97 Vgl. oben Kap. 2

98 Ein knappes Drittel der Sozialleistungen stammt aus Zuweisungen des Bundes und der Länder, wird also letztlich über die verschiedenartigsten Steuern und Beiträge aller aufgebracht. Stat. Taschenbuch 1992, Tab. 7.1

99 Statistisches Jahrbuch 1992, Tab. 19.1, S. 493. Tatsächliche und unterstellte Leistungen zusammen.

100 Um 30 % Mehrwertsteuer kannten bzw. kennen aber einige europäische Staaten durchaus, wenn auch meist nur auf Warengruppen des gehobenen Bedarfs begrenzt.

101 Afheldt, a. a. O., S. 138

102 Winfried Münster, Vater Staat schafft es nicht mehr, SZ, 23/24. 10. 1993, S. 33

103 CSG = Cotisation Sociale Générale

104 Wolfgang Uchatius, Rentner der Titanic – Deutschlands Sozialsystem ist ruiniert. Ein Reformvorschlag, Die Zeit 47/2002

105 Miegel, a. a. O., S. 171

106 Michel Rocard, Loi Fillon: les brutaux et les »molletistes«, Le Monde, 19. 6. 2003, S. 1 und 16

107 Volker Wörl formuliert das in der SZ so: »Der Mensch ist zu teuer. Die Konsequenz kann nur sein, daß hierzulande der Produktionsfaktor Arbeit relativ billiger, der Produktionsfaktor Kapital – Maschinen und Ausrüstungen – relativ teurer gemacht wird. Weil dies über Lohn- und Einkommenssenkungen nicht geht, bieten sich die Belastungen mit Steuern und Sozialabgaben an. Sie müssen von den Menschen stärker auf die Maschinen verlagert werden. Das ist zwar schon oft gefordert, aber in keiner Steuerreform angepackt worden.« SZ, 10./11. 6. 1993, S. 21

108 Die Mehrwertsteuer erbrachte im Jahre 2000 225,72 Mrd. DM. Der Arbeitsanteil in den Preisen der verkauften Güter und Dienstleistungen, die dieser Steuer unterlagen, schwankt von Sparte zu Sparte. Am geringsten ist im Jahre 2000 der Anteil der gezahlten Bruttogehälter in der Sparte Finanzierung, Vermietung und Unternehmensdienstleistungen (297 Mrd. DM von 1132 Mrd. DM Bruttowertschöpfung = 26 %). Am höchsten im produzierenden Gewerbe mit 518 Mrd. DM von 894 Mrd. DM = 58 %. Der Durchschnitt über alle Zweige liegt bei 47 % (Statistisches Jahrbuch 2001, Tab. 24.6, S. 662). Der Steuerausfall läge damit jedenfalls unter 105 Mrd. DM pro Jahr. Aller Voraussicht nach wird er sich aber erheblich unter dieser Höhe manifestieren, da sich in den betrachteten statistischen Zahlen viele Arbeitsleistungen finden, die schon heute nicht zu einer Mehrwertsteuer führen (Beispiel: Hochschullehrer und Lehrer an öffentlichen Schulen).

109 Miegel, a. a. O., S. 215 und 270

110 Aktienfonds-Sparpläne: Verlustgefahr trotz langer Fristen, SZ, 12. 11. 2002, S. 23

111 »Die Schwindsucht an der Wall Street hat den Börsenwert amerikanischer Unternehmen drastisch schmelzen lassen. Während einige Optimisten schon auf den nächsten Aufschwung setzen, warnen Experten vor einer Zeitbombe: Die Firmen haben die langfristige Finanzierung ihrer Pensionsfonds vernachlässigt. Die Jahre des Wirtschaftsbooms wurden nicht genutzt, um die Fonds abzusichern. Nun droht ein Desaster, das sogar große Konzerne in Schwierigkeiten bringen könnte.« SZ, 11. 11. 2002, S. 21

112 Vgl. Reinhard Blomert, Die Illusion des grenzenlosen Wachstums, Berliner Zeitung, 7./8. 10. 2000, Magazin

113 Miegel, a.a.O., S. 266

114 ADAC- Motorwelt 1/2001, S. 12

115 ADAC-Motorwelt 12/2001, S. 49

116 Über Stock und Stein zur Endmontage nach Toulouse. – Warum das Unternehmen den Riesenvogel weit vom nächsten Hafen entfernt fertigt und welche Probleme das mit sich bringt. SZ, 3. 1. 2002, S. 20

117 Hamburger Abendblatt, 20. 2. 2001, S. 6

118 Ebd.

119 Der Grund ist, dass die Bremswege mit dem Quadrat der Geschwindigkeit stei-

gen, bei 200 km/h also viermal so lang sind wie bei 100 km/h. Der Geschwindigkeitsgewinn bei 200 km/h ist aber nur die Hälfte, da die Fahrzeuge bei 200 km/h ½ mal so lange brauchen, bis sie den Streckenabschnitt verlassen haben.

120 »Hamburg [muss] die Elbvertiefung sichern.« Dieter Dräger, RWE-DEA AG, heute Innensenator Hamburgs, in einer Umfrage. Hamburger Abendblatt, 24/25. 2. 2001, S. 19

121 Le Havre se voit porte océane de la Seine. Le Monde, 20. 7. 2001, S. 9 : »Un gigantesque projet de développement va bouleverser le port et l'estuaire, l'horizon 2004. Près de 4 milliards de francs seront investis dans un premier temps. Ce pari tente de concilier compétitivité économique et protection d'un environnement fragile.«

122 Die Raten für den Containertransport selbst schwankten zum Beispiel von März 1999 bis März 2000 um 50 %: Entwicklung des Marktes für Containerschiffe, Vortrag von Prof. Dr. Manfred Zachcial, Institut für Seeverkehrswirtschaft und Logistik, Bremen (http://www.tis-gdv.de/tis/vortraeg/zachcial/zachcial.htm#3)

123 Frankfurter Rundschau, 24. 7. 2001, S. 25

124 Frachtschiffe – Kein Engel an Bord, Fairkehr, 2/2003, S. 21 f.

125 Versteckte Subventionen, SZ, 5. 3. 2003, S. 4

126 Philippe Labarde, Bernard Maris, Ah Dieu! que la guerre économique est jolie!, Albin Michel, Paris 1998, S. 44

127 Peter Ulrich, Der entzauberte Markt. Eine wirtschaftsethische Orientierung. Herder-Verlag, Freiburg-Basel-Wien 2002, S. 85

128 Ebd., S. 96

129 Miegel, a. a. O., S. 148

130 Ebd., S. 82

131 Wolfgang Engler, Die Ostdeutschen als Avantgarde, a. a. O., S. 176

132 Ebd., S.165

133 Engler zitiert hier (S. 164) René Talbot, Proklamation des Jahrhunderts der Partisanen. In: Recht auf Faulheit, Edition Freitag, Berlin 2001

134 Engler, a. a. O., S. 174 f.

135 Zitat Engler, a. a. O., S. 164 aus: Die Glücklichen Arbeitslosen: Auf der Suche nach unklaren Ressourcen. In: Sklaven Nr. 38/39, 1997

136 Miegel, a.a.O., S. 82 f.

137 Durch Förderung der Gewinne sollen Investitionen, durch Investitionen Wachstum, durch Wachstum Wohlstand für alle produziert werden. Was nur leider nicht stimmt.

138 Joseph Stiglitz, Die Schatten der Globalisierung, a. a. O., S. 240 f.

139 SZ, 9.8.2002, S. 19. Und er fährt fort: »Die Aktienmärkte sind heute keine Spielhölle für die Reichen mehr, sie sind Quelle für Einkommen und Renten der Massen. Wenn also Aktienmärkte in die Krise geraten, gefährdet dies heute die gesamte Volkswirtschaft.«

140 Michael Bauchmüller, Zug um Zug neuer Ärger. SZ, 19./20./21. 4. 2003

141 Siggi Weidemann, Eine Zumutung auf Schienen – Hollands Bahn fährt chronisch unzuverlässig. SZ, 3. 1. 2002, S. 12

142 Thomas Kielinger, Chaos bei den britischen Eisenbahnen. Die Welt, 26. 10. 2000, S. 6

143 SZ, 19. 2. 2003, S. 35

144 SZ, 7. 2. 2003, S. 20

145 Christian Tenbrock, Ein freundlicher Monopolist: Die amerikanische Post ist staatlich, preiswert – und arbeitet profitabel, Die Zeit, 31. 10. 1997, S. 39

146 Miegel, a. a. O., S. 178 f.

147 Ebd., S. 184

148 Ebd., S. 167

149 Lars Ruzic, Das Spiel ist noch nicht zu Ende – Conti stellt die Produktion in Hochlohnländern in Frage / Weitere Verlagerung nur eine Frage der Zeit. Hannoversche Allgemeine, 19. 10. 2002, S. 11

150 Welt am Sonntag online, 1. 4. 2002 (/daten/2002/03/31/0331wi323352.htx)

151 SZ, 25./26. 1. 2003, S. 24: Rund 40 % aller Verkaufsstellen des Autohandels in Deutschland droht nach einer Studie von Mercer Management Consulting das Aus.

152 Vgl. z.B.: Das Fieber ist vorüber – Die Technologiezentren schlagen Alarm: Immer weniger Absolventen erwägen die Selbstständigkeit. SZ, 23/24. 11. 2002, S. V1/15

153 Die Bundesregierung will kleinen und mittleren Unternehmen mit einer neuen Mittelstandsbank als alleiniger Anlaufstelle für staatliche Förderkredite kurzfristig zusätzliche Impulse geben. Viele Unternehmen klagen über eine restriktivere Kreditpolitik der Banken. SZ, 11. 12. 2002, S. 27

154 SZ, 13. 12. 2001, S. 4: »Blick in die Presse: Subventionen hemmungslos – Die Berliner Zeitung schreibt zur Eröffnung der Dresdner VW-Manufaktur: »Jahr für Jahr, so errechnete das Kieler Institut für Weltwirtschaft, verteilen Bund, Länder und Gemeinden rund 300 Milliarden Mark an Subventionen – das meiste davon geht an Firmen.«

155 So auch Herbert Ehrenberg: »Das ›Programm für mehr Wachstum und Beschäftigung‹ vom 13. September 1996 brachte … die Maßnahmenkombination aus Senkungen von Unternehmenssteuern und Kürzungen sozialer Leistungen … Die Beschäftigung aber reagierte nicht nach der neoliberalen Vorgabe. Von 1992 bis 1997 gab es einen Rückgang der beschäftigten Arbeitnehmer um 1,6 Millionen. Die Nettorealverdienste der Arbeitnehmer gingen in diesem Zeitraum um 7,5 Prozent zurück. Eine leider stimmige Erklärung für das weit hinter der Auslandsnachfrage Zurückbleiben der Nachfrage auf dem Binnenmarkt.« ›document info‹ Frankfurter Rundschau 2002, Dokument erstellt am 1. 4. 2002, Erscheinungsdatum 2. 4. 2002

156 Vgl. hierzu z.B. Winfried Münster, Patentrezepte gegen Steuerflucht: Die Wissenschaft zeigt Finanzminister Lafontaine neue Wege auf, SZ, 27.1.1999, S. 21 »Die 26 Gelehrten des Wissenschaftlichen Beirats beim Bundesfinanzministe-

rium bestärken die Bundesregierung in ihrem Kampf gegen die Steuerflucht. In einem Gutachten zur ›Reform der internationalen Kapitaleinkommenbesteuerung‹ zeigen die Ökonomen zwei verschiedene Wege dafür auf, wie die Steuerflucht ins Ausland unterbunden werden könnte. Die Empfehlungen des Beirates sind echte Patentrezepte, konsequent durchdacht und deshalb vermutlich wenig realistisch. Die Bundesregierung würde sie indes akzeptieren, und sie weiß nun, dass sie mit ihrer Politik der Steuerharmonisierung in der EU zumindest die Wissenschaft hinter sich hat.«

157 So auch Joachim Hirsch, Der nationale Wettbewerbsstaat. Staat, Demokratie und Politik im globalen Kapitalismus. Edition ID-Archiv, Berlin et al. 1996.

158 Vgl. oben S. 42

159 Oskar Lafontaine, Die Wut wächst. Politik braucht Prinzipien. Econ Ullstein List Verlag, München, S. 222

160 Hamburger Abendblatt, 26. 2. 2003, S. 14

161 Der Spiegel 6/2002, S. 144

162 Saarland vor Tarif-Austritt – Ministerpräsident Müller erwägt Auszug aus Arbeitgeberverband. SZ, 27. 1. 2003, S. 21

163 600 Milliarden Dollar für die Konjunktur, SZ, 7.1. 2003, S. 19

164 Miegel, a.a.,O., S. 78

165 Ebd., S. 248

166 Diese Entscheidung ist zwar nach den historischen Erfahrungen, die Polen in Europa machen musste, verständlich. Aber nur wenn alle europäischen Staaten den Schritt aus diesem Denken heraus schaffen, so wie es Adenauer und de Gaulle für Deutschland und Frankreich taten, hat Europa eine Chance.

167 Die Wirtschaftsminister zur Zeit des Auseinanderdriftens der Einkommen waren stets FDP-Minister

168 Im Infobrief Nr. 7 (Dezember 2001). Vgl. auch Maria Mies, Globalisierung von unten, Rotbuch-Verlag, Hamburg 2001, und Maria Mies/Claudia v. Werlhof, Lizenz zum Plündern, Rotbuch-Verlag, Hamburg 1998

169 Bernard Cassen, Das MAI ist tot, es lebe der Staat, Le Monde diplomatique, deutsche Ausgabe, November 1998, S. 3

170 Vgl. hierzu z.B. Hans Otto Eglau, Deutsche Konzerne geben dem Druck der Anleger nach. Die Zeit; 26. 11. 1998; S. 49: »Mit dem Einzug des amerikanischen Shareholder-value-Prinzips sehen sie sich unter zunehmendem Erfolgsdruck. Und zwar nicht etwa wie früher durch Aufsichtsräte und Hausbanken, sondern wesentlich gnadenloser durch institutionelle Großanleger und ihre Einflüsterer, die Analysten.«

171 Vgl. oben S 38 f. und Grafik D

172 Macht sich der Airbus je bezahlt?, Hamburger Abendblatt, 3. 4. 2001, S. 11

173 Die Welt, 24. 2. 2003, S. 33

174 Hamburger Abendblatt, 27. 2. 2003, S. 12

175 Oliver Schirg in Die Welt, 25. 2. 2003, S. 34

176 Die Welt, 24. 2. 2003, S. 33

177 Herbert Ehrenberg, Vom schädlichen Rückzug der sichtbaren Hand des Staates, document info, Frankfurter Rundschau 2002. Dokument erstellt am 1.4.2002, Erscheinungsdatum 2.4.2002

178 SZ, 25.4.2003, S. 25

179 Vgl. Vera Sprothen, Kundenkarten sind an immer mehr Zusatzleistungen geknüpft – Kreditkartenfirmen setzen auf Plastikgeld mit Spaßfaktor, SZ, 17./18.4.2003, S. 26

180 Jutta Göhricke, Die Patchworker, in Uni & Job, Beilage zur SZ, 26./27.4.2003, S. 8ff.

181 SZ, 21.3.2002, S. 12

182 Soros, Die Krise, a.a.O., S. 113

183 Ebd., S. 119

184 Wenn Modernisierung krank macht – Aus Amerika kommen Vorstöße für einen neuen europäischen Konservatismus. Die Welt, 24.1.2001, S. 11

185 Statistisches Taschenbuch 2002, Tab.2.5

186 Ota Šik, Fakten der tschechoslowakischen Wirtschaft, Wien, München 1969, S. 44 (zit. nach: Ernst Dürr: Wachstumspolitik, Bern, Stuttgart 1977, S. 19)

187 Soros, a.a.O., S. 100

188 Hamburger Abendblatt, 5.3.2002, S. 2 und 6.3.2002, S. 14

189 »... hatte die Arbeitslosigkeit früher vor allem Personen ohne abgeschlossene Berufsausbildung getroffen, erwischt es nun auch gut Qualifizierte mit höherem Einkommen. München wird im Laufe des Jahres zu spüren bekommen, dass diese Klientel keine Steuern mehr zahlt.« SZ, 15.4.2003

190 Joachim Riedl / Alex Webb, Himmelfahrtskommando. – Die Gewalt eskaliert in Los Angeles, die Polizei schlägt zurück. SZ Magazin 19, 14.5.1993, S. 12 ff. und Rita Neubauer (Palo Alto), Diese Generation hat nichts zu verlieren, Frankfurter Rundschau 6.1.2003, S. 26: »Zehn Jahre nach den schweren Rassenunruhen ist Los Angeles erneut ein gefährliches Pflaster ... Als Grund für die Zunahme der kriminellen Aktivitäten der Gangs werden sich verschlechternde sozioökonomische Umstände sowie nicht funktionierende Rehabilitierungsmaßnahmen vermutet.«

191 Michael Bitala in SZ am Wochenende, 16./17.3.2002, S.I

192 Beispiel: Die USA: »Von den zwei Billionen Dollar, die Bushs Steuerreform kosten wird, sollen zwei Drittel dem oberen einen Prozent der Einkommensklassen zu Gute komme. Einer Wirtschaftselite, die ihren Anteil am Gesamteinkommen Amerikas während der letzten zehn Jahre sowieso schon von 14 auf 21% erhöht hat.« Andrian Kreye in SZ, 2.4.2003

KAPITEL 4

193 Francis Fukuyama, Das Ende der Geschichte: Wo stehen wir?, Kindler Verlag, München 1992

194 Daten nach Angus Maddison, World Economy, National Accounts Statistics:

Main Aggregates and detailed Tables, United Nations, New York; Statist. Jahrbuch Ausland

195 Diese Feststellung ist ein Postulat. Der Verfasser bekennt sich zu diesem Postulat. Zur Begründung vgl. z.B. Peter Ulrich in: Peter Ulrich, Thomas Maak (Hg.), Die Wirtschaft in der Gesellschaft – Perspektiven an der Schwelle zum dritten Jahrtausend. St. Galler Beiträge zur Wirtschaftsethik, Verlag Paul Haupt, Bern/Stuttgart/Wien 2000, S. 7 ff., und Peter Ulrich, Integrative Wirtschaftsethik, Grundlagen einer lebensdienlichen Ökonomie, Verlag Paul Haupt, Bern-Stuttgart-Wien 1997

196 10 benefits of the WTO trading system. Homepage der WTO im Internet, 1. 12. 1999: http://www.wto.org/wto/10ben/10ben00.htm

197 Vgl. oben Kap 1, S. 14 ff.

198 Die Entwicklung des Sozialprodukts in einer Reihe von Ländern und Kontinenten von 1950 bis 1999 demonstrieren Grafiken im Anhang dieses Buches: »Entwicklung der Sozialprodukte«. Für die Welt als Ganzes und auch für fast alle einzelnen Länder und Regionen gilt danach lineares Wachstum mit abnehmenden jährlichen Wachstumsraten.

199 Nur ein Beispiel aus jüngster Zeit: In Die Welt, 2. 1. 2002, S. 12 schreibt Alfred Zänker unter dem Motto »Weltwirtschaft bleibt im Aufwärtstrend«: »Langfristige Prognosen optimistisch. Auch Entwicklungsländer profitieren. Reformbedarf in Europa.« Abgebildet wird dabei zum Beleg eine Skizze der langfristigen Entwicklung des Weltsozialprodukts, die sich auf das unten zitierte Buch von Angus Maddison, The World Economy – A Millenial Perspective, bezieht. In dieser Skizze lässt Zänker dieses Weltsozialprodukt nach dem Jahre 2000 stärker ansteigen als von 1960–2000. Doch das Werk von Maddison enthält keine Daten über das Jahr 2000 hinaus, und Maddison weist im übrigen eindeutig auf die im neoliberalen Zeitraum sinkenden Wachstumsraten des Weltsozialprodukts hin. Vgl. dazu unten im Text Grafik G.

200 Quelle: Angus Maddison, a.a.O. Die Weltwirtschaft in der langen Sicht (reales BIP) Welt Table C5-b. World GDP by Regions, Annual Estimates

201 Erik Izraelewicz in Le Monde, 6. 1. 1998, Monde economie, S. 1

202 Soros, a.a.O., S. 195: »Der ausschlaggebende Unterschied, der im Fall von China für schützenden Aufschub sorgte, war die nicht konvertible Währung; ohne sie hätte China trotz seiner enormen amtlichen Währungsreserven sicherlich die Abrissbirne zu spüren bekommen.«

203 Growth May Be Good for the Poor – But are IMF and World Bank Policies Good for Growth? – A Closer Look at the World Bank's Recent Defense of Its Policies By Mark Weisbrot, Dean Baker, Robert Naiman, and Gila Neta. Center for Economics and Policy Research (cepr), Washington D.C., May 2001. Vgl. http://www.cepr.net/response_to_dollar_kraav.htm oder http://www.cepr.net/Growth _May_Be_Good_for_the_Poor.pdf

204 Der Konsens von Washington, eine Art Katechismus des Neoliberalismus, befürwortet staatliche Ausgabendisziplin, »wettbewerbsfähige« Wechselkurse,

den Abbau von Handelshemmnissen, ausländische Investitionen, Privatisierung und Deregulierung.

205 Stiglitz, a. a. O., S. 111

206 Nach Maddison, a. a. O., Tab. 3-1a

207 In Einführung zu: Growth May Be Good for the Poor – But are IMF and World
Bank Policies Good for Growth?, a.a.O.

208 Quelle: Wirtschaftsorganisation der Vereinten Nationen für Lateinamerika
(Cepal), »Panorama social de América latina 2000–2002«, Santiago (Chile)
2002. (Zit. nach Le Monde diplomatique, deutsche Ausgabe, März 2003, S. 22

209 Die Zeit, 8. 11. 1996; S. 30

210 ADAC Motorwelt 5/2002, S. 38

211 SZ, 20. 2. 2003, S. 18: »Die zwölf Staaten der Eurozone haben im vergangenen
Jahr in ihrem Außenhandel einen Überschuss von 102,3 Milliarden Euro erzielt.
Damit wurde der Handelsbilanzüberschuss von 49,5 Milliarden Euro im Vor-
jahr mehr als verdoppelt, teilt das Europäische Statistikamt Eurostat auf der
Grundlage erster Schätzungen mit. Für die gesamte EU mit 15 Mitgliedstaaten
fiel der Überschuss mit 6,1 Milliarden Euro deutlich bescheidener aus ... Der
hohe Überschuss der Eurozone ist vor allem Deutschland zu verdanken. Die
Bundesrepublik erzielte in den ersten elf Monaten 2002 einen Überschuss von
117,9 Milliarden Euro. Das waren 20 Milliarden Euro mehr als im gleichen Zeitraum des Vorjahres.«

212 Frankreich 28,7 %; GB 25 %; Japan 13,4 %; USA 10,1 %; China 4,9 % – Berechnet aus $-Preisen v. 1990. Maddison, a. a. O., Table F-5, S. 363

213 S. 10

214 Christiane Grefe, Mathias Greffrath, Harald Schumann, Attac – Was wollen die
Globalisierungskritiker? Rowohlt Berlin Verlag, Berlin 2002, S. 23

215 Le Monde diplomatique, deutsche Ausgabe, April 2003, S. 23

216 Im Bericht der SZ stand hier offensichtlich falsch: Ungleichgewicht.

217 SZ, 30. 4. / 1. 5. 2002, S. 26

218 Einer der wenigen, der in der ideologieverstopften Debatte um die Lohnfor-
derung der Metaller im Frühjahr 2002 diese Realität noch auszusprechen wagen, war Rudolf Hickel. Vgl. z.B. SZ, 22. 4. 2002, S. 21: Was nützt eine kosten-
günstige Produktion, die nicht nachgefragt wird.

219 Herbert Schui / Ralf Ptak / Stephanie Blankenburg / Günter Bachmann / Dirk
Kotzur, Wollt ihr den totalen Markt? Der Neoliberalismus und die extreme
Rechte, Droemer Knaur, München 1997, beschreiben das so: »Der Kapitalismus, so die keynesianische Sicht, ist herangereift und hat die Kapitalknapp-
heit überwunden. Er benötigt nun den Staat, wenn die Frage der Abstimmung
von Konsumieren und Investieren bei maximaler Produktion überhaupt
gelöst werden soll, und er benötigt die partizipative Massendemokratie,
wenn die Lösung dieser Frage den Massenkonsum, sprich: die Massenwohl-
fahrt erhöhen soll. Würde der Kapitalismus unter diesen Bedingungen an seinem ursprünglichen Glücksversprechen festhalten, so müßte ein Teil der

unternehmerischen Autonomie an diese Massendemokratie abgetreten werden. In dieser Weise verändert könnte er überleben. Das war Keynes' Überzeugung.«

220 Von Li Wen, Beijing Rundschau 4/2000, S. 21

221 Harold James, Was ist so schockierend daran, wenn man Gerhard Schröder mit Heinrich Brüning vergleicht? SZ, 28. 11. 2002, S. 15

222 Vgl. Grafik B, S. 24

223 Carl Christian von Weizsäcker, Unsere Sozialstaatsprobleme sind hausgemacht, Tagesspiegel, 2. 5. 1999, S. 8

224 Naomi Klein, No Logo! Der Kampf der Global Players um Marktmacht, Ein Spiel mit vielen Verlierern und wenigen Gewinnern, Riemann Verlag, München 2001

225 Meldung des ILO Genf. Le Figaro économie, 19. 3. 1999, S. IV

226 Klein, a. a. O., S. 236 f.

227 Afheldt, a. a. O., S. 50 ff., Zitat S. 58

228 Vgl. oben S. 52

229 Besonders der strengen Kapitalkontrolle wird vielerorts eine entscheidende Rolle zugerechnet. Die französische Volksfrontregierung von 1936, die ohne strikte Anwendung dieses Instruments auskommen wollte, scheiterte jedenfalls an der Kapitalflucht.

230 WTO-Vorteil 1
»1. Das System hilft, den Frieden zu erhalten.
… Die Geschichte ist voll von Beispielen, in denen Handelsprobleme in den Krieg führten. Eines der wichtigsten ist der Handelskrieg der Jahre 1930, als die Länder darin wetteiferten, Handelsbarrieren zu errichten, um ihre heimischen Produzenten zu schützen und Vergeltung gegenüber den Barrieren der anderen zu üben. Das verschlimmerte die große Depression und spielte schließlich eine Rolle beim Ausbruch des Zweiten Weltkriegs.« a.a.O.

231 Beat Kappeler, Wenn die Preise sinken, Die Zeit, 7. 7. 1995, S. 32

232 Globus Kartendienst. Schon abgedruckt in Afheldt, Wohlstand für niemand, 18. Grafik, S. 96

233 Attac – Was wollen die Globalisierungskritiker? a.a.O., S. 27 f.

234 Stiglitz, a. a. O., S. 27

235 Ebd., S. 70 f. Es wundert nicht, dass Stiglitz' Position letztlich unhaltbar wurde. Vgl. dazu: Chefvolkswirt der Weltbank gibt Amt auf, SZ, 26. 11. 1999, S. 25, und SZ, 11. 10. 2001, S. 27

236 George Soros sieht in dieser Politik auch eine wichtige Ursache für den Zusammenbruch Russlands im August 1998. Soros, a. a. O., S. 206 ff.

237 Stiglitz, a. a. O., S. 112 ff.

238 Le Monde diplomatique, deutsche Ausgabe, Mai 2003, S. 17

239 Lars Ruzic in Hannoversche Allgemeine, 19. 10. 2002, S. 11

240 Stiglitz, a. a. O., S. 238 f.

241 Soros, a. a. O., S. 227

242 globalgovernance@weforum.org

243 Bericht über die Menschliche Entwicklung 1997, S. 7

244 Human Development Report 1997, Original

245 Diesen Satz des Philosophen Ernst Bloch zitiert Paul Saatkamp immer wieder, »das ist unsere aktuelle sozialdemokratische Politik«. Saatkamp ist Sprecher der Nationalen Armutskonferenz, ein Zusammenschluss der Verbände, Selbsthilfeorganisationen und des Deutschen Gewerkschaftsbundes. (Vgl.: Die Wohlfahrtsverbände warnen vor drastischem Abbau des Sozialstaates – und niemand hört sie, SZ, 12./13. 3. 2003.)

246 SZ, 6. 3. 2003, S. 2

KAPITEL 5

247 Vgl. Markus C. Pohlmann, Die »Desorganisierung« des südkoreanischen Wirtschaftsmodells – Das Ende der Gründerzeit und der Aufstieg der neuen Mittelklasse, in: Patrick Köllner (Hg.), Korea 2002, Politik, Wirtschaft, Gesellschaft, Institut für Asienkunde 2002, S. 119 ff.

248 Der Streit um diesen Begriff ist ein beliebtes Thema bei Anhängern des Liberalismus. Er ist letztlich nicht sehr relevant. Hier wird der Begriff so verwendet, wie er heute (anders als in früheren Zeiten) verwendet wird. Ich folge dabei der OECD. Vgl. Maddison, a. a. O., S. 125: »Our age, from 1973 onwards henceforth characterised as the ›neoliberal order‹.«

249 Die Welt, 27. 12. 2002, S. 9

250 SZ, 3. 1. 2003, S. 2

251 Handelskrieg um Stahl, Hamburger Abendblatt, 7. 3. 2002, S. 23: Strafzölle: Weltweite Empörung über US-Präsident Bush. EU protestiert. Europa plant Sanktionen gegen die USA. Die Gründe der Eskalation.

252 Adam Smith, An Inquiry into the Nature and Causes of the Wealth of Nations, hg. von R. H. Campbell und A. S. Skinner; Oxford 1976, 1. Band, S. 453 ff.

253 Ricardo lebte von 1772–1823

254 Vgl. hierzu und zu der Kritik an der Anwendung der Freihandelstheorien auf Sachverhalte, für die sie nicht entwickelt worden sind, auch Paul Ormerod, The Death of Economics, Faber & Faber, London 1994, zu Ricardo insbes. S. 17

255 F. A. Hayek, Der Weg zur Knechtschaft, hg. und eingeleitet von Wilhelm Röpke, Eugen Rentsch Verlag, Erlenbach-Zürich 1945, S. 37

256 Hayek, a. a. O., S. 58 u. 75

257 Die Verteidigung der Steueroasen durch manche Anhänger radikal-liberaler Positionen ist deshalb von der liberalistischen Lehre nicht gedeckt.

258 Afheldt, a. a. O., S. 211 f.

259 Die kulturelle Umweltzerstörung in Politik und Wirtschaft. Analyse und Gegenstrategie, V. Hase & Koehler Verlag, Mainz 1993, S. 185

260 Stiglitz, a. a. O., S. 70, siehe oben S. 141

261 Hayek, a. a. O., S. 58 u. 75

262 Soros, a. a. O., S. 19

263 Stiglitz, a. a. O., S. 250

264 Ebd., S. 70 f.

265 USA – Geschichte, Gesellschaft, Wirtschaft, in: Informationen zur politischen Bildung, Heft 268, 3. Quartal 2000, S. 17 ff. und 51 f.

266 Stiglitz, a. a. O., S. 77 ff.

267 Mit ihrem Bestseller World on Fire, Doubleday, New York 2003, hat die amerikanische Jura-Professorin Amy Chua (Universität Yale) eine neue Runde der Globalisierungsdiskussion eingeläutet.

268 Die Welt, 1. 3. 2003, S. 15

269 Eine detaillierte Darstellung dieses Faktums findet man bei Erik Izraelewicz, Ce monde qui nous attend, Les peurs françaises et l'économie, Bernard Grasset, Paris 1997, S. 36 ff.

270 SZ, 30. 4. / 1. 5. 2002, S. 26

271 Vgl. oben S. 141 f.

272 Statistisches Jahrbuch 2001 für das Ausland, Tab.18.3, S. 370 ff.

273 Die folgenden Ausführungen zu Sozialstandards habe ich in sehr gekürzter Form vorveröffentlicht in: Zeitzeichen, evangelische Kommentare zu Religion und Gesellschaft, 2. Jahrgang, Mai 2001, S. 8–11.

274 Christoph Scherrer, Internationale Arbeitnehmerstandards – Geeignete Instrumente gegen »Sozialdumping«?, WSI Mitteilungen 11/1995, S. 712

275 Damals Chefredakteur von Le Monde, heute Chefredakteur von Les Echos.

276 Izraelewicz, a. a. O., S. 38

277 Soros, a. a. O., S. 148

278 Le Monde, 6. 1. 1998, Monde économie, S. 1

279 Scherrer, a. a. O., hält dem entgegen: »Dieser Einwand ist jedoch zugleich das entscheidende Argument für internationale Sozialstandards.« Denn, so meint er, nur wenn durch internationale Abkommen solche Unternehmen von der internationalen Konkurrenz ausgeschlossen würden, die »fundamentale Arbeitnehmerrechte« nicht beachten, könne vermieden werden, dass »diejenigen Produzenten, die diese Rechte respektieren, einen Wettbewerbsnachteil erleiden«.

280 Manière de voir, Heft 32: »Scénarios de la mondialisation, Le Monde diplomatique, November 1996

281 Der Spiegel 52/1998, S. 98

282 Scherrer, a. a. O. Ähnlich Oskar Lafontaine/Christa Müller, Keine Angst vor der Globalisierung – Wohlstand und Arbeit für alle. Verlag J. H. W. Dietz Nachfolger, Bonn 1998, S. 57 ff.

283 Asit Datta, Mit dem freien Welthandel in die »GATTastrophe«. Eine Kritik an den jüngsten Vereinbarungen im Rahmen des Allgemeinen Zoll- und Handelsabkommens aus entwicklungspolitischer Sicht, Publik-Forum-Manifest: Das neue Modell Deutschland – Wirtschaften für das Leben, Oberursel 1998, S. 65

284 Programmstreit auf der Welthandelskonferenz in Singapur. SZ, 10. 12. 1996, S. 2

285 Lafontaine/Müller, a. a. O., S. 58

286 SZ, 21. 1. 2002, S. 10, Gaby Mayr in einer Besprechung von Gerhard Hauck, Gesellschaft und Staat in Afrika – Verlag Brandes & Apsel, Frankfurt/Main 2001

287 Faire Chancen statt Almosen, Die Zeit 17/2002, S. 24

288 Robert B. Reich, The Work of Nations, a. a. O., S. 77

289 Bernard Cassen in Manière de voir, Heft 32: »Scénarios de la mondialisation«, Le Monde diplomatique, November 1996 – Sozialstaatsklauseln: die Unterstützung des Südens. (Kasten S. 83)

290 Vgl. oben S. 138

291 Vgl. oben S. 166

292 SZ, 3. 6. 1993, S. 28

293 Ein Land, eine Stimme – In Porto Alegre – eine andere Art von Globalisierung. Die Zeit, 24. 1. 2002, S. 8

294 Noam Chomsky, Wirtschaft und Gewalt: Vom Kolonialismus zur Neuen Weltordnung, dtv, München 1995, S. 39, und Maria Mies, Von der Lizenz zum Plündern zur Lizenz zum Töten: Das globale Freihandelssystem als neokoloniales Kriegssystem, Infobrief Nr. 7 (Dezember 2001) (http://come.to/netzwerk-gegen-neoliberalismus)

295 SZ, 30. 4. / 1. 5. 2002, S. 27

296 Oskar Lafontaine, Die Wut wächst, a. a. O., S. 194

297 Umwelt: Gipfel der guten Absicht, Der Spiegel 35/2002

298 Wer löscht den Durst? Der Spiegel 35/2002

299 Maude Barlow, Tony Clarke, Blaues Gold. Das globale Geschäft mit dem Wasser, Verlag Antje Kunstmann, München 2003

300 10 benefits of the WTO trading system. Homepage der WTO im Internet, 1.12.1999: http://www.wto.org/wto/10ben/10ben00.htm

301 Edward N. Luttwak: Weltwirtschaftskrieg, Export als Waffe – aus Partnern werden Gegner, Rowohlt Verlag, Reinbek bei Hamburg 1994, S. 66 f.

302 SZ, 21. 2. 2002, S. 11

303 SZ, 17. 2. 2003, S. 19

304 Gerhard Pfreundschuh, Die kulturelle Umweltzerstörung in Politik und Wirtschaft. Analyse und Gegenstrategie. V. Hase & Koehler Verlag, Mainz 1993, S. 187

305 Vgl. oben S. 175 f.

306 SZ, 30. 4. / 1. 5. 2002, S. 26

307 Scheer: Dies entspricht der zentralen Empfehlung von James Goldsmith in seiner Schrift »The Trap«, London 1994

308 Hermann Scheer, Zurück zur Politik. Die archimedische Wende gegen den Zerfall der Demokratie, Piper, München, Zürich 1995, S. 193 ff.

309 Soros, a. a. O., S. 241

310 Vorabgedruckt in: S + F, Vierteljahresschrift für Sicherheit und Frieden, Heft 4, Jahrgang 19 (2001), S. 206

311 Entwurf der Charta der Grundrechte der europäischen Union, Brüssel, den 28. September 2000

312 SZ, 21. 2. 2003, Außenansicht

313 Alain Peyrefitte, C'était de Gaulle, Fayard, Paris 1994, S. 61

314 Eine solche Debatte regte Fritz Scharpf an: Konsequenzen der Globalisierung für die nationale Politik. In: Kempfenhausener Gespräche, Kommunikationszentrum der Hypo-Bank. 1. Gespräch 11.–13. 10. 1996., S. 80 ff. (86 f.)

315 Fritz Scharpf, Köln (MPI-Papier für SPD)

316 Siehe Grafik C, S. 32

317 Reich, a. a. O., S. 71

KAPITEL 6

318 Asymptotisch, wie der Mathematiker sagt

319 Vgl. oben S. 128

320 Maddison, a. a. O., S. 17

321 Vgl. oben S. 25

322 56€/Monat. Vgl. die Zusammenstellung in Le Monde, 6. 5. 2003, S. VIII

323 Vgl. dazu Grafik C auf dem Lesezeichen und S. 32

324 Helmut Maucher, Chef von Nestlé, auf dem Welt-Wirtschafts-Forum in Davos

325 Michel Rocard: Loi Fillon: les brutaux et les »molletistes«. Le Monde, 19. 6. 2003, S. 1 u. 16

326 Allein von 1991 bis 2001 hat sich die Zahl der Arbeitsplätze im produzierenden Gewerbe von 11,3 Millionen um 25 % auf 8,5 Millionen reduziert. Statistisches Taschenbuch 2002, Tab. 2.4

327 Vgl. dazu oben S. 99 f.

328 »Statt den Interessen der Weltwirtschaft sollte er fortan den Interessen der internationalen Finanzwelt dienen. Und obgleich die Liberalisierung der Kapitalmärkte nicht die Stabilisierung der Weltwirtschaft fördert, so erschließt sie der Wall Street doch riesige neue Märkte.« Stiglitz, a. a. O., S. 239 f. Siehe oben S. 146 f.

329 Schon Ende der 60er Jahre machte sich deshalb eine Gruppe Amerikaner an die Arbeit, Weltordnungsmodelle zu entwickeln, die diesem unvollkommenen Zustand der Welt gerecht werde (World order models project). Die Versuche bauten auf einem Buch von Clark und Sohn, World order by world law, auf. Einer der Teilnehmer der Arbeitsgruppen für eine solche neue Weltordnung kollektiver Sicherheit war der spätere Regierungssprecher von Gorbatschow, Gerassimow.

330 Z.B. Jean-Marie Guéhenno, Das Ende der Demokratie, Deutscher Taschenbuchverlag, München 1996

331 Z.B. Kenichi Ohmae, The End of the Nation State. The Rise of Regional Economies, The Free Press, New York 1996. Nationale Identität ist für Ohmae ein

Anachronismus. Die Grenzen sollten entsprechend den Waren-, Kapital- und Informationsströmen verlaufen,

332 10 benefits of the WTO trading system. Homepage der WTO im Internet, 1. 12. 1999: http://www.wto.org/wto/10ben/10ben00.htm

333 Alain Frachon, L'Amérique et le besoin d'Europe, Le Monde, 25. 3. 1999, S. 1 u. 17: »Un expert parle : ›Pour les États-Unis, il n'est pas sain de demeurer le seul pouvoir impérial‹, dit Henry Kissinger.«

334 »Wer darf entscheiden, ob ein Regime gut oder schlecht ist?« Außenminister de Villepin gegen US-Alleingang. Die Welt, 25. 2. 2003, S. 5

335 Chirac fustige Leon Brittan: Le président de la République a vivement rappelé à l'ordre, hier, le commissaire européen, sur son projet de zone de libre-échange transatlantique (NTM,) Le Figaro, La vie économique, 17. 4. 1998

336 Edgard Pisani: »Vielfalt als Ferment für eine echte Einheit« – die Politik neu erfinden. Le Monde diplomatique 1/1996, S. 2

337 »Warten auf Arbeitsplätze«: Philippe Séguin, En attendant l'emploi, Editions du Seuil, Paris 1996

338 Deutschland hatte z.B. vor dem Ersten Weltkrieg seine Fähigkeit, Balance-bildende Koalitionen einzugehen, durch seine Flottenpolitik einerseits und seine Russlandpolitik andererseits (Nichterneuerung des Rückversicherungsvertrages mit Russland nach Bismarcks Abgang) verloren. Was die Beherrschung der Julikrise 1914 weitgehend unmöglich machte.

ANHANG GRAFIKEN

339 Weltentwicklung nach Maddison, a. a. O., Table C5-b. World GDP by Regions, Annual Estimates

340 Vgl. oben S. 109 ff.

Literatur zu Problemen des Neoliberalismus

Afheldt, Horst: Wohlstand für niemand? Die Marktwirtschaft entläßt ihre Kinder. Verlag Antje Kunstmann, München 1994

ders.: Weltweiter Wohlstand für alle? Für niemand? Oder für wenige? In: Peter Ulrich, Die Wirtschaft in der Gesellschaft – Perspektiven an der Schwelle zum dritten Jahrtausend. St. Galler Beiträge zur Wirtschaftsethik, Verlag Paul Haupt, Bern/Stuttgart/Wien 2000

Bernecker, Walter L.: Port Harcourt, 10. November 1995: Aufbruch und Elend in der Dritten Welt. Deutscher Taschenbuch Verlag, München 1997

Dettling, Warnfried: Politik und Lebenswelt – Vom Wohlfahrtsstaat zur Wohlfahrtsgesellschaft. Verlag Bertelsmann Stiftung, Gütersloh 1995

Forrester, Viviane: Der Terror der Ökonomie. Paul Zsolnay Verlag, Wien 1997

Gorz, André: Misère du présent – Richesse du possible. Galilée, Paris 1997. Deutsch: Arbeit zwischen Misere und Utopie, Suhrkamp Verlag, Frankfurt a.M. 2000

Grefe, Christiane; Greffrath, Mathias; Schumann, Harald: Attac – Was wollen die Globalisierungskritiker? Rowohlt Berlin Verlag, Berlin 2002

Hengsbach, Friedhelm und Möhring-Hesse, Matthias (Hg.): Eure Armut kotzt uns an! Solidarität in der Krise. Fischer Taschenbuch Verlag, Frankfurt 1995

Hirsch, Joachim: Der nationale Wettbewerbsstaat. Staat, Demokratie und Politik im globalen Kapitalismus. Edition ID-Archiv, Berlin et al. 1996

Kevin Kelly, Das Ende der Kontrolle. Bollmann Verlag, Mannheim 1997

Klein, Naomi: No logo! Der Kampf der Global Players um Marktmacht. Ein Spiel mit vielen Verlierern und wenigen Gewinnern. Riemann Verlag, München 2001

Labarde, Philippe und Maris, Bernard: La bourse ou la vie. La grande manipulation des petits actionnaires. Albin Michel, Paris 2000. Deutsch: Börse oder Leben, die große Manipulation. Deutsche Verlagsanstalt, Stuttgart/München 2001

Luttwak, Edward N.: The Endangered American Dream. How to Stop the United States From Becoming a Third World Country. Simon & Schuster, New York 1993. Deutsch: Weltwirtschaftskrieg, Export als Waffe – aus Partnern werden Gegner. Rowohlt Verlag, Reinbek bei Hamburg 1994

Misik, Robert: Mythos Weltmarkt. Vom Elend des Neoliberalismus. Aufbau Taschenbuch Verlag, Berlin 1997

Ohmae, Kenichi: The End of the Nation State. The Rise of Regional Economies. The Free Press, New York 1996. Deutsch: Der neue Weltmarkt – das Ende des Nationalstaates und der Aufstieg der regionalen Wirtschaftszonen. Hoffmann und Campe, Hamburg 1996

Reuter, Norbert: Wachstumseuphorie und Verteilungsrealität. Metropolis-Verlag, Marburg 1998

Scheer, Hermann: Zurück zur Politik: Die archimedische Wende gegen den Zer-
    fall der Demokratie. Piper Verlag, München/Zürich 1995

Schui, Herbert; Ptak, Ralf; Blankenburg, Stephanie; Bachmann, Günter; Kotzur,
    Dirk: Wollt ihr den totalen Markt? Der Neoliberalismus und die extreme Rechte,
    Droemer Knaur, München 1997

Séguin, Philippe: En attendant l'emploi. Éditions du Seuil, Paris 1996

Soros, George: Die Krise des globalen Kapitalismus. Offene Gesellschaft in Gefahr.
    Alexander Fest Verlag, Berlin 1998

ders.: Der Globalisierungsreport. Weltwirtschaft auf dem Prüfstand. Alexander
    Fest Verlag, Berlin 2002

Stiglitz, Joseph: Die Schatten der Globalisierung, Siedler Verlag, Berlin 2002. Ori-
    ginalausgabe: Globalization and its Discontents, New York 2002

Strasser, Johano: Leben oder Überleben. Wider die Zurichtung des Menschen zu
    einem Element des Marktes. Pendo Verlag, Zürich 2001

Ulrich, Peter: Der entzauberte Markt. Eine wirtschaftsethische Orientierung.
    Herder-Verlag, Freiburg-Basel-Wien 2002